mare

Jens Rosteck

Marguerite Duras

Die Schwester der Meere

mare

Die Deutsche Nationalbibliothek
verzeichnet diese Publikation in der
Deutschen Nationalbibliografie;
detaillierte bibliografische Daten sind
im Internet unter http://dnb.ddb.de
abrufbar.

1. Auflage 2018
© 2018 by mareverlag, Hamburg
Typografie und Satz Iris Farnschläder, mareverlag
Schrift Dante MT
Druck und Bindung CPI books GmbH, Germany
ISBN 978-3-86648-285-2

www.mare.de

für Corinna

Inhalt

Eines nur beherrsche ich:
das Meer zu betrachten.
Wenige nur haben über das Meer geschrieben
wie ich.

Die alte Frau und das Meer

Die Strände gehören wieder dem Meer,
den spielerischen Böen, den Salzspritzern,
dem Schwindel des Raums, der blinden Kraft des Meeres.

Es gibt Vorzeichen eines neuen Glücks, einer neuen Freude.

Das Meer hat weder Geist, Verstand noch Herz,
es ist bloß dinghaftes Werden, ohne Ausweg und Ziel.

August 1980: Ein Uferstreifen in der Normandie. Riesige Sandstrandflächen, so weit das Auge reicht. Die Wellen brechen sich unmittelbar vor den Häuserzeilen. Hochsommer in Trouville, diesem populären, mondänen Badeort am Ärmelkanal, keine zwei Autostunden von Paris entfernt.

Es herrscht Hochbetrieb. Menschenmengen, Imbissbuden, faulenzende Körper und rennende Kinder. Im Wind flattern Fahnen und Drachen. Der Horizont ist kaum noch auszumachen, vor Hitze flimmert die Luft.

Die imposante Fassade eines düsteren Mehrfamilienhauses, ein Flaggschiff aus der Zeit vor der Jahrhundertwende, ist mit seiner überdimensionierten Fensterfront dem Meer zugewandt, das in der Mittagssonne funkelt. Vor ihrem Balkon, der sich in der Mitte dieser gigantischen Trutzburg, dem Gebäude der »Roches Noires«, befindet, blickt Marguerite Duras auf das ungeordnete Schauspiel vor ihren Augen. Jetzt, mit Mitte sechzig, als sie berühmt, vereinsamt und praktisch Tag und Nacht sturzbetrunken ist, hält sie sich fast nur noch in ihrer normannischen Wahlheimat auf. An ihrem forcierten, der Kreativität jedoch immens zuträglichen Alleinsein manchmal irre werdend.

Hinter ihren »Schwarzen Felsen« hat sich die Schriftstellerin und Filmemacherin wie in einer Festung verschanzt, hier weiß sie sich sicher. Sie gewahrt das Kommen und Gehen der Gezeiten und registriert Banalitäten, wird Zeugin von Auseinandersetzungen, beobachtet Sommerfrischler beim Auspacken ihrer Picknickkörbe. Unter den Badegästen macht sie Prominente und Unbekannte, Neureiche und Kleinfamilien, Hoffende und Enttäuschte aus. Für sich persönlich erwartet sie nichts mehr. Ihren schweifenden Blick lässt sie wie eine Kamera geduldig über den Sand gleiten. Das dazugehörige Drehbuch entsteht wie von selbst. Marguerite Duras filmt das Geschehen, filmt diesen August. Zugleich schreibt sie an einem Buch. Wie immer.

Gleich zum Auftakt verkündet sie: »In Trouville gibt es das Meer. Tag und Nacht, selbst wenn man es nicht sieht. In Paris verbinden uns nur die windigen und stürmischen Tage mit dem Meer. Sonst ist man ohne Meer.« Im Auftrag der Tageszeitung *Libération* arbeitet die Rastlose und zugleich immer stärker vom Weltgeschehen Ausgeschlossene gerade an einem künstlerischen Protokoll dieses Sommers. Am Notizbuch einer Jahreszeit.

Noch hat sie den *Liebhaber* nicht verfasst, noch schützt sie hier eine gewisse Anonymität. Also skizziert sie. Sie porträtiert und entwirft, folgt ihrer Intuition, lässt sich auf erzählerische Improvisation ein. Die Bühne vor ihrer Zimmerflucht inspiriert sie zu Abschweifungen ins Fiktive. Ihre Berichterstattung ist dabei genau so, wie man es von ihr erwartet: ungewöhnlich, unbequem und radikal einseitig. Von den täglich eintreffenden, spektakulären Nachrichten außerhalb des unmittelbaren Radius der Duras – Streiks der Hafenarbeiter in Danzig, Olympische Spiele in Moskau, Krieg in Afghanistan – erfahren ihre Leser nur am Rande. Was die Duras umtreibt und fasziniert, wiegt schwerer und bleibt dennoch unauffällig: die behutsame Annäherung zwischen einem kleinen Jungen und seiner halbwüchsigen Betreuerin.

Ein ungleiches Paar. Und auch eine unmögliche Zuneigung, die auf Badelaken, in den Brandungswellen, hinter den Dünen, vor der untergehenden Sonne entsteht und wächst. Fehlende Dialoge werden von ihr, einer Expertin der unerhörten Liebe, ergänzt, imaginierte Gespräche aufs Papier geworfen. Die Zeitungsleser lässt sie teilhaben an dieser sich Stunde um Stunde behutsam steigernden Annäherung.«

Fantasie und Erfahrung ermöglichen es der isolierten Autorin, das Auf und Ab einer zärtlichen Beziehung zu schildern. Scheue Berührungen, wortloses Einvernehmen, Tränen, Schreie. Den Geruch nasser Haare, das plötzlich wertlos werdende Spielzeug des Knaben. Das Salz auf den Lippen des jungen Mädchens. Den Trennungsschmerz. Die anrührende Unschuld. Der Altersunterschied ist beträchtlich, das Ausmaß der Liebe aber bereits ungeheuer.

Was die Duras noch nicht wissen kann: Am Ende dieses *Sommers 1980* – so auch der endgültige Buchtitel ihrer Chronik für *Libération* – wird die Voyeurin urplötzlich von einer ebenso ungeheuren, gleichfalls unmöglichen Liebe überrumpelt werden. Yann Andréa, ein junger Schüchterner, ein Homosexueller auf der Suche nach sich selbst, ein Miniatur-Intellektueller, ein Möchtegern-Dichter, der noch mit sich, seinem Talent und seinen Ambitionen ringt, kommt Marguerite in Trouville besuchen. Und wird bis zu ihrem Tode im März 1996 nicht mehr von ihrer Seite weichen.

Hier eine erste Kostprobe von dieser folgenreichen Begegnung: »Das Meer ist grau, am Horizont schon schwarz, glatt und von eiserner Schwere.« Einen solchen Befund notiert die Duras, als die Liebe in Person von Yann mitten im Sommer (jedoch schon im Herbst ihres Daseins) noch einmal Einzug in ihr Leben hält. Von ihm, der solche Empfindungen in ihr auslöst, spricht sie nur verschlüsselt. »Segelboote, die sich nicht bewegen, sind verschmolzen mit diesem Meer aus Eisen. Silhouetten von Strandspaziergängern, vom gleichen Schwarz wie der Horizont. Dann Wind. Am Nachmittag löst sich alles auf, wird blau und gerät wieder in Bewegung.« Wie so oft hat sie, um sich über ihre Gefühle Klarheit zu verschaffen, zunächst das Meer studiert. Unabdingbare Voraussetzung, wieder eine größere Schrift anzugehen, sich auf ein zwischenmenschliches Wagnis einzulassen. Ob Prosa, ob ein Theaterstück oder ein Film daraus werden mag, ob eine große Liebesgeschichte oder eine bedeutungslose Affäre, das weiß sie noch nicht genau.

* * *

Für die Duras, die in unseren Tagen als große alte Dame der französischen Gegenwartsliteratur Gewürdigte (in Wirklichkeit eine mehrdeutige Gestalt, der eigentlich nur wenig Damenhaftes eignete), sind Leben und Werk schon immer eine Einheit gewesen und Gattungszugehörigkeiten unerheblich. Einstweilen, als geübte Chronistin, fühlt sie sich, von anbrandender Energie aufs Neue gestärkt, zur Niederschrift gerüstet, verspürt Abenteuerlust. »Aber erst, nachdem ich jemandem, auf einer blauen Postkarte, Sätze über das Meer geschickt hatte.« Gehaltvolle Flaschenpost.

Die Empfänger solcher literarischen Botschaften und Glücksverheißungen, Günstlinge ihrer verschwenderischen, wenngleich nur selten ausdauernden Zuneigung, haben, je nach Laune und Lebensphase, unterschiedliche Namen getragen. Chinesische, vietnamesische und französische; italienische, englische und jüdische. Jeden einzelnen von ihnen hat sie für die Unbezähmbarkeit, den Eigensinn und die Widerstandskraft des Meeres empfänglich gemacht – mit anderen Worten: für ihre persönlichen Charaktereigenschaften. Austauschbar sind diese Männer, Liebhaber und Begleiter freilich nie gewesen, doch vergänglich und von vornherein zu einer Nebenrollenexistenz verdammt. Vorlagen für spätere Kunstfiguren allemal.

»Am Ende des Sommers war ich jedes Mal tief bestürzt wie jemand, der nicht weiß, was geschehen ist, der jedoch weiß, dass es inzwischen viel zu spät ist, es noch zu leben.« Sie hat die erlebten Geschichten einem inneren Ritual gehorchend ad acta gelegt und sie jedes Mal in Geschriebenes, Gefilmtes verwandelt. Unwiederholbare Emotionen sind so zu literarischem Material geworden. Und allein ihr Werdegang mitsamt seinen uferlosen Bizarrerien hat ihr den Stoff für gleich mehrere Dutzend Romane geliefert.

Darüber hinaus hat die jahrzehntelang unterschätzte Sprachkünstlerin während langer Lebensabschnitte dem Alleinsein den Vorzug gegeben, denn sie fürchtete sich vor der von ihr selbst proklamierten latenten Homosexualität, wie sie allen Männern eigen sei. Sie hat gelernt, eine Ewigkeit lang auf den vollkommenen Begleiter zu warten, einen Einsamen wie sie selbst, der bereit wäre, ein Leben mit ihr bedingungslos zu teilen. Ohne Begierde, voller Sehnsucht. Das Dasein in einem Zimmer am Meer.

In eindringlichen, verstörenden Bildern hat sie den Moment des jeweiligen Kennenlernens eingefangen, dem unweigerlich Trennung und Abschied folgen sollten: »Er geht schnell«, hat es vom jeweils nächsten Liebeskandidaten geheißen, der sich (vergebens) noch Hoffnungen machen konnte. »Er ist blass. Er hat zuerst Angst. Dann schwindet die Angst. Ich zeige ihm das Meer. Es ist ein unerhörter Luxus, das Meer vom Balkon aus sehen zu können.« Es an ihrer Seite sehen zu *dürfen* war das größte Privileg, das sie nur wenigen zuteilwerden ließ. »Werden Städte bombardiert, bleiben immer Ruinen, Leichen zurück. Wirft man eine Atombombe ins Meer, nimmt das Meer zehn Minuten später wieder seine natürliche Form an. Das Wasser lässt sich nicht formen.« Eine Allegorie der Grausamkeit und der Vernichtung – und auch eine Warnung: Eine Marguerite Duras würde sich nie bändigen lassen.

Schon als Heranwachsende hat sie der sinnlichen Verlockung des Meeres nicht widerstehen können, hat die dunklen Kräfte seiner Ufer, den ungestillten Hunger seiner verschwiegenen Promeneure gespürt. Verborgen hinter Holzbaracken, berührt im Lauf der Nächte, verführt im Schatten der vom Sturm aufgeworfenen Dünenkämme haben dort junge Mädchen – ob sie selbst oder ihre Heldinnen, lässt sie, wie so oft, dabei offen – ihre Lust mit namenlosen Vagabunden gestillt. Haben sich von Jünglingen umarmen, befriedigen, missbrauchen lassen. Die Anonymität verbotener Liebe, das Ritual kalkulierter Unterwerfung haben damit auch ihren schmächtigen

Körper, den »Leib einer Mestizin«, gestärkt und auf diese Weise ihre provokative Bereitschaft genährt, als Intellektuelle und Autorin ihren verstörenden, ja egoistischen Weg zu gehen. Konventionen sind für die Duras nie ein Maßstab gewesen. Und, was die Kunst sowohl der Ambivalenz als auch der erotischen Suggestion anbelangt, so vervollkommnete sie sich von Buch zu Buch.

* * *

Yann und Marguerite treffen nunmehr aufeinander, als seien sie von jeher füreinander bestimmt gewesen. Fortan bleibt er ihr Geliebter, ihre Projektionsfläche, ihr Co-Autor. Bis sie stirbt.

> Die Geschichte. Sie beginnt.
> Sie hat vor dem Auf und Ab am Meer,
> vor dem Schrei, vor der Geste,
> der Bewegung des Meeres,
> der Bewegung des Lichts begonnen.
>
> Jetzt aber wird sie sichtbar.
> Selbst auf dem Sand setzt sie sich schon fest, auf dem Meer.

Kein Zweifel, er ist viel zu jung für sie. Zu unbedarft, zu unausgegoren. Zu weich, zu »weiblich«. Für eine beiderseitige geschlechtliche Erfüllung scheint keine Basis vorhanden zu sein. Doch bricht sich zwischen ihnen eine überwältigende Erfahrung Bahn: Geistesverwandtschaft, Begierde, Abhängigkeit, Sadismus, Verschmelzung, Beglückung, Liebe, so über alle Maßen vereinnahmend, dass sie gleich noch als Stoff für ihr letztes Dutzend Bücher taugt.

Die starken Gefühle der winzigen halb nackten Gestalten auf der Strandbühne jenseits der Fensterscheiben, die Episoden der Kinderliebe erscheinen als ein von der Wirklichkeit nur für die beiden Zuschauer »erfundener« Stummfilm. Sie verdoppeln die außerordentliche Attraktivität, die, im Hausinneren, der Jüngling und die

berühmte Autorin aufeinander ausüben. Diese Kindergefühle, zu Erwachsenen-Emotionen potenziert, verleihen der Duras die für ihre letzten sechzehn Lebensjahre nötige Energie. Eine Energie, die in einen erneuten Schaffensrausch mündet. Und in extreme Popularität. Nie sollte sie bekannter, nie unerträglicher, nie bezwingender sein als in dieser Ära mit Yann. Nie sollte sie fleißiger an ihrer eigenen Legende stricken, mit einem süchtig machenden, verdüsternden und ansteckenden Stil. Nie sollte sie produktiver sein, nie über eine größere Leserschaft verfügen. Der bisweilen groteske Züge annehmende Duras-Hype setzt mit Yann und dem *Liebhaber* ein und endet erst mit ihrem Tod.

Dann, so plötzlich wie der Sommer gekommen war, ist die Hitze vorüber. Der kleine Junge und die schöne junge Frau sind abgereist. Nichts flirrt mehr vor dem Fenster, nichts gleißt. Doch das Buch ist fertig, die Zeitungschronik erschienen. Ohne es anfangs zu beabsichtigen, hat Marguerite Duras ihre ureigene Liebesgeschichte aufgezeichnet. Hat die Spiegelung enthüllt. Privates öffentlich gemacht. Ganz Frankreich erfährt von ihrer letzten großen Romanze. Es ist Herbst geworden. Und der junge Mann ist bei ihr geblieben, eine weitere Sensation. Bei der sie es nicht bewenden lassen will: Nur wenige Wochen nachdem sie die Beobachtungen aus Trouville als Tagebuchnotizen – und damit immer auch als Drehbuch, als Äußerungen für Bühnenfigur und Filmgestalten – festgehalten hat, beginnt die Duras bereits ein neues Buch, das zweite über sich und Yann.

So verwandelt sich Yann, in kürzester Zeit, in den Protagonisten ihrer Alterswerke: Der Duras ist nichts unmöglich; schnell wertet sie ihn zu einer unersetzlichen Kostbarkeit auf. Und er lässt es sich gerne gefallen. In *Blaue Augen schwarzes Haar* jagt er verzweifelt dem Phantombild eines verführerischen Matrosen hinterher. Marguerite ist dicht an seiner Seite. In *Die Krankheit Tod* mietet er sich eine Wohnung am Meer mit einer schönen Frau und klagt, angesichts ihrer fast schmerzhaften Präsenz, über seine Einsamkeit, schreit ihr sein Unvermögen entgegen, körperliche Liebe zu vollziehen. In *Emily L.* verfolgen ein Jüngling und eine Greisin, die sich in Grund und

Boden trinken, doch in schonungsloser Abhängigkeit aneinandergekettet bleiben, das Liebesleben anderer, vermeintlich seliger Paare, in deren Schicksal sie sich – unvollkommen – spiegeln können. Duras formt Andréa zu einer Preziose und idealisiert ihn im selben gesteigerten Maße, wie sie zuvor bereits ihre gesamte Kindheit stilisiert hat.

Mit der ihr eigenen Maßlosigkeit, Indiz für ihre ungebrochene Begeisterungsfähigkeit und ihr furchterregendes Selbstbewusstsein, macht sie aus Andréa Schritt für Schritt und Schrift für Schrift ihren Mann vom Meer – eine überhöhte Gestalt, einen perfekten Kompagnon. Yanns homoerotische Befindlichkeit ist dabei kein Hindernis für ihre so besondere, innige Zweisamkeit: Sie fungiert lediglich als Metapher für ein ganz allgemeines Hindernis zu lieben, wie es zwischen Männern und Frauen, zwischen Männern und Männern, zwischen Frauen und Frauen besteht. Denn die Duras interpretiert alle realen Beziehungen von Paaren als von vornherein zum Scheitern verurteilt.

Lieben heißt bei Marguerite Duras vor allem: zu kranken und zu leiden an der Unfähigkeit zur Liebe. Nur als Geschwister, als Kinder, als Kombination von alter Frau und schwulem Jüngling lässt sich Partnerschaft zumindest zeitweise als ideal erleben, als naiver Ausnahmezustand. »Verschmolzen zu einer einzigen Gestalt, einem einzigen Alter. Zusammengesunken, bewegungslos. Müde.« Gemeinsam träumen solche schwankenden, schwebenden Paare vom abwesenden, unerreichbaren, unwiderstehlichen Mann – vom absoluten Mann.

Yann Andréa ist freilich keine Kopfgeburt, sondern ein Mensch aus Fleisch und Blut. Aufopferungsvoll und so manche Erniedrigung über sich ergehen lassend steht er seiner Marguerite während ihrer vielfachen Entziehungskuren und Operationen zur Seite. Beschreibt in seinem erschütternden Krankenhaus-Tagebuch *M. D.* ihre Hölle auf Erden, die längst auch zu seiner Hölle geworden ist.

Die Duras hat dank Yann ein neues Terrain gefunden. Ihm und seiner selbstlosen Hingabe, die an Selbstauflösung grenzt, wird sie, die Rigorose, nunmehr Denkmal um Denkmal setzen: Er ist der *Atlantik-Mann*, der Bruder in *Agatha*, Feind, Freund und Quälgeist in ihren autobiografischen Novellen. Im wahren Leben befördert (oder degradiert) sie ihn zum Chauffeur bei unzähligen Ausflügen an die Seine-Mündung, nach Quillebeuf, an die Strände des Débarquement, zu den Ölhäfen von Antifer, an die Kreidefelsen zwischen Étretat und Fécamp. Zuletzt vereinigt sie ihn gar mit einer ihrer zentralen Schöpfungen – aus dem jugendlichen Sommergast wird eine Kunstfigur: der monumentale, »unmögliche« Geliebte *Yann Andréa Steiner*.

Er lehrt sie ihr Altersglück erleben. Hält unerschütterlich zu ihr und fängt sie immer erneut auf, damit sie ihren späten, immensen Erfolg genießen kann, der sie förmlich überrennt, ja überrollt. Er lehrt sie auch das *Über*-Leben.

* * *

Yann und sie begegnen sich nach einer Vorführung ihres monumentalen Film-Poems *India Song* in einem Off-Kino, ohne sich dabei wirklich kennenzulernen, im November 1975, in der Provinz. Keineswegs ein Zufall – Yann hat dieses erste Treffen herbeigeführt. Ein Rendezvous, das noch nicht zählt. Sie trinken zusammen. Ein Glas, möglicherweise aber auch zwei oder drei oder zehn. Der Jüngling begleitet sie mitten in der Nacht zum Parkplatz von Caen. Die Briefe und Einfälle, die er ihr fortan täglich nach Paris schickt, bleiben ohne Echo, so wie auch keine Erwiderung auf die Fragen erfolgt, die er ihr etwa nach ihrer Romanheldin Théodora Kats stellt oder, drängender noch, nach dem rätselhaft-narkotischen *Le Navire night*, auf dem er nur zu gern ihr einziger Passagier wäre und sie als Kapitänin den Kurs bestimmen würde. Eines Tages schreibt sie ihm dann doch, räumt indirekt ein, wie sehr sie ihn dafür bewundert, einfach nicht lockerzulassen. Eine kaum verhüllte Einladung. Und daher kündigt er ihr auf der Stelle sein Kommen an, mitten in diesem mit Bedeutung so aufgeladenen Trouville-August.

Yann bleibt für immer: *Un homme est venu me voir – Ein Mann hat mich aufgesucht*, so lautete einer ihrer markanten früheren Titel. Eine Weissagung? »Ich betrachte Homosexualität nicht als Andersartigkeit, sondern als eine Entwicklung mit größeren Umwegen. Ich hoffe, es wird immer mehr solch bebender Männer geben. Bebend – ein schönes Wort.«

Zusammengeschweißt und dennoch aneinander zerrend machen sie es sich beide nie leicht, machen es sich *einander* nie leicht. Die Leidenschaft für die Literatur hält sie zusammen, das ewige Trinken, die gegenseitige Überforderung, die Mythomanie, die unaufhörliche Rochade ihrer zweistimmig verfassten Texte, die immer knapper, skizzenhafter, aphoristischer, liebevoller, alberner, beschämender, verletzender werden.

Ein Abschied auf Raten. Denn als nur für ihn »lesbare«, für die Öffentlichkeit aber zunehmend unergründliche Sphinx taumelt die Duras dem Tod entgegen. Eine qualvolle Agonie, die Yann zuweilen zu lindern vermag, dann wieder, weniger aus Bosheit als aus Nachgiebigkeit, noch eine Spur unerträglicher macht. Alle Gesetzmäßigkeiten der Zuneigung aufzuheben ist zuletzt beider Lebensinhalt gewesen: Begriffe wie Liebe, Hass, Bedürftigkeit, Hörigkeit haben sie neu definiert. Die Dimensionen von einfachen Worten wie »zart«, »herzlos« und »verzweifelt« erweitert. Geschenkt haben sie sich dabei nichts.

Als Emmedée oder M. D., wie nur er sie zu nennen sich gestattet hat, ist die alternde Autorin in den Augen vieler Vertrauter zu einem enigmatischen Kürzel reduziert und zusehends unsichtbar geworden, ist zu einer bloßen Buchstabenfolge geschrumpft. Nur noch zu diktieren oder ihre Einfälle zu deklamieren vermag sie; Yann notiert das Wenige, was sie selbst nicht mehr aufschreiben kann. *C'est tout* heißt deshalb auch ihr letztes Buch, *Das ist alles*. Und *Schreiben*, Schreiben gegen alle Widerstände und Hindernisse, ihr vorletztes. *Écrire*. Man spürt: Es ist allmählich Zeit für sie zu gehen.

Als Seelenverwandte und Gesinnungsgenossin des – wie sie selbst – geheimnisumwitterten, schon zu Lebzeiten mythischen

Staatschefs François Mitterrand schreitet die Duras, von Yann fürsorglich umsorgt, erhobenen Hauptes, wiewohl körperlich zerrüttet, endgültig aus diesem ein ums andere Mal verklärten Normandie-Sommer heraus – und stirbt. Wenige Wochen nur nach eben diesem, »ihrem« Mitterrand. Einem Freund, einem weiteren ihrer Brüder im Geiste, der mehr als nur ein politischer Weggefährte für sie war.

Als an einem eisigen Frühlingsnachmittag im März 1996 eine ergriffene Trauergemeinde die Kirche von Saint-Germain verlässt, um Marguerite Duras auf ihrem Weg zum Friedhof Montparnasse das letzte Geleit zu geben, wacht eine hagere, schattenhafte Gestalt unablässig über den schlichten Holzsarg, der die letzten Meter zu seinem Bestimmungsort zurücklegt: Yann Andréa, ihr »bebender« Geliebter. In gewissem Sinne auch ihr Bruder, sicher so etwas wie ihr Mann – doch zuallererst der inzwischen gereifte Autor, der ihre unverwechselbare, so zornige wie nuancierte Stimme am Leben erhalten wird. Wie sie: ausschweifend und abschweifend.

Von ihr beseelt und angespornt, in seiner Identität bedroht und bereits auf dem Weg zur Selbstauslöschung, wird er künftig in ihrem Namen weiterschreiben, weiterleben, weiter zu lieben versuchen.

Zwischen zwei Brüdern

Die Geschichte meines Lebens gibt es nicht.
So etwas gibt es nicht.
Es gibt nie einen Mittelpunkt.
Keinen Weg, keine Linie.
Es gibt weiträumige Orte, von denen man glauben macht,
es habe hier jemanden gegeben.
Das stimmt nicht. Es gab niemanden.

Fotografien aus ihrem ersten, asiatischen Lebensdrittel maß die Duras stets größte Bedeutung zu. Fotos waren für sie eine Kostbarkeit: »Das Foto, ohne das man nicht leben kann, existierte bereits in meiner Jugend.« Nicht selten dienten sie ihr als Ausgangspunkt für ein neues Buch, lieferten ihr Ideen für eine noch auszugestaltende Schrift. *Der Liebhaber* etwa verdankt sich einem solchen Impuls des Innehaltens, visuellen Wiederentdeckens und der inhaltlichen Transformation. Das mehrfache Umdrehen, Auswerten und Einschätzen solcher Bilder, das Leeren eines privaten Albums wurde für sie zu einer legitimen poetologischen Methode. Obsessiv umkreise sie in ihren Schriften sämtliche Fotos, die sie und ihre Brüder, sie und ihre Eltern und vor allem sie allein in Indochina zeigten, beschrieb sie ein ums andere Mal, kommentierte, deutete und verfremdete sie. Durch ständige Reproduktion in ihren Büchern und in Artikeln zu ihrer Person, durch inhaltliche Aufwertung und aufwendige sprachliche Zuschreibungen wurden einige von ihnen im Laufe der Jahrzehnte zu Ikonen. Marguerite als Kindfrau, neckisch lächelnd, mit dem schiefsitzenden, viel zu großen Männerhut, Marguerite als Beinahe-Asiatin, ambivalent und enteuropäisiert, oder das seltsam künstliche, androgyne Gesicht der heranwachsenden Marguerite, der Zeitmode entsprechend retuschiert und mit artigem Scheitel, auf der Vorderseite vieler Ausgaben des *Liebhabers*, haben sich – nicht zuletzt durch die Intensität ihrer Blicke, die Ebenmäßigkeit ihrer Züge, die Symmetrie ihres Kopfes, die unverkennbare Zwanzigerjahre-Ästhetik, ihr nostalgisches Potenzial – in unser Gedächtnis eingebrannt. Duras als Markenzeichen.

Indem sie den Inhalt ihres privaten Fotoalbums schon früh systematisch in Umlauf brachte, sorgte die Duras dafür, dass sie, als Geschöpf der Kolonialzeit, in Frankreich regelmäßig präsent war und dass man ihr markantes Konterfei augenblicklich wiedererkannte. Ganz besonders aber das ihrer Kindheits- und Jugendjahre. Dass man ihr Image als junge, begehrenswerte Frau für immer in Erinnerung behielt, dass man sich genau vorstellen konnte, wie sie als Teenager auf potenzielle Verehrer gewirkt haben musste, war ihr ein wichtiges Anliegen. Wie ein Ausrufezeichen signalisierten diese Fotos ihren späteren Lesern ihre Verwurzelung in einer in weiter Ferne liegenden Vergangenheit, einer Epoche der Grammofone und Kaleschen, der altmodischen Sitten und Gebräuche: eine versunkene, in Sepiafarben gehaltene Welt. Legion sind die teils bereits verblassten Schwarz-Weiß-Bilder, auf denen sie, recht teilnahmslos dreinschauend, mit ihren älteren Geschwistern und einigen einheimischen Hausangestellten stehend die sitzende, finster die Kamera fixierende Mutter Marie umrahmt. Oder auch Doppelporträts von ihr und Marie, mal komplizenhaft oder liebevoll, mal kokett, mal einander argwöhnisch beäugend. Wenig gelächelt wird auf diesen Bildern und viel gestarrt, niemand wirkt gelöst oder gar natürlich – wohl auch weil es so viel Zeit in Anspruch nahm, bis eine Aufnahme endlich im Kasten war.

Nur von ihrem so häufig kränkelnden Vater Henri, den alle Welt Émile nannte, finden sich wenige Fotos und schon gar keine Schnappschüsse. Auch kein einziges, das Marguerite mit Henri Émile allein zeigen würde. Ein passfotoartiges Porträt von ihm immerhin gibt es.

Es zeigt einen noch jugendlich wirkenden, selbst-, ja siegesbewussten Mann, der Willenskraft und zugleich ein wenig Melancholie ausstrahlt. Sie fügte es später in eine Collage aus Indochina-Erinnerungen, Kinderbildern und getrockneten Blumen ein, die jahrzehntelang, einem Altar gleich, an der Wand in ihrer Pariser Wohnung in der Rue Saint-Benoît prangte. Bemerkenswert daran ist der intensive, geradezu hypnotische Blick Émiles. Und auf einem anderen, so spektakulären wie emblematischen Gruppenfoto bildet der Vater und Schulrektor Donnadieu, gemeinsam mit seiner zweiten Frau, Marguerites Mutter Marie, exakt das Zentrum des Bildes. Über ihnen, gleichsam schwebend, thronen ihre drei Kinder.

Der exemplarische Charakter dieser mit Sicherheit für repräsentative Zwecke angefertigten Aufnahme verdient eine ausführliche Betrachtung. Werden auf ihr doch, wie unter einem Brennglas, viele Besonderheiten, Bedingungen und Hierarchien der Kolonialära wie auch das komplexe Gefüge der Familie Donnadieu bestens sichtbar. Die Kulisse bildet ein gewaltiges, schon in die Jahre gekommenes kambodschanisches Palais – als »Dienstwohnung« ihre Residenz –, vor dessen Fassade, mit Ornamenten und stilisierten Säulen verziert, und Fensterfront sich die Porträtierten aufgebaut haben. In vorderster Reihe haben, elegant und europäisch gekleidet, die Lehrkräfte auf bequemen Korbsesseln in der Pose von Kolonialherren Platz genommen – die Damen mit Hut, die Herren in Anzügen. Das Direktorenpaar Donnadieu in der Mitte bildet die Symmetrieachse. Donnadieu, als Vorsteher der Lehranstalt, hoher Beamter und zugleich in leitender Stellung im Unterrichtswesen der Kolonie Indochina mit zahlreichen Befugnissen ausgestattet, ist sich seiner Macht gewiss, befindet sich auf dem Höhepunkt seiner Karriere. Ein Regent. Marie (ohne Kopfbedeckung) wirkt skeptisch, aber gelassen. Mit Ausnahme einer weiblichen Lehrkraft, ganz in Weiß, sind beim Lehrkörper gedeckte Farben vorherrschend. Seine Mitglieder dürfen sitzen. Direkt hinter ihnen, zum Stehen verurteilt, präsentieren sich in zwei Reihen die annamitischen Zöglinge, in eine Uniform aus dunklen Kitteln und breitkrempigen Kappen gezwängt – ausnahmslos Jungen. Das staatlich verordnete Trennungsverbot nebst der Unfähigkeit zweier grundverschiedener Schichten, außerhalb der Unterrichtsstunden ernsthaft miteinander zu kommunizieren, ist hier mit Händen zu greifen, ebenso wie die permanente Demütigung, die zahllosen Verbote. Berührungen sind nicht einmal denkbar. Und genau oberhalb, einen Meter über der Schülerschar und noch zwei weitere über ihren Eltern, lässt ein privilegiertes Kindertrio, auf einer Balustrade hockend, die nackten Beinchen baumeln: Pierre, der Älteste, Paul, der Jüngere, zärtlich oft auch Paulo genannt, und in der Mitte zwischen ihnen die kleine Marguerite.

Auch hier, auf diesem »Bild im Bild«, zeigt sich wieder ein sorgfältig komponierter Farbkontrast: Die ihr in Weiß gewandetes Schwesterchen überragenden Jungen tragen dunkle Kleidung. Eingerahmt werden sie alle drei von einer großen, fensterartigen Aussparung, die den Blick auf weiter innenliegende, schattige Säle freigibt. Es wirkt, als säßen die Donnadieu-Kinder mitten in einem Gemälde, das seinerseits Teil einer größeren Bildergalerie ist. So als würde sich der Vorhang auf eine noch nicht angestrahlte Kinoleinwand öffnen, vor deren dunklem Hintergrund sich die Geschwister wirkungsvoll abheben. Wenn man so will: ein kunstvoll inszeniertes Vexierspiel. Einen »Altar der Erinnerung« hat die Duras die Bildmitte genannt, einen »doppelten Ort«. Und das Ganze scheint sich in letzter Konsequenz ausschließlich um Marguerite zu drehen – als kleines Pünktchen stellt sie den Mittelpunkt dar. Sechzig Jahre bevor sie aus einem anderen großen Fenster auf Ärmelkanal und Nordmeer blicken, einem Jungen bei seinen ersten amourösen Tastversuchen beobachten und zunehmend ungeduldig auf Yann warten wird. Immer ist sie es, die aus abgehobener Perspektive die Welt unter ihr ins Visier nimmt, einschätzt und die Geschicke der Leute zu ihren Füßen subtil umarrangiert und schreibend manipuliert.

In Französisch-Indochina mit seinen Landesteilen Cochinchina, Annam und Tonkin (zusammengenommen in etwa dem heutigen Vietnam entsprechend) nebst Laos und Kambodscha nimmt die Duras-Legende ihren Anfang. Es ist eine Legende von Euphorie –

von der überwältigenden Schönheit und Exotik der Landschaft, der sinnlichen Fremdheit der Einheimischen, dem paradiesischen Klima, den ohrenbetäubenden, aufreizenden Tierlauten inmitten der Geräuschkulisse des undurchdringlichen Urwalds, der erotisch aufgeladenen, feuchtheißen Atmosphäre. Diese Legende handelt von Kutschfahrten über Land durch unberührte Natur, von unwirklichen Sonnenaufgängen über dem Mekong-Delta, von der Faszinationskraft von Religion und Kultur, von dem echten, aufrichtig gemeinten Sendungsbewusstsein der aus Frankreich eintreffenden Lehrkräfte, vom Erziehungsauftrag beseelt. Und sie handelt von Dekadenz: der Tristesse des Tropenalltags, gefolgt vom gefürchteten Tropenkoller, den Strapazen, der Sprachbarriere, dem chauvinistischen, rassistischen Gebaren der Kolonialherren, dem quälenden Heimweh, der Flucht in den Alkohol, dem kaum zu ertragenden Müßiggang, der ans Absurde grenzenden Bürokratie mit ihren sinnentleerten Verwaltungsvorschriften, der mangelnden Hygiene, der auf enttäuschter Erwartung folgenden Ernüchterung, der Insektenplagen, dem verseuchten Wasser, den wie eine Heimsuchung fast alle Weißen befallenden Krankheiten und Epidemien.

Es ist aber auch eine Legende von grenzenloser Freiheit, zumal für die hier wie im Paradies aufwachsenden, von unterwürfigen Dienstboten verwöhnten Kinder der Koloniallehrer, denen Dschungel, Mangrovenwälder, Strände und Reisfelder als gigantischer, nur ihnen vorbehaltener Spielplatz zur Verfügung stehen, und der gegenseitigen Verachtung, des Misstrauens, des imperialistischen Zynismus und der dazugehörigen Arroganz. Schließlich ist es eine Legende der Orientierungslosigkeit, der Entfremdung vom französischen Vaterland, von Liebe und Hass, von Stimulation und Resignation, von Exil und Ausweglosigkeit, von Sehnsucht und Zurückweisung, von importiertem Reichtum und zum Himmel schreiender Armut der Ureinwohner, von Prunk und Misere, von anfänglicher Neugierde, erzieherischem Idealismus und ultimativer Desillusion. Phnom Penh und Hanoi, Saigon und Gia Dinh, Vinh Long und Sa Dec, Prey Nop und Kampot sind verheißungsvolle Namen ferner, unbekannter Orte, von deren betörendem Klang sich eine ganze Generation ehrgeiziger junger Menschen von den Werbeexperten der Kolonialpropaganda vor und nach der Jahrhundertwende an den Golf von Siam, an den Golf von Tonkin und an die Gestade des Südchinesischen Meeres locken ließ.

Diese hoch motivierten jungen Franzosen – oft aus einfachen Verhältnissen, aber mutig, bildungshungrig, arbeitswillig und bestrebt, ihr Wissen mit lernbegierigen Fremden zu teilen – waren, wie Henri Émile Donnadieu aus dem Südwesten und Marie Legrand aus dem Nordosten Frankreichs, hierhergekommen, um ein Versprechen einzulösen. Über die an sie gestellten Anforderungen, über all das, was an Schwierigkeiten auf sie zukommen würde, konnten sie sich zuvor nicht das geringste Bild machen – Erfahrungsberichte und aussagekräftige Fotos waren Mangelware oder man bekam bestenfalls beschönigte Schilderungen zu hören. Und ihre Nachkommen hatten ihre Entscheidung, auszuwandern und hier, auf der anderen Seite des Globus, ihr Glück zu versuchen, nolens volens auszuhalten.

In diesem Spannungsfeld erblickte Marguerite, das dritte Kind ihrer schon nicht mehr ganz jungen Eltern, 1914 nahe Saigon das Licht der Welt, um die ersten, prägenden zwei Jahrzehnte ihres Lebens fast vollständig abgetrennt von den Geschicken Europas wie unter einer Glocke zu verbringen. Ihre vier bzw. drei Jahre älteren Brüder und sie sahen sich, bei allen materiellen Annehmlichkeiten, von Anfang an dazu verurteilt, ein Dasein zwischen den Welten zu fristen. Anständig gekleidet und ernährt, korrekt erzogen und umsorgt von fügsamen Domestiken und servilen Boys litten sie zwar keinen Mangel, doch sahen sich in eine Außenseiterrolle gedrängt: nie so selbstverständlich »weiß« wie gleichaltrige Kinder aus ihrem Herkunftsland, fortwährend mit ihrer Identität hadernd, sich weder den Annamiten – ihren zunächst verbotenen, letztlich dann doch tolerierten Spielkameraden – noch den Sprösslingen des Botschaftspersonals, also »ihresgleichen«, wirklich zugehörig fühlend. Das in weiter Ferne liegende Frankreich, das sie bei kurzen Aufenthalten in der Alten Welt nur für wenige Monate in Augenschein nehmen konnten, war für sie exotischer und unverständlicher als jeder Quadratkilometer ihrer häufig wechselnden Wohnorte in Südostasien.

Objektiv betrachtet, war Marguerites Geburtsdatum selbstverständlich ein Glücksfall: Damit blieben ihr in der Kleinkinderzeit die Entbehrungen ihrer Altersgenossen im verheerenden Ersten Weltkrieg erspart. Ihr wurde aber auch die Erfahrung mit dem progressiven Esprit und der Aufbruchsstimmung der Années Folles, wie sie mit ihrer explosiven Energie und ihrer Nonchalance die Alte Welt und ganz besonders Paris erfasst hatten, vorenthalten. Was in Paris geschah, was die Herzen und Seelen der Menschen in Frankreich bewegte, betraf sie – trotz Lektüre importierter Zeitungen und des Hörens französischer oder amerikanischer Chansons, trotz Imitation einiger europäischer Modetrends – nur am Rande. In Cochinchina und in Hanoi kontrastierte der skurrile Lebensstil der Familie Donnadieu und der ihrer Kollegen mit den Alltagsgewohnheiten der Einheimischen aufs Schärfste, hatte aber ebenso wenig, weil hoffnungslos altmodisch oder vollends aus der Zeit gefallen, mit den aktuellen Trends der Europäer zu tun. Und mit deren Sorgen, Nöten, Wünschen und Träumen schon gar nichts.

Mehr als entschädigt wurde das Kindertrio durch das als beglückend erlebte Verschmelzen mit der Natur und den Elementen. Noch Dekaden später schwärmte die gealterte Duras von solch unauslöschlichen Sinneseindrücken. Es sind Erinnerungen an eine kreatürliche Existenz, die zu geschärfter Wahrnehmungsfähigkeit führte. Gerüche und Aromen zu identifizieren und, kleinen Spürhunden gleich, Witterung aufzunehmen bereitete den dreien größtes Vergnügen, ebenso wie das Barfußlaufen und die täglichen, oftmals desorientierenden, dafür aber umso spannenderen Erkundungsgänge. »Ich kann nicht an meine Kindheit denken, ohne an das Wasser zu denken. Mein Geburtsland ist eine Heimat der Gewässer. Der Seen, der Wildbäche, die von den Bergen herabstürzten, der Reisfelder, der schlammigen Flüsse der Ebenen, in denen wir bei Gewittern Schutz suchten.« Die Geschwister badeten in Pfützen, schwammen in den Seitenarmen der Flüsse durchs Dickicht, bis sie tief in den

Dschungel vorgedrungen waren, oder planschten in »racs«, kleinen, reißenden Bächen, »die meerwärts fließen«, suhlten sich im warmen Schlamm. »Der Regen schmerzte, so dicht [fiel] er. Innerhalb von zehn Minuten war der Garten überschwemmt.«

Jedes Naturereignis brachte Überraschungen hervor; ihnen fielen bislang unbekannte Früchte in die Hände, die sie ohne Scheu probierten. Dann wieder kletterten sie auf Kokospalmen, beobachteten Insekten und Frösche, machten Jagd auf Krokodile, töteten nur zum Spaß kleine, wehrlose Tiere, näherten sich Wasserbüffeln bis auf wenige Meter, ließen sich den warmen Saft reifer Mangos über das Gesicht laufen. Aus nicht immer sicherem Versteck sahen sie Tigern und Stelzvögeln, Affen und schwarzen Panthern bei der Jagd und bei der Paarung zu. So wurden sie, Zeugen von Grausamkeit und Brunst, mit Blutgier und ungezügelten Trieben vertraut. Sie rochen auch die schlimmen Ausdünstungen der Bettler, die nachts unter dem Lianengestrüpp schliefen, atmeten den beißenden Rauch ein, der von den Feuern dieser Unerwünschten aufstieg. Sie sogen den Duft der Mandelblüten und des Oleanders ein, und sie ertrugen tapfer den Pestgestank. Der nächste Regenguss spülte die Spuren dieser abenteuerlichen Exzesse wieder davon. »Und wie soll man den Geruch der warmen Erde beschreiben, die nach dem Regen dampfte? Den Geruch bestimmter Blumen. Eines Jasminstrauchs in einem Garten.« Marguerite entdeckte, schmeckte und genoss die Freiheit, sog sie mit allen Poren auf. Mit den gleichaltrigen Kindern der Einheimischen rannte sie um die Wette, kannte sich in den Garküchen und provisorischen Hütten der Annamiten aus, begab sich ganze Nachmittage lang in den Busch, wurde eins mit der verschwenderischen Natur um sie herum. *Ganze Tage in den Bäumen*: Womöglich lag genau hier der Ursprung für einen ihrer späteren bekannten Werktitel. Was ihr in den Dörfern rings um Saigon und Hanoi und zuletzt auch in Phnom Penh in Fleisch und Blut überging, war ein Gefühl herrlichen Ungehorsams und wohltuender Anarchie – eine sprachlich oder rational nicht zu bändige Reizüberflutung.

»Wir [...] gingen ganz selbstverständlich dahin, wo Gefahr war, einfach so. Viel später erst ist mir angst und bang vor dem geworden, was wir da getan hatten. Den Verrückten gehört [...] der Wald; und in meinem Leben hat er der Kindheit gehört.« So war ihr auch das, worüber die Erwachsenen beständig klagten und jammerten, einerlei: dass in Cochinchina – kurz »Indo« genannt – letztlich nur eine einzige, bleierne Jahreszeit herrschte, mit mal viel, dann wieder weniger Regen. Entweder stand alles unter Wasser oder man sehnte sich förmlich nach einem Tropfen Nass. Ein bleicher, gluthei ßer Dauersommer ohne irgendeine sichtbare Veränderung brachte einige unter den Ausgewanderten an den Rand des Wahnsinns oder ließ sie zur Flasche greifen.

Die »Großen« wähnten sich am toten Punkt, waren monatelang wie gelähmt. Sie ächzten und fluchten, wenn sich Perioden brütender Hitze über die im ewigen Grau versinkenden Landstriche legten und ihren Radius noch weiter einschränkten. (Nur in der kühleren Region von Tonkin, im Norden, ließen sich die Endlossommer und die unmerklichen Wetterumschwünge halbwegs aushalten.) Vielen, darunter auch Marguerites Vater, machte das Klima schwer zu schaffen. Sie litten unter den Insektenplagen, fingen sich eine zerstörerische Krankheit nach der anderen ein, waren bald dauerhaft geschwächt, nur noch begrenzt zur Ausübung ihrer beruflichen Tätigkeit in der Lage und alterten vorzeitig. Panik brach zuweilen aus, wenn sie einmal mehr leprakranken Einheimischen über den Weg liefen und die in der Luft liegende Todespräsenz nicht länger abschütteln konnten. In den oft primitiven Sanatorien und Pflegestellen lauerte die Cholera. Für Opfer wie Marguerites Vater, die ihre Gesundheit, Energie und ihren Lebenswillen dahinschwinden sahen, waren die besonderen meteorologischen Bedingungen in Indochina fatal. In manchen Jahren starben die Zugereisten wie die Fliegen; nur an den Widerstandsfähigsten unter den Europäern gingen die Anfechtungen der Tropen spurlos vorbei.

Als Henri Émile Ende April 1921, kaum dass sein Töchterchen das siebte Lebensjahr vollendet hatte, gegen seinen Willen die Kolonien verließ und sich an Bord der *Chili* mit Fahrtziel Marseille einschiffte, um in Frankreich gleich eine ganze Anzahl von Erkrankungen auszukurieren, konnte er nicht ahnen, dass er weder Indochina noch seine Familie jemals wiedersehen würde. Infektionen, schwere Verdauungsbeschwerden und Miasmen peinigten ihn. Der 49-Jährige war nur noch ein Schatten seiner selbst. Die französischen Ärzte, von deren Ratschlägen und Eingriffen er sich Linderung und Heilung versprochen hatte, diagnostizierten eine weit fortgeschrittene Amöbenruhr, noch dazu eine Staublunge, und sie erklärten ihren Patienten zum hoffnungslosen Fall. An eine Rückkehr war vorerst nicht zu denken; daher quartierte er sich in Le Platier ein: einem abgelegenen, vom Wind umtosten Anwesen nahe dem Städtchen Duras im Arrondissement Marmande, das er sich mit Blick auf seinen Ruhestand zugelegt hatte. Bis in die Wintermonate dämmerte er dort, fern von seiner Familie und lediglich umgeben von Jean und Jacques, seinen längst erwachsenen Söhnen aus erster Ehe, dem vorzeitigen Tod entgegen. Dann und wann entsandte er noch eine Depesche nach »Indo«. Als die Adventszeit anbrach, versiegten seine Kräfte endgültig; am 4. Dezember erlosch sein Lebenswille gänzlich.

Erst kurz vor Weihnachten erfuhren Marie, Marguerite und ihre beiden Brüder per Telegramm von seinem Ableben – und hatten sich darauf einzustellen, von Stund an ohne das Familienoberhaupt, das sie schon ein Dreivierteljahr lang nicht mehr gesehen hatten, auszukommen. Bereits von 1915 an hatte sich der Vater aufgrund von fortgesetzten Koliken und einer Lungenentzündung regelmäßigen Eingriffen unterziehen müssen, war zu Kuren lange verreist gewesen – seine Abwesenheit war also kein echtes Novum. Seine Kinder hatten den überarbeiteten und oft aushäusigen Direktor ohnehin nur selten zu Gesicht bekommen. Doch nun standen seine Witwe und seine drei Halbwaisen vor vollendeten Tatsachen. Ein Nachtvogel, der sich wenige Tage vor dem Eintreffen der Todesnachricht ins Haus verirrte und sich panisch flatternd an den Fensterscheiben verletzte, bevor er sich schließlich befreien konnte, schien, einem bösen Omen gleich, die Hiobsbotschaft bereits angekündigt zu haben. Und der kleinen Marguerite starb in den Monaten nach Donnadieus Tod dann auch noch ein Hundewelpe, den sie gerade erst ins Herz geschlossen hatte, unter den Händen weg – ein für sie weitaus tragischerer Einschnitt. Mit erschreckender Gleichgültigkeit und eigentümlicher Distanz nahm die Familie das Verschwinden des Gatten, Vaters und Ernährers zur Kenntnis. »Keine Tränen, keine Fragen.« Marie hielt es nicht einmal für nötig, alle Hebel in Bewegung zu setzen, um der Bestattung beizuwohnen. Am Grab von Henri Émile standen weder Marie noch seine drei jüngsten Kinder.

Falls die Mutter verzweifelt und von Zukunftsängsten geplagt gewesen sein sollte, so ließ sie sich davon wenig anmerken. Aber sie gewöhnte sich an, mit ihrem verstorbenen Mann Zwiesprache zu halten, unterhielt sich regelmäßig, in Zimmerlautstärke, mit dem Abwesenden. Darf man allerdings Duras' Behauptung von »ihre[r] plötzliche[n] Unfähigkeit, uns zu waschen, anzukleiden, ja sogar zu ernähren«, wirklich Glauben schenken? Maries Gatte hinterließ, abgesehen von den vielen Umzügen und Eingewöhnungen, die seine zahlreichen Postenwechsel ihnen beschert hatten, keine nennenswerten Spuren. Eine Leerstelle, die schon immer existiert hatte, wurde mit der Gewissheit des Todes im Grunde nur bestätigt, bekam jetzt allerdings eine andere Bedeutung – der soziale Abstieg war programmiert, der Lebensstandard würde nicht zu halten sein, man hatte sich auf unwägbare, härtere Zeiten einzustellen. Marguerite würde später sagen, sie habe ihren Vater so gut wie gar nicht gekannt, verfüge kaum über konkrete Erinnerungen an ihn. Hatte sie überhaupt jemals einen Vater gehabt? »Alles, was mir von ihm bleibt, ist [das bereits erwähnte] Foto und eine Postkarte, die er vor seinem Tod an seine Kinder geschrieben hat.«

Betrachtet man den Lebensweg des ehrgeizigen Henri Émile, 1872 in Villeneuve-sur-Lot in ein bescheidenes Milieu aus Handwerkern und Landwirten hineingeboren, aus dem Blickwinkel seiner einzigen Tochter, so hatte ihm seine Laufbahn, die den brillanten Absolventen einer pädagogischen Hochschule im Südwesten Frankreichs zu seinen ersten Lehrposten in der Heimatregion bis in das von Pierre Loti besungene Paradies Südostasiens und an die Schaltstellen des Erziehungswesens in den Kolonien beförderte, wenig Glück gebracht. Seine erste Ehe mit Alice Rivière, aus der die zwei erwähnten Söhne hervorgingen, endete tragisch mit dem relativ frühen Tod der Gattin, die schon 1909 an den üblichen Tropenkrankheiten zugrunde ging. Dass der Witwer, der hauptsächlich Mathematik und Landwirtschaft unterrichtete und bereits eine Reihe von Beförderungen hinter sich hatte, sich noch im selben Jahr mit Marie Legrand, ebenfalls Witwe und Kolonie-Pädagogin, nach nur wenigen Monaten der Trauer zusammentat und sie kurz darauf ehelichte, rief die Lästermäuler im Kollegenkreis auf den Plan und führte zu einer Reihe von verleumderischen Briefen an das Unterrichtswesen, mit denen man den Fortgang seiner Karriere hintertreiben wollte. Dem Direktor Donnadieu, der dereinst aufgrund von Zureden seines Bruders Roger in die Tropen ausgewandert war, auch um damit seinem Faible fürs Exotische Genüge zu tun, ging schon seit jeher der Ruf eines Schürzenjägers voraus. Und doch sollte es ihm gelingen, den bösen Zungen keine neue Nahrung zu verschaffen und sich, in professioneller Hinsicht, von Stelle zu Stelle und von Außenposten zu Außenposten schrittweise zu verbessern. Zumal er sich in fachlichen Belangen nichts hatte zuschulden kommen lassen. »Er hat ein Mathematikbuch über die Exponentialfunktionen verfasst, das ich verloren habe«, behauptete Marguerite später. Sonst wusste sie wenig bis nichts über ihn auszusagen.

Mit ihr war sein nunmehr fünftes Kind geboren worden, als er 1914 gerade in Gia Dinh nahe Saigon eine Lehranstalt leitete, und mit ihr, Pierre und Paul im Schlepptau zog er von dort weiter nach Hanoi und schließlich nach Phnom Penh, wo man ihm den maroden, dennoch hochherrschaftlichen und von einer längst verflossenen Ära kündenden kambodschanischen Königspalast als Dienstgebäude zur Verfügung stellte. Die Vegetation hatte Besitz ergriffen von Veranden und Terrassen; der Urwald stand direkt vor der Tür. Dass es ausgerechnet von da an mit seiner Gesundheit, die ihm schon früher so manche Sorgen bereitet hatte, rapide bergab ging, war ausgesprochenes Pech. Mit seinem Tod endete auch seine zweite Ehe nach nur zwölf Jahren; mit Alice war er vierzehn Jahre lang verheiratet gewesen.

Die Gerüchteküche verstummte, auch nachdem er das Zeitliche gesegnet hatte, nicht vollständig: Immer wieder wurden Spekulationen laut, dass Henri Émile womöglich gar nicht der Vater von Pierre und Marguerite sei, da sein jüngerer Sohn und seine Tochter unverkennbar asiatische Züge trügen – süffisant spielte man auf ihren Gesichtsschnitt, ihre angeblich gelbliche Haut, ihre mandelförmige Augenpartie, Paulos »Schlitzaugen« und den auffälligen Körperbau (zart, schmal, schmächtig) an, von dem sich die kräftigere, »typisch französische« Gestalt des älteren Pierre deutlich abhob. In Gänze hatte die der Untreue beschuldigte Marie solche Vorwürfe nie entkräften können. Was nun Marguerite betraf, so hatte sie eines von ihrem Vater mit hundertprozentiger Sicherheit geerbt: den von ihr zutiefst verabscheuten Familiennamen Donnadieu. Sie empfand ihn als echtes Stigma. Und nahm ihn beim Wort. Donnadieu: an Gott übergeben, Gott zum Geschenk gemacht. Das hieß für sie, einem Übervater ausgehändigt zu werden, ja ihm ausgeliefert zu sein. Ein Mensch als Gabe oder als Opfer. Ein Kind, das man offenbar nicht behalten will und dessen man sich daraufhin entledigt; eine wehrlose Kreatur, die man aussetzt und zur Waisen macht, die man, anstatt sich um sie zu kümmern, einer höheren Instanz überantwortet. Mit dieser übergeordneten religiösen Macht wollte die erwachsene Marguerite erst recht nichts zu schaffen haben, und wofür ein solcher Gott stand, das befand sich – in Asien sowieso – außerhalb ihrer Erfahrungswelt.

Mit dreißig sollte sie sich diese fremdbestimmte Identität, unter der sie so lange gelitten hatte, wie ein zu enges Gewand endlich vom Leibe reißen – und mit dem Wechsel ihres Nachnamens, den sie 1943 für ihre erste Romanveröffentlichung vollzog, einen Schlussstrich unter ihre Vergangenheit setzen. Der Titel des Romanerstlings, *Les Impudents*, die Schamlosen also, klingt programmatisch für diese Entscheidung: Sie würde sich ihrer echten, selbstbestimmten Identität nicht länger schämen müssen. Von 1943 an war sie Duras. Eine durch und durch Schamlose. Und bald dann auch »die« Duras: Jemand, von deren Sorte es nur eine Einzige gab. Unverwechselbar. Speziell. Nur noch zwei klare, selbstbewusste statt drei devote, kleinlaute, um Mitleid bettelnde Silben. Dem satten, bekräftigenden *ras* ging das fordernde *dur* voraus – was im Französischen hart, unnachgiebig und manchmal sogar unversöhnlich bedeutet. So wünschte sie sich gesehen zu werden: mit einer gewissen Unbarmherzigkeit und auch Präzision. Mit der religiösen Konnotation ihres Namens hatte sie somit kurzen Prozess gemacht und zugleich der Familie gegenüber aufgetrumpft.

Ihrem Vater war sie damit, ohne Zweifel mit Absicht, ein ganzes Stück nähergekommen – nannte sie sich jetzt doch nach eben jenem Ort in der alten Provinz Guyenne, in dessen Nähe Henri Émile das Anwesen Le Platier erworben hatte und wo, in der Appellation Côtes-de-Duras, recht passabler Wein angebaut wird. Und wo ein Schloss mit bewegter Geschichte, das Château de Duras, seit Menschengedenken über die Geschicke des gleichnamigen Städtchens wacht. Eine Festung aus dem 12. Jahrhundert, unbezwingbar für lange Zeit. Entgegen Émiles Wunsch war es dort, in Le Platier, dann doch zu keiner groß angelegten Familienzusammenführung mehr gekommen. Indem seine Tochter sich für gerade diesen archaisch anmutenden Namen entschieden hatte, verortete sie sich für den Rest des Lebens – und für ihre gesamte Karriere als Autorin – in der ländlichen französischen Tradition. Sozusagen als unerschrockene, wehrhafte Gestalt aus alter Familie. Solide und traditionsreich. Französisches Urgestein, aus der Provinz. »Indo« hatte sie somit, jedenfalls äußerlich, über Bord geworfen und von ihrer persönlichen Landkarte ausradiert, obschon sie sich im Innersten nie von den entscheidenden Prägungen ihrer südostasiatischen Jugend würde frei machen können. Für einige wenige, die sie wirklich kannten, blieb sie im Kern für alle Zeit ein Geschöpf der Tropen. Duras sein zu wollen, das hatte in deren Ohren etwas Anmaßendes. Etwas, das einer Selbstverleugnung gleichkam. Duras sein zu dürfen, das wurde auf diese Weise auch zu einer ihrer entscheidenden Utopien. Ein frommer Wunsch, umstandslos in die Haut einer anderen zu schlüpfen. Eine Forderung. Eine Sehnsucht.

* * *

»Unter der Abwesenheit meines Vaters habe ich nicht gelitten«, gab die Duras 1984, im fortgeschrittenen Alter, in einem Interview schroff zu Protokoll, »wie soll man auch darunter leiden, von jemandem verlassen worden zu sein, den man nie gesehen hat?« Als sie sich, in den frühen Neunzigern, aber selbst dem Tod nahe wähnte, verkehrte sich dieser Standpunkt in sein Gegenteil: Nun sprach sie auf einmal unaufhörlich von Donnadieu, erinnerte sich daran, wie sehr sie ihn verehrt habe, was für ein gut aussehender Mann er gewesen sei – und sie betonte nachdrücklich, dass er ihr noch immer sehr fehle. Wenn man, um diesen widersprüchlichen Aussagen nachzuspüren, probeweise ein weiteres Familienporträt betrachtet, findet man eine Konstellation vor, in der die zuvor abgestrittene Nähe von Marguerite zu Henri Émile deutlich sichtbar wird: Die fünf Donnadieus verteilen sich hier klar auf zwei Gruppen, die eine Lücke trennt. Als hätten sie es darauf angelegt, sich voneinander abzugrenzen: Linker Hand sitzt der Vater, der sich in Schale geworfen hat, in einem eleganten weißen Anzug mit schwarzer Fliege; auf seinem Schoß hält er die mit einer Haarschleife geschmückte kleine Marguerite, die ihm gerade von den Knien gerutscht zu sein scheint und lieber auf eigenen Füßen stehen möchte. Neben ihnen steht Paulo, der kleine Bruder. Rechter Hand, beträchtlichen Abstand wahrend, sitzt Marie, wie immer deutlich älter und verhärmt wirkend, wozu auch ihr langes, auf den Boden fallendes Kleid und die Haartracht – Mittelscheitel und Knoten – beitragen. Ganz außen neben ihr steht der ältere Pierre. Keines der Kinder wird zärtlich berührt, umarmt oder auch nur umfasst. Die Blicke des Quintetts sind abwartend, fast lauernd. Im Hintergrund gewahrt man Palmen, zwischen den beiden »Parteien« liegt ein breitkrempiger Strohhut auf dem Boden. Hier hat man kein Paar mit seinen drei

Kindern vor sich, sondern zwei isolierte Menschengruppen. Sollte Marguerite am Ende also doch, als Nesthäkchen, weitaus stärker vom Vater verhätschelt worden sein, als sie es später zugeben mochte? Und waren die Familienfronten von Beginn an so klar verteilt, wie es bereits hier den Anschein hatte: der Vater und die jüngeren Geschwister auf der einen Seite und die Mutter samt ihrem großen Jungen auf der anderen?

Es ist gar nicht nötig, all das mutwillig in ein einziges Bild hineinzulesen. Denn die Duras selbst trug in ihren Romanen, Theaterstücken, Filmen und Erinnerungen gewissenhaft dafür Sorge, dass genau diese Lesart sich in den Köpfen ihrer Leser festsetzte: eine eindeutige Verteilung der Präferenzen. Zeitlebens habe ihre Mutter den wilden, unbezähmbaren und unbeherrschten Pierre ihr und dem zartbesaiteten, sanften und schwächlichen Paulo vorgezogen. Dort der Arrogante, der Rebell, der »Halunke« – hier die Artigen, Sensiblen, Schüchternen und Unsicheren. Zeitlebens habe Marie den Eindruck vermittelt, als müsse sie beim Erstgeborenen durch Gewährung von Sonderrechten und einseitige Zuneigung dafür um Verzeihung bitten, dass sie ihm, nachdem er längst als Einzelkind und kleiner Prinz auf der Welt war, noch zwei kleinere Geschwister zugemutet hatte. Und zeitlebens habe Marguerite, die sich vernachlässigt, ausgeschlossen, ja ignoriert fühlte, die zu spüren bekam, dass sie alles andere als ein Wunschkind war, um ein wenig Zuwendung seitens der barschen, ausschließlich den Ältesten verhätschelnden Mutter buhlen müssen. Nahe fühlte die Kleine sich einzig und allein Paulo. Mit ihm und den Annamiten-Kindern spielte sie selbstvergessen im Busch, assimilierte sich, ähnelte den einheimischen Kindern mehr und mehr, machte sich »schmutzig«. Marie und Pierre hingegen, unbeirrbar und misstrauisch, blieben »die Franzosen«. Sie integrierten sich nicht. Sie waren sich in allem einig. Und als Pierre, der Prototyp eines frechen Taugenichts, in späteren Jahren begann, sich durch Müßiggang, Streiche, Gaunereien und Opiumkonsum besonders unrühmlich hervorzutun, ließ Marie ihm alles durchgehen, entschuldigte seine Affronts, sein schlechtes Benehmen und seine kleinkriminellen Aktivitäten, steckte mit ihm unter einer Decke. Gegen das Tandem Marie/Pierre war nicht anzukommen. Paulo und Marguerite flüchteten sich vor dem flegelhaften Bruder und der launischen Mutter in eine Traumwelt, suchten die Nähe zu anderen, zugänglichen Spielkameraden und zu Tieren. Sie mieden das Haus, wann immer sie konnten, und sie »vietnamisierten« sich, fanden Geschmack an einheimischen Speisen und landesstypischen Spezialitäten wie scharfen Suppen, Krabben, eingelegten Fischen und der streng riechenden Fischsauce *nuoc mam*. Sehr zum Missfallen der Witwe Donnadieu – die sie, zusehends vergeblich, zum Verzehr von Steaks, Omelettes und Pasteten und zur Gewöhnung an die französische Küche zwingen wollte. »Man zwang mich, Beefsteaks zu essen«, berichtete Marguerite, »ich erbrach sie wieder.« Alles Europäische blieb unverdaulich.

Für fast das gesamte nächste Jahrzehnt blieben der »virile«, oft auch brutale Pierre – Marguerite gab an, regelmäßig von ihm und von der Mutter geschlagen worden zu sein – und der weichliche, »weibliche« Paulo Marguerites exklusive männliche Bezugsfiguren. Sah man von Lehrerkollegen der Eltern, Schulpersonal oder den im Haushalt behilflichen Boys ab, die als Vorbild oder als abschreckendes Beispiel nicht weiter ins Gewicht fielen, begegnete sie vorerst lediglich diesen beiden so grundverschiedenen Männertypen, beschäftigte sich ausgiebig mit deren Facetten und ging der Frage nach, was es mit »der Kümmerlichkeit des Mannes« auf sich hatte.

Wirkten ihre Brüder schon äußerlich und aufgrund ihrer charakterlichen Anlage stark polarisierend auf sie, so stilisierte sie die beiden Jungen von Buch zu Buch zu überlebensgroßen Antipoden – unerschöpfliches Material für ihr gesamtes späteres Werk. Die Familie als Steinbruch: Bei Paul, den sie vergötterte, über alle Grenzen liebte und wie einen Zwilling behandelte, akzentuierte sie die Zerbrechlichkeit und die Poesie, das Versponnene und das Effeminierte. Er stand Modell für alle »Bebenden« in ihrem künftigen Leben. Und weckte, in nuce, wohl auch bereits ihre Empfänglichkeit für das Zusammenleben mit Homosexuellen – ohne dass Paulo damit automatisch in deren Nähe gerückt werden soll. Stellte er für Marguerite etwa schon einen Vorläufer für Yann dar? Pierre, der »Triebhafte«, geriet dafür zum Ebenbild ungebrochener Männlichkeit. Ihn setzte sie mit Schönheit, Gewaltbereitschaft und Stärke gleich. Mochte sie auch noch so oft vorgeben, Pierre aus tiefstem Herzen zu hassen, insgeheim bewunderte sie ihn, stets westlich gekleidet und sehr auf sein Äußeres bedacht, als Wiedergänger des Stummfilmstars Rudolph Valentino – und auch dafür, dass er mit seinen geckenhaften Posen bei der sonst so strengen Mutter durchkam, dass er rein gar nichts dabei fand, ihr Geld abzuluchsen und als Schnösel und Nichtstuer in den Tag hinein zu leben.

Ein Doppelporträt von 1932 zeigt uns einen die obere Bildhälfte dominierenden und blendend aussehenden, hocheleganten Pierre im perfekt sitzenden Anzug, mit markanten Zügen, Schlips und Einstecktuch; er hat eine verächtliche Miene aufgesetzt. Der Inbegriff eines Lebemannes, modisch und smart. Wirklich die »Inkarnation der Boshaftigkeit«? Marguerite, eher untergeordnet und geduckt, burschikos und mit einer Strickjacke angetan, lächelt stolz und glücklich in sich hinein; selten wirkten ihre mandelförmigen, faszinierenden Augen asiatischer als hier. Sieht so eine gepeinigte, von ihrem brüderlichen Sitznachbarn verprügelte Schwester aus? Doch dieses – auch was den raffinierten Lichteinfall betrifft – sorgfältig inszenierte Bild, auf dem sich zwei junge Erwachsene präsentieren, stammt bereits aus einer Phase des Umbruchs, in der Marguerites endgültige Annäherung an Frankreich vollzogen werden sollte. Nicht ohne Grund blicken der Große und die Kleine in zwei verschiedene Richtungen, driften ihre Lebensperspektiven ein für alle Mal auseinander.

Das »lebendige Leben« Pierres habe Paulos Existenz mit »einem schwarzen Schleier über dem Tageslicht« überschattet, davon war sie überzeugt. Pierre habe ein animalisches Gesetz verkörpert und auch angewandt, ein Gesetz, das »in jedem Augenblick eines jeden Lebenstages das Dasein dieses kleinen Bruders mit Angst erfüllte«, und zwar, so die unselige Prophezeiung, mit einer dermaßen großen

Angst, dass sie eines Tages »sein Herz erreichte und ihn sterben ließ«. Aus der Erkenntnis dieser ewigen Unterlegenheit des Schwächeren sei es für Marguerite unabdingbar gewesen, sich auf Paulos Seite zu schlagen. Und, so sei hinzugefügt, mit Vorliebe auf die Suche nach Partnern zu gehen, die eher Pierre glichen.

Faszinationskraft, auch erotische Anziehungskraft, so viel lässt sich sagen, übten durchaus beide Brüder auf »la petite« aus. Dauerhaft. Die Unschuld und das Verderben. Die Sanftmütigkeit und die Schlechtigkeit. Die Leidensbereitschaft und das Verbrecherische. Die Beeinflussbarkeit und die Aggressivität. In ihrem Œuvre wimmelt es diesbezüglich nur so von Anspielungen und suggestiven Passagen, machen sich erhebliche Gefühlsschwankungen bemerkbar, schlägt das Pendel, je nachdem, in die eine oder andere Richtung aus. In beinahe jeder ihrer Männerfiguren und Lebenspartner steckt ein Stückchen »Paul«, bricht sich unterschwellig die Lust auf »Pierre« Bahn. Die Duras schuf sich ihre Kunst-Männer, wie es ihr gefiel. Das Verlangen war spürbar für Marguerite, sie bändigte es in ihren Texten. Das Inzesttabu und das Verbot, sich noch als Kind einem größeren Kinde hinzugeben, hatten sich in »Indo« als stärker erwiesen. Einander streicheln, liebkosen, einander auch nur Geborgenheit zu schenken – undenkbar. Jahrelang hatten sich die beiden Jungen, selbst ja Halbwaisen, dazu verurteilt gesehen, ihrer Schwester den abwesenden Vater zu ersetzen und zugleich für sich selbst ein überzeugendes Rollenmodell zu finden – diesen letztgenannten Aspekt behandelte die Duras in ihren Schriften so gut wie nie. Sie aus dieser Zwangslage zwischen zwei heranreifenden Männern zu lösen vermochte dann erst »der« Liebhaber, und selbst während dieser Liaison hatte die kleine Donnadieu sich noch vor ihren Brüdern zu rechtfertigen, musste die Folgen ihrer Leidenschaft für den reichen Asiaten mit Pierre und Paul teilen, konnte dieses erste, große Liebesexperiment nie ganz allein auskosten und genießen. Intimität wurde ihr wieder nicht gewährt. Auch ihre Defloration wurde noch zu einer Angelegenheit, die zwischen Brüdern und Schwester zu verhandeln war. Etwas Teilbares, etwas Geschwisterliches.

Einen Vorgeschmack auf sexuelle Sinnenfreuden im Verborgenen hatte Marguerite schon als kleines Mädchen bekommen, in Hanoi. Auch wenn sie vorerst einseitiger Natur waren. Als ihre Mutter, noch vor Donnadieus Tod, dort vietnamesische und laotische Knaben zwischen zwölf und dreizehn Jahren als Zöglinge unterrichtete, wurde sie, nach Schulschluss, von einem dieser Jungen dazu überredet, ihn an ein Versteck am Seeufer zu begleiten. Neugierig folgte sie ihm. In einer Badekabine kam sie seiner Aufforderung nach, ihn mit der Hand zu befriedigen, ihm mit ungelenken Bewegungen – sie war gerade einmal vier Jahre alt – Lust zu verschaffen. Die Begierde »kündigte sich in ihrem Wesen, in ihren Grundzügen an, unvergesslich seit ihrem Auftauchen im Körper des Kindes, das Lichtjahre davon entfernt ist, sie zu kennen, doch bereits ein Zeichen von ihr erhält«. Von Angst oder Abscheu war sie dabei frei, betrachtete mit kindlichem Erstaunen das Gesicht des Knaben vor ihr »mit den geschlossenen Augen, der noch unzugänglichen Lust zugewandt, gequält, wartend«. Ein Kinderspiel, mehr nicht – und doch mit so viel Bedeutung aufgeladen. Sie würde es nie vergessen. Nicht das gemeinsame Streicheln und ebenso wenig die unbeholfene Zärtlichkeit. Nie auch »die Form seiner Hand, ihre Wärme«. Die Sichtweise einer Voyeurin, die Empfindungen einer Zuschauerin, die aber zugleich immer auch Beteiligte ist: Den »ekstatischen Blick«, so sollte sie dieses Schauen und Mit-Leiden später nennen. Erst von ihrer Mutter, der sie den Vorfall, ganz ohne Arg, brühwarm erzählte, erfuhr die kleine Marguerite, dass es sich dabei um eine »furchtbare Sache« gehandelt habe, etwas, woran man nie mehr denken dürfe. Sie musste erkennen: »Ich bin gleichsam entehrt dadurch, dass ich berührt worden bin.« Viel eher war ihr aber bewusst, dass sie als Partnerin infrage kommen und auserwählt werden konnte, dass sie, schon jetzt, zum »Liebemachen« in der Lage war. Für einen Moment war sie sich einzigartig vorgekommen – ein berauschendes Gefühl, das sie erneut durchleben wollte. »Eine Liebe ohne Richtung, duftend nach dem Körper eines Kindes.«

Dem namenlosen Knaben, der mit seinem Ansinnen weit über

die Bruderrolle hinausging, war sie, zehn Minuten lang, viel mehr als eine gute, brave Schwester gewesen. Doch scheuchte man ihn, kaum dass die Tat ruchbar geworden war, auf der Stelle aus der Lehranstalt; sie bekam den Jungen nie wieder zu Gesicht. Der Ort des Begehrens, ein enger Gang zwischen Bretterwänden, nahe am Wasser, blieb hingegen für immer tief in ihrem Gedächtnis verankert. »Aus dem See wurde das Meer, die Lust war bereits da.«

La mère et la mer – Die gefräßige See

Wenn ich schreibe, bin ich genauso verrückt wie im Leben.
Ich treffe auf Massen von Steinen, wenn ich schreibe.
Die Steine des Damms gegen den Pazifik.

Auch Marie Donnadieu, einer gebürtigen Legrand, war es 1877 nicht
in die Wiege gelegt worden, über Jahrzehnte hinweg in den asiatischen Kolonien Frankreichs eine abenteuerliche Existenz zu führen,
die – erst recht nach dem Dahinscheiden ihres zweiten Ehemannes,
Marguerites Vaters – zunehmend einem Überlebenskampf glich. Als
Tochter kleiner Leute aus Fruges im Département Pas-de-Calais, einer rauen, unwirtlichen und armseligen Region im äußersten Nordosten Frankreichs, auf halbem Wege zwischen Ärmelkanal und bel-
gischer Grenze, schien sie dazu prädestiniert, ein so freudloses wie
unauffälliges Dasein im ländlichen Umfeld zu fristen. Marie, das
älteste von fünf Kindern, war indessen willensstark und ambitio-
niert genug, um im Familienkreis durchzusetzen, dass sie eine Aus-
bildung zur Lehrerin durchlaufen konnte. Die Aussicht darauf, die
eng gezogenen Grenzen ihres Elternhauses hinter sich zu lassen und,
statt sich wie die Nachbarn mit Ackerbau und Viehzucht zufrieden-
zugeben, außerhalb ihres Geburtsortes über den Tellerrand schauen
zu dürfen, ließ ihr Flügel wachsen.

Als junge Frau von kräftiger, widerstandsfähiger Statur, mit einem selbstsicheren Auftreten sowie einer natürlichen Autorität gesegnet, in die sich gelegentlich auch Ungeduld und Jähzorn mischten, emanzipierte sie sich und schätzte ihren Beruf, der ihr auch ein

45

gewisses Machtgefühl verlieh. Zunächst unterrichtete sie in ihrer Region, vornehmlich in Dunkerque, in unmittelbarer Nähe zu Flandern, an Grundschulen, bevor sich ihre Wege mit denen ihres künftigen ersten Gatten kreuzten, eines gewissen Flavien Obscur, der ebenfalls Pädagoge war. In zeitlicher Nähe zu ihrer Hochzeit 1904 stellten Marie, damals siebenundzwanzig, und Flavien, beide vermutlich ebenfalls von der schwärmerischen »Indo«-Propaganda verführt, ein bald erfolgreiches Gesuch um Aufnahme in die Koloniallehrerschaft: Im März 1905 trat das Pädagogenpaar, dem zwei Posten in Indochina bewilligt worden waren, seinen Dienst in Gia Dinh an, wo Obscur erst zu Donnadieus Kollegen und dann, durch die Beförderung Henris, zu dessen Untergebenem wurde, während Marie entsprechende Funktionen in einer Mädchenschule wahrnahm.

Idyll und Tropentraum währten nicht lange. Nachwuchs blieb aus, Flavien erkrankte schwer, und bei einem Heimaturlaub verschied er bereits 1907, mit gerade erst Anfang dreißig. Doch schon wenige Monate später bekleidete Marie, die sich von diesem Schicksalsschlag nicht ohne Weiteres aus der Bahn werfen lassen wollte, in Saigon eine neue Stelle – die sie, wie stets, mit Ernst, Gewissenhaftigkeit und pädagogischem Eifer versah. Nunmehr war sie also die »veuve Obscur«, was einigermaßen merkwürdig klang – sie galt, wie sie nicht ohne Selbstironie und Spott zu sagen pflegte, als obskure Witwe. Und dann, wohl auch, weil sich die Emotionen in Aufruhr befanden und ein Neuanfang plötzlich wieder möglich schien, ging alles auf einmal ganz schnell: Henri, der einen Großteil seiner freien Zeit am Krankenbett von Alice verbrachte, und Marie kamen sich näher. Sehr nahe sogar. Nach Alice' Tod wahrten die beiden Trauernden kaum die gebührende Anstandsphase, bevor sie ihrerseits heirateten und, mit den Geburten von Pierre und Paulo, eine neue Familie gründeten. Als Marguerite zur Welt kam, war Marie siebenunddreißig, und sie nahm es stoisch zur Kenntnis, dass man sich im Lehrerkreis und unter den »expatriés«, wo sich selbst Skandälchen in Windeseile verbreiteten, seit geraumer Zeit die Mäuler über ihr wenig tugendhaftes Verhalten und die übereilte Eroberung eines frisch verwitweten Schuldirektors zerriss. Was sie zuvor selbst durchgemacht hatte, fand kaum Erwähnung bei den Nörglern und Neidern.

Mit dem abermaligen Verlust eines Gatten, mit dem ihr immerhin zwölf Jahre vergönnt gewesen waren, sah sich Marie, die nun, auf sich allein gestellt, drei Kinder im schulpflichtigen Alter durchzubringen hatte, auf eine harte Probe gestellt. Es würde gewiss kein Zuckerschlecken werden, hatte sie sich doch in den Kopf gesetzt, ihren Indochina-Aufenthalt um jeden Preis weiterzuführen und doch noch zu einem für sie und ihr Selbstwertgefühl zufriedenstellenden Ende zu bringen. Aber alles, was ihr nach 1921 zustieß, mutete wie ein makabres Déjà-vu-Erlebnis an – selbst die ihr zustehende Pension musste hart erstritten werden. Es dauerte eine halbe Ewigkeit, bis die Behörden, die es liebend gern vermieden hätten, dass auf offiziellen Dokumenten ein direkter Zusammenhang zwischen Henri Émiles Todesursache und seinem langjährigen Aufenthalt in den Kolonien hergestellt wurde, sich auf eine präzise Diagnose festlegen konnten, und noch etliche Monate, bis ein gültiger Totenschein vorlag. Die Beamten im Erziehungsministerium lieferten sich einen langwierigen Papierkrieg mit Marie und warfen ihr Steine in den Weg, wo sie nur konnten; bis sie die ersehnte Witwenrente dann endlich erhielt, gingen Jahre ins Land. Von 1922 an hatte sie bereits geschlagene zwei Jahre mit ihren Kindern in der Heimat von Donnadieu, in Le Platier bei Duras, ausgeharrt, ohne dass sich ein nennenswerter Fortschritt in Rechts- oder Geldfragen für die Familie ergeben hätte – für Marguerite handelte es sich dabei, nach einer ersten Begegnung mit Frankreich direkt nach ihrer Geburt, um einen echten Kulturschock.

In diesem merkwürdigen Schwebezustand, herausgerissen aus ihrem vertrauten asiatischen Umfeld und konfrontiert mit den ihr unbekannten Verwandten ihres Vaters, begab sie sich zugleich auch in die Sphäre ihrer beiden Halbbrüder und legte sich eine Spielkameradin namens Yvette zu, mit der sie schnell ein Herz und eine Seele war. In dieser Zeit ließ sie es zu, dass man sie mit dem Kosenamen »Néné« rief. Im Übrigen herrschte eine gespannte Atmosphäre. Die fremdartig wirkenden Donnadieu-Kinder, der dunkelhäutige Paulo und Néné mit ihren grünen, leicht schräg geschrittenen Augen, wurden hier, in der südwestfranzösischen Provinz, mit Skepsis beäugt. Ihre Mutter behauptete barsch, sie seien eben »Kreolen«, wenn man ihre Sprösslinge einmal wieder schief ansah. Marie hoffte derweil vergebens darauf, dass ihr das Gut ihres Mannes zuerkannt wurde; auch rechnete sie sich Chancen darauf aus, einen Teil der Unterhaltszahlungen für die Söhne ihres Mannes aus erster Ehe einstreichen zu können, obwohl sie gar nicht in der Lage war, sich um deren Erziehung oder weiteren Werdegang zu kümmern; und sie lieferte sich ein weiteres Gefecht mit der Obrigkeit, diesmal mit den für die Kolonielehrer zuständigen Gesundheitsbehörden, indem sie für sich selbst eine schwere Tropenkrankheit ins Feld führte, um die endgültige Rückkehr nach »Indo« noch ein wenig hinauszuzögern. So lange, bis eben in Duras und Umgebung alles in ihrem Sinne geklärt war. Doch auch in diesem Punkt wurden ihre Hoffnungen enttäuscht – man erklärte sie, ungeachtet ihrer 47 Jahre eine robuste, ja unverwüstliche Natur, für vollständig gesund und daher mit sofortiger Wirkung wieder zur Ausübung ihres Lehramtes befähigt. Und es stimmte ja auch – zeit ihres Lebens schien Marie gegen alle asiatischen Erreger und Krankheiten gefeit zu sein; sie besaß eine geradezu bewundernswerte Immunität.

Nun ließ sich der berufliche Neuanfang also nicht mehr auf die lange Bank schieben. Noch dazu schickte man sie in das ihr verhasste Phnom Penh, wo sie auf Schritt und Tritt an die schwierigen Perioden ihres früheren Daseins erinnert wurde. 1924 traten die vier Donnadieus, ohne sonderlich viel erreicht zu haben, also die Heimreise an. Für Pierre sollte es nur ein kurzes Gastspiel bleiben: Marie sandte den vierzehnjährigen Rebellen zum Zwecke einer solideren Erziehung wieder nach Frankreich. Und schon im Herbst stand mit der nächsten Versetzung ein weiterer Wechsel bevor, diesmal nach Vinh Long, mitten im Mekong-Delta – einem kleinen Nest, wo sich Marguerites neuerliche indochinesische Initiation vollzog. Vinh Long war von Seitenarmen des Flusses und Kanälen umgeben, der Busch befand sich gleich vor der Türschwelle. Urwüchsiger und »asiatischer« ging es hier zu als an allen ihren früheren Standorten. Marguerite war sofort zurück in ihrem Element und tauchte gleich ab. Ihre Anpassungsbereitschaft an den Dialekt, die Sitten und die Eigentümlichkeiten von Cochinchina ging bald so weit, dass sie später erst wieder »*lernen* musste, dass ich eine Französin« war.

Was Paulo und Marguerite, erleichtert über die Abwesenheit des Älteren und endlich wieder auf heimischem Terrain, bei ihren täglichen Entdeckungsreisen anstellten, entglitt Maries Kontrolle. Gegen die anarchische Gegenwelt zur ihr vertrauten, strengen Ordnung des europäischen Erziehungssystems, gegen die Übermacht des tropischen Schlendrians und der lebensfrohen Indifferenz kam sie kaum noch an. Wegen ihrer untergeordneten Stellung im Bildungswesen der Kolonie isoliert und zu äußerster Sparsamkeit gezwungen, regierte sie daheim allerdings mit eiserner Hand. Dabei wurde sie immer autoritärer, verzweifelter und unvorhersehbarer. Nie ließ sie sich dazu herab, mit den Einheimischen in ihrer Landessprache zu kommunizieren, nicht einmal für einen kurzen Satz, einen Befehl oder wenigstens ein »Wie geht's?«. Als Französin im Ausland zeigte sie nicht den geringsten Assimilierungswillen. Ihre Unterrichtsmethoden stießen auf Kritik; anonyme Briefe, ihren Stil und ihr Auftreten betreffend, wurden an die Schulaufsichtsbehörde geschrieben; der herrische Ton, den sie während der Schulstunden und im Lehrerzimmer anschlug, erregte Befremden. Im Kollegenkreis befand man, sie gebärde sich zunehmend wunderlich, und sie vernachlässige sich und ihre herumstreunenden Kinder, die den Einheimischen jetzt auf kaum noch zumutbare Weise ähnelten. Ihre Kleidung sei nicht mehr untadelig, die Hygiene lasse zu wünschen übrig, und Paulo und Marguerite würden die Mahlzeiten, ausschließlich asiatische Kost, oft gemeinsam mit den Domestiken einnehmen.

Daheim rutschte Marie ab und zu schon mal die Hand aus, wenn sie vor lauter Zukunftsangst nicht mehr ein noch aus wusste, worüber sie in zusätzliche Aufregung geriet. Sie hatte der Tatsache ins Auge zu sehen, dass ihr bescheidenes Gehalt für das Trio von Vinh

Long und ihren aufmüpfigen Lieblingssohn in Europa hinten und vorne nicht reichte. Ruhelos tigerte sie dann im Vorgarten auf und ab, rang die Hände, stieß Flüche aus und schlug sich gegen ihre von Sorgenfalten zerfurchte Stirn. Um sich Geld hinzuzuverdienen, gab sie nebenbei privat zusätzlich Französischunterricht oder nahm Pensionäre in ihre einfache Behausung auf, denen sie für ein kleines Entgelt Kost und Logis offerierte.

Im Heim der Donnadieus gab es dadurch, ihre Hausangestellten und sogar ihre Kinder eingeschlossen, jetzt im Grunde nur noch Annamiten – und sie, die Außenseiterin und Gebieterin: die unverändert weiße Frau, die ewige Fremde, die mittlerweile auf die fünfzig zuging und sich kleidete wie eine nordfranzösische Bäuerin. Kittel, Wollsocken, Leinenröcke. Nichts an ihrem Outfit ließ auf ihren Aufenthaltsort oder auf ihre Wahlheimat schließen. Eine Zeit lang soll sie sich sogar als Aushilfsmusikerin am Piano, in einem Saigoner Kino namens Éden Cinéma, verdingt haben – als Begleiterin von Stummfilmen. So wollte es, Jahrzehnte später, jedenfalls die Fantasie ihrer Tochter, die aus diesem Motivstrang gleich ein ganzes Theaterstück gleichen Namens ersann und sich darin, neben der vom Arbeitsalltag übermüdeten, dennoch unbeirrt auf dem Klavier weiter improvisierenden Mutter, als auf mitgebrachten Kissen schlafendes Kind dazuerfand. Eine stumme Nebenrolle, die der Duras wohl deshalb zusagte, weil Néné in dieser Inszenierung Geborgenheit verspüren durfte, Schutz und zärtliche Zuwendung in Form von schwermütigen, melancholischen Chansons. Ein abendliches Aufgehobensein in der lasziven, im sich leerenden Saal des Filmtheaters verhallenden Zwanzigerjahremusik. Von der Mutter, zur Künstlerin transformiert, ließ sie sich hier in den Schlaf wiegen, gab sich ihrer Zärtlichkeit hin. Ein Wunschtraum. »Der Liebe voll.«

Die Realität sah anders aus. Wenn Marie an ihre Grenzen stieß, wenn sie sich ihrer Einsamkeit bewusst wurde, verlor sie die Beherrschung. »Mutter von allen. Mutter von allem. Schreiend. Brüllend. Hart. Schrecklich. Nicht zu ertragen.« Eine beschädigte, dauerhaft überforderte Frau, die alles für ihre Kinder tat, was in ihrer Macht stand, und ihnen dabei statt Geborgenheit das Gefühl von Grausamkeit und Ungerechtigkeit vermittelte. Und die doch unersetzlich war, der Nabel der Welt, das Zentrum der Existenz. »Wohin sie auch immer ging, schleppte sie uns mit, wir hingen ihr am Leib.« Die Abhängigkeit war wechselseitig, extrem. Nur die Energie Maries versiegte nie. Als sei die Zurückstufung vom Status der Direktorengattin zur Leiterin einer unbedeutenden Mädchenschule nicht schon Demütigung genug, ja, als sei die Alltagsfron der Alleinerziehenden nicht mehr als genug der Belastung und ökonomischen Zwänge, stürzte sich Marie Donnadieu in ein zusätzliches finanzielles Abenteuer. Denn 1927, nach fünf quälenden Jahren des Wartens und Sparens, traf endlich die erste Rate der so lang herbeigesehnten Hinterbliebenenrente ein. Zusammen mit dem Erlös aus der Veräußerung einer kleinen Immobilie, die Henri Émile einst in Hanoi erworben hatte, verfügte Marie auf einmal über einen hübschen Batzen Geld. Und obwohl für die älter gewordenen Kinder inzwischen noch größerer Unterhalt anfiel, obwohl Pierre, im französischen Exil, ihr noch immer auf der Tasche lag und sie gern einmal in ihren in die Jahre gekommenen, klapprigen Citroën investieren wollte, setzte sie nun einen lang gehegten Plan in die Tat um: Beim Katasteramt der Kolonie reichte sie ein Gesuch zur Erteilung einer Siedlerkonzession ein, auf die sie als Lehrerin und Beamtin vorrangigen Anspruch hatte. Sogleich hatte man eine ansehnliche Parzelle für sie im Angebot, die sie erwarb und – völlig unerfahren auf dem Gebiet der Landwirtschaft und des Reisanbaus unter den widrigen Bedingungen Südostasiens – nur mit der Hilfe einiger Feldarbeiter zu bestellen gedachte.

Marie sah sich bereits als »Königin der Reisfelder«, träumte von riesigen Ernteerträgen und gesichertem Wohlstand. Das zwei-, drei- oder, je nach Erinnerung der Duras, fünfhundert Hektar umfassende Terrain lag weit im Westen von Saigon, mindestens eine halbe Tagesfahrt entfernt, auf heute kambodschanischem Staatsgebiet, in Reichweite des Elefantengebirges und direkt am Meer: genau genommen am Golf von Siam und eben nicht am Pazifik, wie die Duras es künftig gern glauben machen wollte. Der Küste vorgelagert, fast in Sichtweite, liegt die heute vietnamesische Insel Phu Quoc, westlich davon befindet sich der heutzutage Sihanoukville genannte Ferienort. Ihre gesamten Ersparnisse opferte die Mutter – entweder vom Größenwahn heimgesucht oder einer bodenlosen Gutgläubigkeit folgend – diesem Mammutprojekt in Prey Nop, dessen Durchführung und Ausgang völlig offen waren. Zu allem Überfluss ließ Marie auf dem Terrain, inmitten der Reisfelder, einen teuren Bungalow aus Holz errichten, der auf Stelzen ruhte und dem Donnadieu-Quartett – Pierre, der Schmarotzer, war fürs Erste wieder an ihrer Seite – für die Wochenenden, Ferien und Erntemonate als Wohnstätte diente.

Die Bewirtschaftung der Parzelle wurde, im Laufe der Jahre, zu einer Katastrophe auf Raten. Anfangs ließ sich die Aussaat gut an und versprach eine stattliche Ernte, Marie rieb sich die Hände. Aber dann wurde die Familie zum ersten Mal mit einer alles vernichtenden Naturgewalt konfrontiert: dem Meer in Gestalt einer desaströsen Flut, die die zarten Pflanzen mit sich riss und nichts als dunklen Schlamm zurückließ. Sowie ein riesiges, in der brütenden Hitze bald übel riechendes Salzwasserfeld, auf dem die ihres Halts beraubten Reissetzlinge wie umgeknickte Streichhölzer trieben. Über dem Brackwasser stand die Luft, schwirrten die Fliegen. Nichts konnte gerettet werden. Und der zerstörerische »Pazifik« schlug immer wieder zu, Tag für Tag stieg jeden Juli die Flut höher an, fraß sich das Salz weiter in die Parzelle hinein, umzingelte das Wasser auch den Bungalow, führte Marie und den Kindern das ganze Ausmaß seiner mörderischen Kraft und ihrer bodenlosen Naivität vor Augen. Ein veritables Sinnbild der Ohnmacht, Vergeblichkeit und Ausweglosigkeit.

Im ersten Jahr bereute es Marie nicht, alles auf eine Karte gesetzt zu haben. Noch redete sie sich ein, es habe sich bei dieser Flut um einen Zufall gehandelt, um ein Ausnahmeereignis. Doch nach Ablauf von zwölf Monaten musste sie abermals tatenlos dabei zuschauen, wie sich eine verheerende Wasserlawine in ihre Parzelle ergoss. Von ihrer Veranda, die nur noch wenige Zentimeter aus einer gigantischen Schlammfläche herausragte, schauten die vier Franzosen in stummer Verzweiflung dabei zu, wie sich dieses unersättliche Meer alle paar Stunden wieder bis an den Horizont zurückzog, dort lauerte, seine Kräfte sammelte und sie erneut heimsuchte. Unter ihnen gluckste und dampfte es, ein unbeschreiblicher Gestank stieg aus dem unbrauchbaren Sumpfland zu ihnen auf. Schwülwarme Hitze, die ihnen fast den Verstand raubte, umgab sie; vom bleiernen Himmel schwebten unzählige Moskitos auf sie herab. Ihnen war, als hätte es der Ozean – als Verkörperung bodenlosen Unheils – darauf angelegt, ihnen seinen ganzen Hass entgegenzuschleudern und ihnen den Garaus zu machen. Nichts »Stilles« war an diesem Stillen Ozean und schon gar nichts Liebliches, Besänftigendes oder Erquickendes, wie es Charles Trenet in seinem weltberühmten Chanson *La Mer* fünfzehn Jahre später feiern und preisen sollte.

Jetzt erst schien die Mutter zu verstehen, dass sie sich hier, westlich der Provinz Kampot, eine ganz und gar wertlose Parzelle hatte andrehen lassen. Und allmählich begann es ihr zu dämmern, dass sie mit dem leichtfertigen Erwerb der Konzession gleich in eine doppelte Falle getappt war. Alle Welt wusste um die zutiefst korrupte Mentalität der Katasterbeamten in Französisch-Indochina; es gehörte beinahe zum Deal, dass man dem offiziellen Kaufpreis unter dem Tisch noch ein ordentliches Schmiergeld hinzufügte. Marie Donnadieu aber, die Ehrlichkeit in Person, schien von solch unlauteren Methoden noch nie etwas gehört zu haben. Oder sie war einfach zu stolz gewesen, sich auf diese krumme Tour einzulassen, beseelt von dem treuherzigen Glauben, ihre eigene Rechtschaffenheit würde schon für die Zuteilung eines »anständigen«, seinem Wert wirklich entsprechenden Stück Landes ausreichen.

Es kam noch viel ärger: Die Parzellen gingen auf lange Sicht nur dann vollständig in den Besitz ihrer Käufer über, wenn sie nach Ablauf einer bestimmten Frist erfolgreich bewirtschaftet worden waren. (Da die Schreibtischtäter selbstredend um die Wertlosigkeit der Grundstücke wussten, waren Missernten programmiert.) Jederzeit konnten aus heiterem Himmel sogenannte Inspektoren auftauchen, um die bei der Ernte erzielten Fortschritte in Augenschein zu nehmen. Blieben solche Fortschritte aus, ging das Terrain, obwohl schon bezahlt, ohne Erbarmen wieder an das Amt zurück und durfte ein weiteres Mal veräußert werden. Diese Klausel zur Rückgabepflicht brach vielen Gutgläubigen das Genick.

Obwohl ihre Lage hoffnungslos war und der Ruin ihr nun direkt vor Augen stand, obwohl es für jedermann offenkundig war, dass sie sich gehörig übers Ohr hatte hauen lassen, traf Marie Donnadieu eine weitere irrationale Entscheidung, mit der sie auch noch ihren letzten Notgroschen aus dem Fenster warf: Die Betrogene entschloss sich zum Bau von Dämmen, die in den kommenden Sommern dem Ansturm der Meeresfluten trotzen sollten. Eine Herkulesaufgabe, von deren himmelschreiender Absurdität sie sich nicht abschrecken ließ. Schon viel zu weit hatte sie sich in die fixe Idee verrannt, eines Tages als erfolgreiche Geschäftsfrau und Großgrundbesitzerin zu Reichtum zu gelangen, als dass sie noch irgendeinem vernünftigen Argument zugänglich gewesen wäre. Unterschwellig musste ihr längst klar gewesen ein, dass sie sich ohne Aussicht auf Belohnung gegen das Unvermeidliche stemmte.

Es bedurfte des finalen Zusammenbruchs, um sie zu der Einsicht zu bringen, dass sie als David gegen den maritimen Goliath nichts ausrichten konnte. Erst als der riesige Staudamm, den sie mit viel Energie und Sorgfalt hatte errichten lassen und dessen Fundamente bereits von Schädlingen angenagt worden waren, unter der Wucht der wiedergekehrten Wassermassen nachgab und einstürzte, begriff sie, dass sie auf ganzer Linie verloren hatte. In einer einzigen Nacht war ihr Lebenswerk zerstört worden. Knüppeldick war es für sie in den vergangenen Jahren gekommen, und erst jetzt, wo ihre Ersparnisse und Ambitionen auf dem Grund des Stillen Ozeans ihre letzte Ruhestätte gefunden hatten, gab sie auf.

Marie war erledigt, fühlte sich wie ausgebrannt. »Dieser große Lebensüberdruss, meine Mutter durchlebte ihn täglich. Manchmal hielt er an, manchmal verschwand er über Nacht.« Ihre Kinder und insbesondere Marguerite erlebten den ewigen Kampf ihrer erst ver-

blendeten und jetzt geschlagenen Mutter als ein Gleichnis von Auflehnung, Beharrlichkeit und Stolz darüber, sich nie unterkriegen zu lassen. Als Beispiel von Initiative, Hoffnung und unabänderlichem Verlust – allen Anstrengungen zum Trotz. Maries Mut und Unbeirrbarkeit, so vernunftwidrig sie auch erscheinen mochten, flößten ihnen größeren Respekt ein als all ihre strengen Regeln, Verweise und Züchtigungen, die sie im Laufe ihrer Kindheit über sich ergehen lassen mussten. Es kam der Punkt, an dem sie erkannten, dass sie dieser so leicht aufbrausenden Matriarchin womöglich unrecht getan hatten, dass die Ungeduld Maries, ihre Herrschsucht und ihr Starrsinn allein der Sorge um ihr Wohlergehen geschuldet waren. Sie bekamen eine Ahnung davon, wie es sich für Marie anfühlen musste, ohne die Unterstützung einer Großfamilie oder eines Clans über die Runden zu kommen, ohne eine schützende Hand im Hintergrund und ohne ein gewisses finanzielles Polster. Konnten sie aber wirklich nachvollziehen, was Marie durchzustehen hatte, wenn sie tagtäglich mit einer Kolonialwelt konfrontiert wurde, in der das Patriarchat nebst einem überkommenen Moralkodex die ultimative Ratio darstellte und die seltsam anmutenden Überlebensstrategien einer alternden Frau, die sich wie eine Löwin für ihre Kinder ins Zeug legte, für Irritationen sorgten und nicht etwa für Mitleid oder gar Solidarität? Dass Marie, nach dem Bruch des Staudammes dem Nervenzusammenbruch nahe, bei diesem Spagat zwischen Konformismus und individuellen Lösungsversuchen gravierende Fehler gemacht hatte, wog – mit dem Abstand einiger Jahre – weniger schwer. Das gemeinsame Ausharren in einem Kontext der Ablehnung und Feindseligkeit geriet den Donnadieu-Kindern zum Lehrstück. Spuren und Verletzungen hatten sie alle vier davongetragen in diesem schizophrenen Dasein zwischen abwesendem Vater und bevormundendem Vaterland, zwischen kolonialem Korsett und merkwürdigen Sommerfrischen auf der inzwischen brachliegenden, verwaisten Parzelle. Marguerite gestand sich im Herbst ihres eigenen Lebens endlich ein, wie viel sie Marie letztlich verdankte. Die frühere Verachtung und Geringschätzung war in offene Bewunderung umgeschlagen. Allerdings kleidete sie diese verspätete Anerkennung in ein reichlich mehrdeutiges Kompliment: »Ich bin in der glücklichen Lage gewesen, eine Mutter zu haben, die an einer so reinen Verzweiflung litt, dass selbst die lebhafteste Freude sie nicht ganz davon abzubringen vermochte.«

Die Mutter und das Meer als Urgewalten in eins zu setzen, lag für die künftige Autorin Duras da mehr als nahe – im Französischen sind »la mère« und »la mer« bis auf das auslautende e im ersten Begriff ohnehin fast Homofone, besitzen somit annähernd denselben Klang. Beide flößten der Tochter mit ihrem Zorn einen erheblichen Schrecken ein und bereiteten ihr Unbehagen. Von beiden ging eine unerklärliche, verführerische Faszination aus. Beide verstanden keinen Spaß, wenn es um die Durchsetzung ihrer Ziele ging. Beide waren in der Lage, ihre ganze Wucht zu entfalten und dabei ihre Opfer unter sich zu begraben und nicht mehr aus ihren Fängen zu lassen, sie zu verschlingen und sie sich damit für alle Zeiten einzuverleiben. Vor dem Meer, das sie am Golf von Siam als destruktiv und todbringend erleben musste, war Marguerite auf der Hut: Selbst wenn sie in Meeresnähe bei einer Flussüberquerung eine Fähre benutzen musste, wurde sie von einer existenziellen Furcht erfasst. »Ich habe immer Angst, Angst, die Seile könnten reißen, sodass wir zum Meer abgetrieben würden.« Visionen des Grauens, bei denen sie ihrem Tod ins Auge blickte: »In der gewaltigen Strömung betrachte ich den letzten Augenblick meines Lebens. Die Strömung ist so stark, dass sie alles mitreißen würde, Gestein, eine Kathedrale, eine Stadt. Ein Sturm wütet im Innern der Wasserfluten.«

Die erschütternde Erfahrung mit dem brechenden Staudamm, der zerschlagenen Hoffnung und der kapitulierenden Mutter geriet für Marguerite zur Ur-Szene und auch zur Keimzelle ihres späteren Schaffens. Am Ausgangspunkt war das überdimensionale Meer, waren Gewalt, Zerstörung und eine so eigentümliche, schiefe Ausprägung von Liebe und Zuneigung, dass man sie erst auf den zweiten Blick als emotionale Zuwendung erkennen konnte. Andere prägende Bilder und Vorkommnisse würden von Jahrzehnt zu Jahrzehnt hinzukommen, sich aber nie mit derselben insistierenden Brutalität durchsetzen und in ihrem Unterbewusstsein einnisten; »le barrage contre le Pacifique«, die Allegorie von der gegen den Ozean errichteten Barriere, blieb das stärkste unter ihnen. »In meiner Kindheit hat das Unglück meiner Mutter den Platz des Traums eingenommen.« Im Laufe der schrecklichen Stunden und Tage von Prey Nop, die sie inmitten der familiären Schicksalsgemeinschaft auf der über dem Brackwasser schwebenden Bungalow-Insel erdulden musste, schlug die Geburtsstunde der Schriftstellerin Duras. Sie habe ein Leben lang unablässig über diese Personen ihrer Familie geschrieben, bekannte sie als Greisin, »doch als ich es tat, lebten sie noch, die Mutter und die Brüder«. Sie habe Buch für Buch, Roman für Roman, Drama für Drama um sie »herumgeschrieben, um diese Dinge herum, ohne bis zu ihnen vorzudringen«. Sich tatsächlich zum Kern der Ereignisse vorzutasten und eine eigene, bezwingende Sprache dafür zu finden, sollte ihr erst mit dem *Liebhaber* gelingen. Als sie schon siebzig war und nacheinander Paulo und Marie sich aus ihrer Lebenswelt verabschiedet hatten.

⋆ ⋆ ⋆

Mit Maries Scheitern als Konzessionsinhaberin, mit einer neuerlichen Versetzung und einem neuerlichen Umzug, diesmal nach Sadec, einem weiteren Städtchen flussaufwärts am Mekong, neigte sich um 1929 auch Marguerites Kindheit ihrem Ende zu. Inzwischen war sie zu einem jungen Mädchen herangereift; die Zeit der Kinderspiele war unwiderruflich vorüber. Die Fünfzehnjährige wirkte bereits abgebrüht auf Außenstehende, schalkhaft auch, Klassenkameradinnen nahmen sie zugleich als ein wenig störrisch und unzugänglich wahr. Das Resümee ihres ersten wichtigen Lebensabschnitts fiel zwiespältig aus: »Ich habe nie ein richtiges Elternhaus besessen, weder vertraute Gärten noch Dachböden, keine Großeltern, weder Bücher noch Kameraden, die man [neben sich] aufwachsen sieht. Nichts von alledem. Und nun stellen Sie sich die Frage, was bleibt? Meine

Mutter ist geblieben.« Was ebenfalls geblieben war oder sich sogar noch gesteigert hatte, was sie weder vor ihrem Gewissen noch vor den anderen Familienmitgliedern zu verbergen vermochte, war der maßlose Hass auf Pierre, der wieder in ihrer nächsten Nähe sein Unwesen trieb. Ein weiteres Mal setzte er der entkräfteten Marie heftig zu, die ihm, um seine fragwürdigen Eskapaden zu finanzieren, nun nichts mehr heimlich zuzustecken vermochte. Wie um alles auf der Welt sollte die arme Mutter angesichts der fatalen Situation für seine Spielschulden aufkommen? Einerseits ging Marguerite dem Tunichtgut aus dem Weg, andererseits suchte sie den offenen Konflikt mit ihm, forderte ihn heraus und steigerte sich in Gewaltfantasien hinein. »Ich wollte töten, meinen älteren Bruder, ihn endlich einmal besiegen, ein einziges Mal, und ihn sterben sehen.« Eine solch radikale Auslöschung ließ sich freilich nur theoretisch, auf dem Papier, durchführen, und auch erst Dekaden später – jetzt war sie dazu noch nicht fähig. Zeitweise wähnte sie sich gar im Zentrum einer antiken Tragödie, in der sie selbst die Rolle des Racheengels übernommen hatte: »um meiner Mutter den Gegenstand ihrer Liebe, diesen Sohn, zu entreißen, um sie für ihre so heftige, so schlechte Liebe zu bestrafen«. Gottlob sollte ihr das nicht gelingen. Ebenso wenig vermochte sie das direkt damit verknüpfte Vorhaben in die Tat umzusetzen: All dies, was sich in ihrem Inneren zutrage, die widerstreitenden Emotionen wie der virtuelle Mord am Älteren, sei nämlich nur geschehen, »um meinen kleinen Bruder zu retten, den ich auch als mein Kind sah«. Die Beschützerin spielen – eine ehrenwerte Absicht, ungleich friedvoller. Und doch eine Nummer zu groß für eine Halbwüchsige, die noch mit ihrer eigenen Selbstfindung beschäftigt war.

Viel Zeit blieb ihr aber nicht mehr, um ihre unausgegorenen Impulse und Empfindungen zu sortieren oder um die familiäre Abgründigkeit durch willkürliche Interventionen wenigstens phasenweise abzumildern. Marie hatte inzwischen entschieden, dass ihre Jüngste in Saigon eine höhere Schule besuchen sollte. Ihre Leistungen in den verschiedensten Fächern gaben, plötzlich und eher unerwartet, zu den schönsten Hoffnungen Anlass. So wurde Marguerite in einem Lycée in der Großstadt eingeschrieben, um sich auf das Baccalauréat vorzubereiten, und blieb dort die Woche über, einquartiert in einer Pension, wo sie sich mit gleichaltrigen Mädchen ein Zimmer teilte, sich aber von den mondänen Freuden der wohlhabenden Kolonialkinder, die in beschaulichen Vororten und prächtigen Residenzen wohnten, ausgeschlossen sah. Als nunmehr brillante Gymnasiastin oblag es ihr, die Familienehre zu retten. Nur an den Wochenenden und in den Ferien würde sie eine Pause einlegen vom vielen Büffeln und sich wieder auf den Rückweg nach Sadec und nach Prey Nop machen. Heim ins Elend. Wo Marie, wenn sie ausnahmsweise einmal gut aufgelegt war, wie manisch den Boden schrubbte und für ihre strapazierten Kinder auf ihrem verstimmten Klavier, das ansonsten an der Wand des »Salons« vor sich hin schimmelte, alte französische Weisen klimperte und laut dazu sang – seltene Momente des Glücks.

Während der Heimfahrt und auch wieder in umgekehrter Richtung, am Sonntagabend mit Ziel Saigon, musste Marguerite mehrere breite Seitenarme des Mekong mit Fähren überqueren: endlose Transfers, die Stunden in Anspruch nahmen. Marie vertraute ihre »petite« für diese langen, monotonen Strecken und Wartezeiten dem Busfahrer in seinem abgewrackten Gefährt an; stets nahm die Tochter auf dem den Weißen vorbehaltenen Beifahrersitz Platz. An den Stadtgrenzen von Sadec und Saigon würde sie zuweilen, wenn sie das Schwemmland hinter sich gebracht hatte, in einen anderen, denkbar einfachen Eingeborenenbus umsteigen müssen. Marie hatte ihr eingeschärft, bei den Flussüberquerungen unbedingt im Wageninneren sitzen zu bleiben, den Überlandbus unter keinen Umständen zu verlassen. Auf einmal schienen überall Gefahren für ihre begabte und mittlerweile eben auch geschlechtsreife Tochter zu lauern – Raubüberfälle, Vergewaltigungen, Unfälle, Naturkatastrophen –, die sie zuvor, als Marguerite noch viel jünger und verwundbarer gewesen war, bei deren riskanten Spielen im Dschungel jahrelang sich selbst überlassen hatte, ohne sich große Sorgen um ihr Wohlergehen zu machen.

Ihre Néné genoss die wenigen Stunden der Freiheit zwischen Familienzwist, Unterricht im Lycée Chasseloup-Laubat und Pensionsalltag. Natürlich hielt sie sich nicht an die Absprache, sondern stieg, sobald ihr Fahrer und sie die Flussufer erreicht hatten, regelmäßig aus dem Transportmittel aus, um auf dem Deck auf und ab zu spazieren, um beim Be- und Entladen der Fähren zuzusehen, um den emsigen Händlern beim chaotischen Warentausch und beim erregten Feilschen zuzuschauen, um die übrigen, plaudernden Passagiere, eine bunte Mischung unterschiedlichster Berufsgruppen und sozialer Schichten, zu beobachten und auch um in die graubraunen, strudelnden Wassermassen unter ihr zu blicken, deren starke Strömung ihr den Boden unter den Füßen wegzuziehen und sie Richtung Pazifik zu befördern schien. Sie malte sich aus, wie es sich wohl anfühlen würde, vertilgt zu werden. »Für den Tod gibt es eine einzige Komplizin: meine Mutter.«

Dabei stützte sie sich, in ihrer etwas lächerlichen Aufmachung – alte Klamotten, ramponierte goldlackierte Damenschuhe, von deren hohen Hacken die Farbe abblätterte, ungeschickt aufgetragenes Make-up, dessen Anblick Marie zum Toben bringen und wofür die Ungehorsame Beschimpfungen und Schläge ernten würde –, auf die Reling und schaute gedankenverloren ins Leere. »Fünfzehneinhalb. Der Körper ist schmal, fast schmächtig, Kinderbrüste noch.« Hinter ihr im Fahrzeugpark, unter all den staubigen Rädern, Taxis, Bussen und Rikschas, stand auch eine schwarze, auf Hochglanz polierte Limousine, vor der sich ein Chauffeur in weißer Livree aufgebaut hatte, der niemanden unter seinen Fahrerkollegen auch nur eines Blickes würdigte. Er trat einen Schritt zur Seite und hielt seinem einzigen Passagier die Wagentür auf. Dem Morris-Léon-Bollée entstieg ein junger Mann aus gutem Hause – kein Einheimischer, kein Europäer, sondern ein Chinese. Im Leinenanzug. Ein paar Minuten zögerte er, zusehends nervös und unschlüssig, was er als Nächstes tun sollte. Dann machte er einige Schritte auf das Mädchen mit dem rosafarbenen Männerhut, die ihm den Rücken zukehrte, auf die sommersprossige, in einem abgetragenen und viel zu großen Sommerkleid versinkende Marguerite zu, deren ganze Aufmerksamkeit einer blassblauen Linie am Horizont galt. »Meine Kleider sind eine Art Sack«, klagte sie, aber diese Aufmachung verunstaltete sie nicht, sondern wies auf sie hin, machte sie zum Objekt. Sie war sich ihrer Attraktivität nicht bewusst, hielt sich für eine, deren Erscheinung »zum Lachen reizen könnte, über die aber keiner lacht«, und sandte dennoch Signale aus, die einem aufmerksamen männlichen Wesen nicht entgehen konnten. Was sich hinter ihr zutrug, blendete sie aus. Konzentriert starrte sie in die Ferne, spürte die magnetische Anziehungskraft des Ozeans, auf den auch dieser Fluss zusteuerte, jenseits des Deltas, einige Meilen südöstlich von hier.

Sie legten ab. »Vom ersten Moment an weiß sie etwas in der Art, dass er ihr verfallen ist.« Sie blickten sich noch nicht an. Ein vermögender Mann, der sich bezaubern ließ, Lust verspürte, kaum wusste, wie ihm geschah – und eine albern aufgetakelte Halbwaise, ein Schulmädchen, Jungfrau noch. Ebenfalls lüstern, nur ohne es zu ahnen. »Ein kleines Tier, von einer heftigen, ungezähmten Sinnlichkeit, die noch unversehrt, neu ist.« Die Strömung unter ihnen wurde stärker, und der Boden des Seelenverkäufers, der augenblicklich Fahrt aufnahm, begann zu schwanken. Als der Chinese sich schließlich neben sie stellte und sie ansprach, reagierte sie nicht sofort. Sie hatte gerade einen Entschluss gefasst: Von nun an würde sie das Meer nie mehr aus den Augen lassen.

Die Schamlose

Das Geschehen hat sich von selbst verschoben.
In Wirklichkeit ist es mit mir gewachsen,
hat es mich nie verlassen.

Was sich nun zuträgt, was der jungen Marguerite bei einer dieser wöchentlichen Flussüberquerungen im Mekong-Delta widerfährt, gewinnt für die Künstlerin Duras eine so kolossale Bedeutung, dass sie diese »unerhörte« Begebenheit Dekaden später immer wieder neu erzählen, arrangieren, ins Unendliche dehnen und mystifizieren muss. Geradezu zwanghaft kreist sie während ihres gesamten Schriftstellerlebens um diese triviale Begegnung zwischen zwei Außenseitern und bedürftigen Einsamen, die nicht zueinandergehören durften und die es umso mehr zu einer Vereinigung drängte, und machte ein Buch nach dem anderen daraus. Aus den Konsequenzen der Begegnung destillierte sie einen Mythos, der ihren Lesern noch ein halbes Jahrhundert danach die Sprache verschlagen sollte.

Das erste Mal, noch roh und ungeschönt, in *Un barrage contre le Pacifique,* ihrem vielleicht stärksten Wurf der frühen Jahre, einer mit unbarmherziger Kälte geschilderten Chronik im Südstaatenstil Faulkners und Hemingways, der ein deutscher Verleger seinerzeit mit *Heiße Küste* einen unsäglich verkürzenden und auch in die Irre führenden Titel verpasste. Das zweite Mal, indem sie mit *L'Amant* einem Massenpublikum eine mit reichlich fernöstlichem Kolorit angereicherte Geschichte von Begehren, Verführung, Hingabe, Ausbeutung und Tabus präsentiert und ihren Lesern dabei, sich mit vorgeblicher Freimütigkeit in Hunderten von Andeutungen verlierend, indiskrete Einblicke in das Gefühlsleben einer jungen Frau gewährt. Einer Kolonial-Lolita, die sich erstmals als sexuelles Objekt herausgefordert fühlt und sich daraufhin zu einer grausamen, berechnenden Akteurin wandelt, um mit ihrem begüterten Partner nach Belieben zu spielen. Und das dritte Mal mit ihrem experimentellen Drehbuchroman *Der Liebhaber aus Nordchina*, der wie eine Folge von Regieanweisungen angelegt ist und mit dem sie auch gegen die von ihr verabscheute, reichlich vordergründige *Liebhaber*-Verfilmung durch Jean-Jacques Annaud anschreibt, die in Frankreich und Europa kurz darauf die Kassen klingeln lassen wird. Mit diesem dritten Text, in dem sie an einer Stelle sogar das Inzestverbot übertritt und den Liebesakt mit Brüderchen Paulo vollzieht, möchte sie Tabula rasa machen, indem sie alle ihre früheren Annäherungsversuche an diesen Urstoff auslöscht, möchte präzisieren und straffen, die ehemalige »Schönschrift« ausradieren und mit prägnanten Strichen Worte, Sätze und Ereignisse austauschen. Nie ist sie dichter am »Original« der Begebenheit als jetzt und bewegt sich doch immer noch in weiter Ferne von den Tatsachen, jongliert mit Enthüllungen und neuerlichen vagen Verschlüsselungen, nutzt die Quintessenz ihrer Botschaft wie einen Köder – »So war es! War es so?« Nie habe sie in ihren Büchern oder in ihrem Leben jemals gelogen, beteuerte sie.

Die Duras spielt in diesem nur lose zusammenhängenden Triptychon Katz und Maus mit denjenigen unter ihren Bewunderern, die es schon immer ganz genau wissen wollten und die es letzten Endes doch nie genau *genug* von ihr geliefert bekommen werden. Sie lassen sich von ihr hinhalten, genau wie der Liebhaber selbst, der sich jedes Bröckchen Zuneigung hart verdienen muss. Jahr um Jahr tischt die Starautorin ihren Fans diese Affäre neu auf: als fragmentarischen Inhalt eines auf ihrem Schreibtisch umgestülpten Fotokartons, als Romanze, als Kolportage, als pädophilen Sexreport, als sentimentalen Kitsch, als genüssliches Wiederaufwärmen überwunden geglaubter orientalischer Klischees, als bezwingende *love story* vor kolonialer Kulisse. Sie setzt sie ihnen als irritierende Montage vor, als großes klassisches Drama voller Subtilitäten und Raffinement. Ganz nach Sichtweise, Bildungsstand, Voreingenommenheit und literarischem Anspruch wird sie gierig verschlungen und neu gelesen, ansatzweise begriffen oder völlig missverstanden. Alle möglichen Interpretationen offeriert die Duras. Beredt und zugleich mit Auskünften geizend umkreist sie die Fakten, schafft neue Lücken, verfremdet, wiederholt bestimmte Motive bis zum Überdruss, zieht soeben geöffnete Vorhänge gleich wieder zu, hüllt ihre Seelenlandschaft zum Buchende hin wieder in Nebel. Sie schlägt Finten und hält sich gleich mehrere erzählerische Hintertürchen offen – mal als Ich-Erzählerin, mal in der dritten Person, mal als Allwissende. Sie ist und bleibt die »Spezialistin für ungenaue Geständnisse«, die Königin der Selbstlegende.

Man kann es gar nicht oft genug betonen: Bei keinem anderen Vorkommnis, bei keinem anderen Motivstrang im Universum der Duras sind Dichtung und Wahrheit so unentwirrbar ineinander verflochten wie hier, am Ufer des Mekong. Dessen ungeachtet wissen wir heute, dass es den »Liebhaber« tatsächlich gegeben und dass er den Namen Huynh Thuy Lé getragen hat. Ganz egal, ob er in ihren literarischen Werken nun Monsieur Jo oder Léo heißen oder namenlos bleiben mochte. Ganz egal, ob er blendend aussah, einem erotischen Eroberer glich oder hässlich und unattraktiv war, ganz egal, ob seine feinen Zügen und seine noble Gestalt, Paulos zartgliedrigem Körper angenähert, sie beeindruckten oder ob er, wie lange vergessene, jüngst wieder aufgefundene Notizbücher aus jener Zeit verraten, von Pockennarben entstellt war. Gleichgültig, ob er wirklich so weit gereist war, wie er vorgab und womit er angab, wenn er ihr von Paris vorschwärmte, dessen Atmosphäre er so schätzte, und wovon er ihr ein paar Bagatellen zu erzählen wusste.

Und auch das berühmte blaue Haus, in dem er im *Liebhaber* mit seiner Familie residierte, existiert. Wir wissen ferner, dass er zum Zeitpunkt der Flussüberquerung siebenundzwanzig war und dass ihm damals bereits, zur Mehrung des Clan-Vermögens, eine arrangierte Heirat mit einer Landsmännin bevorstand. Mit Sicherheit wird es auch die Junggesellenbude im Chinesenviertel Cholon gegeben haben, jenes Liebesnest, in dem sich im *Amant* die Entjungferung vollzieht und der leidenschaftliche, von beiden wie ein nachmittägliches Ritual praktizierte Sexualakt, die bei Duras schmerzhaft schöne Vereinigung, gefeiert wird. Und auch die Ausgangssituation ist kein Papiertiger: die erste Kontaktaufnahme zwischen dem Mädchen, das noch lange Zöpfe trägt, aber von Anfang an den Lauf der Beziehung steuert, und dem Mann aus der Mandschurei, der fast zwei Jahre lang um sie werben, sich erniedrigen und für die Gefühle, die ihn übermannt hatten, bezahlen würde. Der sie besitzen würde, ohne dass sie je zu ihm gehören durfte.

Schon auf der Fähre wurden die Weichen gestellt: »Es konnte nicht darum gehen, das Begehren auf sich zu ziehen. Es war in derjenigen, die es herausforderte, oder es existierte nicht. Es war vom ersten Blick an da oder es hatte nie existiert.« Die Bedingungen für das risikoreiche Spiel waren ebenfalls von Anfang an bekannt: Der Chinese würde sich, in naher Zukunft, einer für ihn vorbestimmten Vernunftheirat unterwerfen müssen. Marguerite würde bald ihren Schulabschluss machen, ihrer Jugend Adieu sagen, nach Frankreich reisen, sich dort niederlassen, studieren und ihr Vorleben in Cochinchina an den Nagel hängen. Das Ende der Liaison stand von vornherein fest.

Worüber wir auch fast alles wissen, ist der Anfang. Über Marguerites Seelenlage, die sie dazu brachte, sich auf diese kuriose Liebschaft einzulassen. »Es fehlt einem ein Gott. Diese Leere, die man eines Tages als Heranwachsender entdeckt, lässt sich durch nichts verdrängen.« (Nicht einmal, so sei hinzugefügt, durch den Alkohol, mit dem die erwachsene Duras die Liebesleere vergeblich zu ersetzen versucht.) Dieser erste Mann wird somit eine emotionale Leerstelle besetzen müssen, und die Liebe und Leidenschaft, die er dafür mitbringt, haben sinnstiftend auszufallen, einer religiösen Erweckung gleichkommend. Und ferner erfahren wir, wo der Ausgangspunkt situiert ist – nämlich in der Hoffnung auf baldige Berührung. In der Hoffnung auf die Begegnung mit einem Menschen,

den es nach ihr verlangt. »Ich betrachte den Fluss. Meine Mutter sagt
mir manches Mal, nie mehr in meinem Leben würde ich so schöne
Flüsse sehen wie diese hier, so groß, so wild, wie den Mekong und
seine Nebenarme, die den Ozeanen zuströmen. Diesen Wasserflä-
chen, die in den Höhlungen der Ozeane langsam verschwinden.«
Ein Wunsch der Verschmelzung von fast schmerzhafter Intensität,
die Sehnsucht danach, sich aufzulösen, von einem liebenden Wesen
besessen und überschwemmt zu werden. Empfindungen, die eine
Fünfzehnjährige noch nicht denken kann und erst recht nicht auf-
zuschreiben vermag, die aber ihre Gesten und ihr Leib bereits ar-
tikulieren und preisgeben. Und auch der unbekannte, schüchterne
Mann, den sie sich für diese physische Premiere aussucht und den
sie mithilfe ihrer Körpersprache zu sich an die Reling gerufen hat,
verspürt eine vergleichbare, drängende Sehnsucht. Selbst wenn er
sich auf dem Rücksitz der Limousine bei der ersten Eroberung langsam vorantastet und später, am Ziel ihrer gemeinsamen Wünsche,
dann den Geschlechtsakt vollzieht, nachdem sie sich gegenseitig in
seinem Liebesversteck entkleidet haben, ist er, wie seine Partnerin,
»sehr schwach, er scheint der Willkür von Kränkungen ausgeliefert
zu sein, leidend. Er ist in einer erbärmlichen Liebe.« Zu den berüh-
rendsten, sprachlich ergreifendsten Stellen im *Liebhaber* zählt in der
Tat die Schilderung der ersten Penetration, die weniger als eine Ekstase denn als graduelle Umwandlung eines Schmerzes beschrieben
wird: »Langsam herausgerissen« werde dieser Schmerz, »der Lust
zugeführt, mit ihr vereint«. Die Liebesszene endet bei Duras nicht
mit dem Orgasmus – er wird hier stillschweigend vorausgesetzt,
er stellt sich als Erfahrung gewissermaßen mit-lesend, mit-liebend
ein –, sondern mit einer kühnen Metapher: »Das Meer, formlos, un-
vergleichlich.«

So weit die Liebe im Buch. So weit die Inszenierung des Verlangens und seiner Stillung. So weit die fiktive, die *mögliche* Darstellung
dieser Verschmelzung. Wie weit die echte Marguerite mit dem echten Chinesen tatsächlich gegangen ist, ob die regelmäßigen Liebes-
treffen nicht eher im Reich des Imaginären anzusiedeln sind und

ob Maries Tochter dem närrisch Verliebten, in seinem Stolz Beschädigten nicht vielmehr bei vielen, ergebnislosen Treffen eine mögliche Vereinigung nur versprochen und vorgegaukelt hat (für Letzteres sprechen lange verschollen geglaubte Tagebucheinträge und Notate), entzieht sich unserer Kenntnis.

Als sie zusammentreffen, sind Marguerite und Huynh Angehörige bestimmter sozialer Gruppierungen in Saigon, aus denen es kein Entkommen gibt. Marguerite gehört zwar zu den Weißen, aber keineswegs zur Oberschicht im Gefüge der Kolonialmacht. Der Ruf und die Schulden ihrer Mutter stigmatisieren sie ebenso wie die stadtbekannte Opiumsucht und die Gaunereien Pierres. Zu den exklusiven Empfängen ihrer Altersgenossinnen, die nur unter ihresgleichen verkehren und von künftigen »guten Partien« zu den angesagten Modetänzen wie Charleston, Foxtrott oder Pasodoble aufgefordert werden, lädt man Marguerite nicht ein. Vom gesellschaftlichen Leben des Botschaftspersonals und von den kulturellen Veranstaltungen der Metropole bekommt sie wenig mit – und wenn, dann nur als Zaungast. Sie steht, trotz ihrer beachtlichen schulischen Leistungen, innerhalb der französischen Gemeinschaft in Indochina auf der untersten Stufe. Sie leidet darunter, ausgeschlossen zu werden, sie hasst es, dass die Leute über sie und ihre Familie reden, fühlt sich zuweilen aussätzig. Für einen älteren Weißen, der es auf sie als Sexualpartnerin abgesehen hätte, wäre sie eine leichte Beute; ihr Ansehen würde dann aber erst recht ins Bodenlose stürzen. Ließe sie sich vor aller Augen mit einem weißen, erwachsenen Mann ein, hätte das die ultimative Entehrung und Ächtung ihrer Familie zur Folge. Und sich etwa einen Annamiten zum Liebhaber zu nehmen, würde die Grenzen des Vorstellbaren überschreiten. Auch das wäre undenkbar, würde den Verstoß der Donnadieus aus der frankofonen Gemeinschaft nach sich ziehen. Der Skandal wäre perfekt, die Schande immens.

Dass die Marguerite der Romane sich nun ausgerechnet einen Chinesen als ersten Mann ihres Lebens zulegt, hat beinahe schon etwas Surreales. Hiermit werden die Verhältnisse vollständig auf den

Kopf gestellt. Ein Weißer, der sich eine Einheimische zur Geliebten wählt oder asiatische Prostituierte aufsucht: So etwas ist an der
Tagesordnung, darüber wird bestenfalls getuschelt. Und wenn eine
weiße, verheiratete Frau sich schon zum Seitensprung veranlasst
fühlt in den Kolonien, was immer eine überaus heikle Angelegenheit
ist, wird sie sich mit Sicherheit unter ihresgleichen umtun, also ausschließlich Europäer als Liebespartner in Betracht ziehen. Niemals
jedoch würde sich eine Weiße prostituieren für Einheimische. Und
die in Cholon lebenden Chinesen sind zwar in der Mehrzahl sehr erfolgreiche, gewitzte und arbeitsame Geschäftsmänner, die es zu einem gewissen Ansehen gebracht haben – mit den Annamiten ergeben sich trotzdem nur wenige Berührungspunkte; die beiden Bevöl-
kerungsgruppen verkehren nur bei Gelegenheit miteinander. Man
respektiert die Chinesen, die in der Rangordnung gleich nach den
Franzosen kommen und somit weit über den Einheimischen stehen,
einzig und allein wegen ihres Wohlstands, schätzt ihre kommerziel-
le Kreativität, ihre Kompetenz und Cleverness. Wie die Franzosen,
die man als Kolonialmacht wohl oder übel ertragen muss, stellen
die Chinesen eine Minderheit dar, deren Präsenz man duldet. Und
niemand unter den ledigen Französinnen wiederum, ob in höherer
Stellung, im Staatsdienst oder nur einfache Angestellte, würde wohl
auch nur im Entferntesten in Versuchung geraten, in Cochinchina
mit einem Chinesen anzubandeln. Niemand außer der kleinen, un-
bedarften Marguerite Donnadieu …

Das nur scheinbar unbedarfte Teenagermädchen, das sich von seiner neuen Bekanntschaft von der Schiffsreling zur Limousine führen lässt, um sich, an der Seite ihres Begleiters, auf die bequeme
Rückbank gleiten zu lassen, fordert das bestehende System heraus.
Indem die Marguerite der Romane zulässt, dass die Außenwelt aus-
geblendet wird und die Hand des Chinesen während der Weiterfahrt
streichelnd ihren Körper erkundet, tut sie den unerhörten, für sie jedoch unvermeidlichen Schritt, setzt sich über alle Verbote und star-
ren Regeln der prüden, auf Standesbewusstsein bedachten Kolonial-
bourgeoisie hinweg. Wie weit der vor Auf- und Erregung zitternde

Mann neben ihr in Zukunft gehen darf, ob er sich mit vorsichtigen Küssen zufriedengeben muss oder wie ein Bittsteller am Tor ihres Lycée, tief verborgen in seinem Morris-Léon-Bollée, jeden Nachmittag auf sie zu warten hat, ob ihm – wie im *Liebhaber* suggeriert – schließlich das Recht zugestanden wird, sie Woche für Woche, jeweils am frühen Abend, erst behutsam zu waschen, dann zum Bett zu tragen und »weinend« mit ihr zu schlafen, während direkt vor dem abgedunkelten Fenster der Liebeslaube in Cholon der Straßenlärm ihre Lustlaute übertönt, entscheidet allein sie. Die Minderjährige kontrolliert jeden Schritt, jedes Zugeständnis; ihre Machtfülle ist absolut. Sie treibt ihr Spiel mit ihm, kostet es aus, wenn er sich windet und leidet, wenn er, als Opfer ihrer Launen, nicht zum Zug kommen darf, und mimt die Großzügige, wenn sie ihn gewähren lässt und sich ihm hingibt. Ihr Gönner, der sie vom ersten Tag an mit Geschenken überhäuft, ihr wertvolle Schmuckstücke verehrt – von Marguerite mit gespielter Gleichgültigkeit entgegengenommen, aber sofort angelegt und getragen und stolz auf dem Schulhof herumgezeigt – und sich bald dazu gezwungen sieht, sie, die Brüder und die Mutter in die besten Restaurants der Stadt einzuladen, verliert binnen weniger Wochen seine ganze Würde. »Kein Dank, von niemandem. Man sagt nie Danke für das gute Abendessen, weder Guten Tag noch Auf Wiedersehen.« Der Chinese wird erpressbar, lässt sich ausbeuten, macht sich lächerlich. Für ihn wird die ganze Affäre zu einer Folter auf Raten. Sein unbezähmbares Verlangen liefert ihn seiner noch kindhaften Gebieterin aus, macht ihn zum Liebesdiener.

Entledigt man nämlich die betörende Fabel einmal ihrer erotischen und auch ihrer exotischen Versatzstücke, befreit man sie aus den Fängen ihrer mannigfaltigen Indiskretionen, so wird der Blick freigelegt auf die wahren Beweggründe: Es geht um Rache und Genugtuung, um Verkupplung und Unterwerfung. Und darum, dass ein junges Mädchen alles daransetzt, sich so teuer wie möglich zu verkaufen. Der schnöde Mammon treibt die »echte« Marguerite an, wie sie selbst später zugeben sollte. Als man die Duras fragte, was sie beim chinesischen Liebhaber so lange ausharren ließ und was sie überhaupt dazu bewog, dass er sich so weit in ihr Leben und in ihren Körper drängen konnte, gestand sie unumwunden: »das Geld. Ich hätte hinzufügen können: der Sitzkomfort des Automobils, das ein wahrer Salon war. Der Chauffeur. Die freie Verfügbarkeit [des] Auto[s]. Der erotisierende Geruch der Tussahseide sowie der Haut des Liebhabers. Das sind Voraussetzungen für Liebe.« Der Luxus, die Preziosen, das Gold. Alles, was sie weder besaß noch kannte und bis dahin auch nie benötigt hatte. Bekannte sich die gefeierte Autorin damit nicht nachträglich zu berechnendem Handeln, ja zu den Geschäftsgrundlagen einer Hure? Erotische »Leistungen«, die mit Billigung der Mutter erbracht werden und deren Preis Abend für Abend, Monat für Monat in die Höhe getrieben wird? Und nicht nur das; Huynh hat auch im übertragenen Sinne dafür zu »zahlen«, dass den Donnadieus so viel Unglück widerfahren ist, dass Marguerite vaterlos aufwachsen und Marie sich fast zu Tode schuften musste, dass sie vom Katasteramt betrogen wurden und seit ihrer Pleite von den »anständigen« Kolonialbeamten geschnitten werden. Huynh hat den Kopf dafür hinzuhalten, dass sie überhaupt in diesem verfluchten Indochina gelandet sind und hier, trotz aller Anstrengungen, von ihresgleichen wie der letzte Dreck behandelt werden. Dass nun ein Asiate all die erlittene Schmach ausbaden muss, darüber empfinden Marguerite und auch Marie, die den Liebeshandel nicht nur toleriert, sondern sogar nach Kräften fördert, Genugtuung. Ohne mit der Wimper zu zucken, nehmen sie den edlen Spender aus, nutzen seine emotionale Abhängigkeit aus. Ganz eindeutig *triumphiert* Marguerite über ihren ersten Liebhaber, den sie wohl niemals als Geliebten apostrophieren würde.

»Unverschämtheit kennzeichnet ihre Beziehung zum Chinesen«, so resümierte der Schriftsteller und Kritiker Marc Saporta ihr Verhalten, das gleichzeitig auch ein groß angelegter Ausbruchsversuch ist – Ausbruch aus der Misere, aus dem Stumpfsinn, aus der Fremdbestimmtheit, aus der Fixiertheit auf die Mutter und auf die Folgen ihrer zahllosen Fehlentscheidungen. Und auch eine heillose Verquickung von Sphären, deren strikte Trennung bislang einigermaßen funktioniert hat – die Familie, die Schule, der Dschungel, der Eros, die Intimität. Jetzt ist alles urplötzlich miteinander verwoben. Nunmehr lässt sie es zu, dass ihre Brüder, die konsterniert registrieren, dass ihre kleine Schwester bereits eine junge Frau mit einer sexuellen Identität ist, aus nächster Nähe am Verlust ihrer Ehre, ihrer Tugendhaftigkeit, ihrer Jungfräulichkeit teilhaben. Die Buchfiguren Pierre und Paul sehen buchstäblich dabei zu, wie die Marguerite der Romane mit einem fremden Mann, einem Asiaten noch dazu, ins Bett steigt. Und sie profitieren sogar noch davon. »Die ganze Familie ist von Natur aus unverschämt, vor allem der große Bruder, ein Gauner, wie ein Raubtier. Der Chinese duldet. Sie wissen nicht«, spekulierte Saporta mit bitterer Ironie, »dass die Schwester, die Tochter, mit dem Chinesen schläft.« Wissen sie es wirklich nicht? »Sie wollen das Offensichtliche nicht wissen«, wurde sofort korrigiert. Selbstverständlich sind alle Donnadieus auf dem Laufenden. »Er«, der Liebhaber, »hingegen weiß. Auch die Schule weiß es. In der Schule spricht man kaum mehr mit der Wilden.« Führt sie sich nicht »schlimmer als eine Hündin auf«, wie die Mutter zetert, so laut, dass es alle Nachbarn mit anhören müssen? Eine »Hure«, die Marie am liebsten »verrecken« sehen wolle? Doch noch am selben Abend macht sie wieder gemeinsame Sache mit ihrem Mädchen, das sie zu einer talentierten Animierdame ausstaffiert. Die Skrupellosigkeit, mit der Marie sich bereit zeigte, ihre einzige Tochter auf so schäbige Weise »an den Mann zu bringen«, ja zu verhökern, mag erstaunen. Doch die verlockende Aussicht darauf, durch Huynh in wenigen Monaten womöglich ihre größten finanziellen Sorgen los zu sein, scheint sie anzustacheln.

Die fatale Konstellation bleibt, auch wenn Tochter und Liebhaber in den Tanzcafés und beim Dîner nicht nebeneinandersitzen, geschweige denn einander berühren dürfen, niemandem verborgen; Marguerite ist im Pensionat und im Lycée seit Langem zu einer Persona non grata geworden, deren provokative Zurschaustellung ihrer Beziehung vielen Eltern als abschreckendes Beispiel für ihre Töchter dient. Nur Huynhs Vater, für den seinerseits die Familienehre, vor allem in geschäftlichen Belangen, auf dem Spiel steht, könnte dem unseligen Treiben noch einen Riegel vorschieben. Doch er bleibt angesichts der nahenden Abreise Marguerites und der bevorstehenden Heirat seines verwirrten Sohns tatenlos. Lange kann sich der Spuk ja nicht mehr hinziehen.

Und Marguerite? Wie steht es um die Aufrichtigkeit ihrer Gefühle, die doch im Seelenleben einer Sechzehn-, Siebzehnjährigen gewaltigen Aufruhr verursacht haben müssen? Wieder stellt sich vorab die Frage, wie man überhaupt zwischen der Roman-Marguerite und der realen Marguerite unterscheiden soll. »Sie glaubt nicht, dass sie ihn liebt. Sie lässt es sich gefallen. Weshalb lässt sie es sich gefallen? Sie ist beeindruckt«, so Saporta, der diese Unterscheidung nicht immer trifft und die beiden Mädchen oftmals in eins setzt, »weil der Chinese nicht nur er selbst ist: Er ist ›er und seine Verhältnisse‹, sein Reichtum.« Nimmt sie also auf eine paradoxe, perverse Weise Rache an sich selbst, am weißen, kleinen Mädchen, weil es »in den Armen des Feindes« Lust empfunden hat? »Sie wehrt sich dagegen, ihn zu lieben.« Oder haben die beiden – unausgesprochen – einen Pakt geschlossen? »Er liebte mich so sehr, dass ich ihn dafür lieben musste«, schrieb sie einmal, »er begehrte mich so sehr, dass ich ihn dafür begehren musste.« Eine solche Haltung setzt nicht unbedingt Mitleid voraus, sondern eher das Wissen, wie sehr beide auch aufeinander angewiesen sind. Auf bestimmte Weise sitzen sie ja im selben Boot – ihr Tun wird fortwährend von Schamlosigkeit und Unverschämtheit bestimmt, und beschämend ist es sowohl für den an Emotionen Freigiebigen wie auch für die mit Emotionen Geizende, die sich authentische Gefühle versagt.

Der große Reiz des *Liebhabers* und der Satellitenbücher, die dasselbe Motiv umkreisen, besteht nun darin, dass die Duras es nicht nur offenlässt, ob die Kindfrau, die mit ihrem reichen Verehrer den Geschlechtsakt vollzieht, mit ihr selbst, als jungem Mädchen, identisch ist. Sie versteht es auch, ihre Leser fast davon zu überzeugen, dass sie einerseits mit kühler Berechnung Kosten und Nutzen dieser Affäre gegeneinander abgewogen und erst dann, ohne sich um eigene Empfindungen zu scheren, eingewilligt und Huynh alias Léo alias Jo ihre Ekstase nur vorgemacht habe. Andererseits gesteht sie mit entwaffnender Aufrichtigkeit ein, dass sie sich der Sogkraft dieses einmaligen Verlangens nicht habe entziehen können und, beinahe gegen ihren Willen, doch zu einer bekennenden Liebeswilligen geworden sei und den Akt in vollen Zügen genossen habe. Was bedeuten würde, dass, bei aller Korruptheit und Perfidie der Ausgangssituation, die moralische Unschuld, mit der sie sich in dieses Abenteuer gestürzt hatte, echt gewesen wäre. Auch wenn sie zu dieser Erkenntnis erst sehr spät im Leben vorgedrungen ist. Sätze und Überzeugungen wie diese deuten darauf hin: »Ich glaube, dass die Liebe immer Hand in Hand mit der Liebe geht, man kann nicht für sich allein lieben, das glaube ich nicht.« Oder auch: »Ich glaube nicht an diese verzweifelten Liebesgeschichten, die man alleine lebt.« Anders ausgedrückt: Authentisch ist das Liebeserlebnis immer nur zu zweit, in der wechselseitigen und als doppelte Beglückung erlebten, geteilten Erfahrung. Als Fusion zweier Menschen, die zunächst gar nicht so genau wissen, wie ihnen geschieht, und die dann, von Euphorie getragen, hemmungslos »drauflos«lieben.

Und doch betitelte sie den Erfolgsroman, in dem ganz überwiegend von der emotionalen Achterbahnfahrt der Ich-Erzählerin die Rede ist und so gut wie nie vom Innenleben des männlichen Protagonisten, *Der Liebhaber* – und nicht etwa *Der Geliebte* oder *Der Liebende*. Oder gar »*Die* Liebende«. Das hätte ein partnerschaftliches, ebenbürtiges Verständnis voneinander vorausgesetzt, das Duras augenscheinlich auch mit zeitlichem Abstand nicht als gegeben ansah.

In *L'Amant* verkompliziert sich die Sachlage eben gerade dadurch, dass die Marguerite des Romans den Chinesen wie einen Liebhaber behandelt, von ihr auserkoren und gegängelt, und zusätzlich von ihm fordert, dass er sich verhalten solle, als hielte *er* sich eine Geliebte, die er wie eine Prostituierte regelmäßig auszuzahlen und zu verwöhnen hat – und nicht umgekehrt. Bei Duras ist der Mann von der Fähre somit ein männlicher Dienstleister im Gewand eines aufrichtig Liebenden, der für die Authentizität seiner Gefühle bestraft wird. Ein komplexes, vielschichtiges Konstrukt. All dies geschieht womöglich nur, damit die »echte« Marguerite Donnadieu nicht an ihre so habsüchtige wie unanständige Einstellung sowie an die Infamie ihrer eigennützigen Liebesbereitschaft erinnert zu werden braucht. Und damit sie einen romantischen Schleier über ihre zwiespältigen, widersprüchlichen Gefühle legen konnte, den sie als Duras lüftete, nur um ihre bereits verschwommenen Erinnerungen noch um zusätzliche fiktive Bestandteile und neue Geheimnisse anzureichern.

Das daraus entstehende Geflecht vermochte sie nicht mehr zu entwirren, die vielen Rätsel nicht mehr aufzulösen. Den Chinesen mit der glatten, haarlosen Haut und dem ausgesprochen »femininen«, katzenhaft zarten Körper, dessen zersplitterte Persönlichkeit sie in Stücke gerissen und auf gleich mehrere Bücher verteilt, dessen Identität sie systematisch dekonstruiert hatte, vermochte sie ebenfalls nicht mehr zu einem kohärenten Menschen aus Fleisch und Blut zusammenzusetzen. Aber sie sah sich erst jetzt in die Lage versetzt, den Liebhaber als Mann ernst zu nehmen, seine Liebesbereitschaft zu würdigen und zu feiern, ihm insgeheim zu danken und ihn in einem letzten Schritt auch zu verklären und zu idealisieren.

Millionen enthusiastischer Leser berührte die Duras mit dieser unerwarteten Wendung tief. Denn wenn sie auch längst, als treue Verehrer der Autorin, um die einseitige, fast verzweifelte Liebe des jungen Mannes wussten, glaubten sie nach der Lektüre von *L'Amant* daran, dass er von Marguerite zurückgeliebt worden sein könnte. Und beim Zuklappen des Buches kam die Zuversicht auf erwiderte Gefühle einer Gewissheit gleich, waren sie sogar von ihr überzeugt.

* * *

Duras wäre nicht Duras, wenn sie auf den letzten Seiten des *Liebhabers,* für den so gar nicht tränenreichen Abschied von Indochina und von Huynh, nicht eine starke, visuell überzeugende Finalszene komponiert hätte. In ihr tritt das Meer wieder in den Vordergrund.

Einmal mehr beugt sich die Marguerite der Romane über eine Reling, erneut blickt sie, weit über den Fluss hinaus, in Richtung Delta und Ozean. Nur dass sie diesmal im Hafen von Saigon auf dem Deck eines Passagierdampfers steht, der in wenigen Minuten aufbrechen und sie nach Frankreich bringen wird. Marseille ist ihr Zielhafen; in Port Saïd wird sie Zwischenstation machen. Bezahlt für diesen luxuriösen Transfer haben Huynh und sein vermögender Vater; auch üppige Geldgeschenke und ein aberwitzig großer Diamant gehören zur »Aussteuer« für die Braut des Chinesen, die sie ja nie sein wird. Sie lässt sich dafür entschädigen, dass sie bereit ist zu gehen und das Land zu verlassen. Jeder Betrag, jede Abfindung ist dem Alten recht, um sich die lästige Dauergeliebte seines Sohnes vom Halse zu schaffen und diesen damit aus der Abhängigkeit zu befreien. Eine Summe von schwindelerregender Höhe ist der – von Marie in zähem Kampf ausgehandelte – Preis für diese Auslösung, und sie versinnbildlicht eine Wiedergutmachung für die Schmach der letzten Jahre, für die verlorene Energie, für die verplemperte Zeit in diesen Gefilden, denen die ausgelaugte Mutter so viel Zuwendung entgegengebracht hat und von deren Bewohnern und Kolonialisten sie so bitter verschmäht worden ist.

Wochen wird die »echte« Marguerite für die komfortable Überfahrt benötigen, ausreichend Zeit, um über die zurückliegenden Ereignisse nachzudenken, sie zu relativieren, in Teilen zu verdrängen und auch bereits ein wenig zu verfälschen – und, kaum dass sie sich in ihrer Erinnerung festzusetzen beginnen, in Literatur zu verwandeln. Hunderte von Menschen sind erschienen, um sich von den Abreisenden zu verabschieden, und warten jetzt darauf, dass das große Schiff ablegt. »Die Trennung vom Festland vollzog sich immer in Schmerz und Verzweiflung, doch das hatte die Menschen nie daran gehindert aufzubrechen.«

Geweint habe sie, ohne es zu zeigen, also innerlich; in Anwesenheit von Marie und Paulo möchte sie sich nichts anmerken lassen. Sich gehen zu lassen, ihren Emotionen freien Lauf zu lassen, hätte sie als ungehörig empfunden. Ihr winkt ja schließlich auch keiner zu, niemand umarmt sie. Aus dem Augenwinkel nimmt sie die schwarze Limousine und den weiß gekleideten Chauffeur wahr, nur eben nicht mehr vor ihrem Schulgebäude, wie üblich, als Zeichen der Aufforderung zum Liebesspiel, sondern einsam und verwaist, »etwas abseits vom Parkplatz der Messageries Maritimes«, und sie weiß, dass sich im Wageninneren eine reglose Gestalt befindet, die wie sie dazu verurteilt ist, weder Rührung noch Tränen zuzulassen. Kaum mehr als seine Silhouette nimmt sie wahr. Dann bekräftigt ein »dreimaliges langanhaltendes Sirenengeheul von schrecklicher Gewalt« die Unumkehrbarkeit des Bruchs; der Dampfer steuert den Fluss hinab auf den Pazifik zu, und die Isolierung der beiden Liebenden nimmt ihren Lauf. Ohne dass einer von beiden Gelegenheit hat, Lebewohl zu sagen oder zu einer bedeutsamen Geste anzusetzen. »Sie wusste, dass er zu ihr hersah. Auch sie sah zu ihm hin, sie konnte ihn nicht mehr erkennen.« Mit jedem Meter, den das Schiff zurücklegt, wächst bereits die Bedeutung der Geschichte, schwillt an, wird aufs Meer hinausgetragen. »Vor allem aber gab es diesen Ozean. Er war der weiteste, der größte. Mitunter war er so ruhig und das Wetter so klar, so mild, dass seine Überquerung alles andere als eine Reise über das Meer war.«

Ganz zum Ende des Romans hin, als sie schon Tausende von Seemeilen von Huynh, Sadec und Saigon trennen, stiehlt dann noch ein junger Mann, der weitaus radikaler geliebt haben musste als sie selbst und der sich nun verzweifelt über Bord stürzt, der in Wehmut versinkenden Roman-Marguerite die Schau. Sein Unglück, seine Verlassenheit können nicht anders als maßlos und unerträglich gewesen sein, sonst hätte er sich nicht zu diesem Schritt entschlossen. Seine Geschichte, es kann gar nicht anders sein, ist die bei Weitem schlimmere, trostlosere. Sie kennt ihn: Es handelt sich um einen ehemaligen Mitschüler, einen Jungen aus dem Mekong-Delta, siebzehnjährig wie sie selbst. Unvermittelt ist er von einem Kartentisch aufgesprungen, an dem er mit anderen Passagieren in ausgelassener Stimmung zockte, ist aufs Oberdeck gerannt und hat sich den nachtschwarzen Fluten überantwortet. Ohne ein Wort, ohne einen Schrei, ohne Erklärung. So weit wäre sie in ihrem Liebesschmerz nun doch nicht gegangen.

Dem Gleichaltrigen ist widerfahren, wovor sie sich immer am meisten gefürchtet hat – vom Meer vertilgt und unter ihm begraben zu werden. Marguerite ist entsetzt, sie identifiziert sich mit dem Schicksal des Unglücklichen. Aus dem Salon des Dampfers dringt gedämpft ein ihr vertrauter Chopin-Walzer herüber, an jenen Punkt auf dem Oberdeck, von wo aus der Junge auf das Gelände geklettert ist und, mit einem beherzten Satz, den Trost der vollkommenen Leere gesucht hat. An jenen Punkt, an dem sie jetzt steht, und in Gegenwart der Musik, die sich »unter dem vor Gefunkel strahlenden Himmel« scheinbar eigens für sie »entlud«, spielt sie kurzzeitig mit dem Gedanken, es dem Kartenspieler nachzutun und sich ihrerseits umzubringen. Erst in diesem Moment größter Verunsicherung beginnt sie auf den Grund ihrer Seele zu schauen und vor ihrem Gewissen Rechenschaft abzulegen über die Dimension ihrer Zuneigung zu ihrem chinesischen Liebhaber. Erst mit dem Tod des Anderen vor Augen findet sie ihre in Saigon und Cholon zurückgelassene Liebe wieder.

Statt sich dem Ozean auszuliefern und mit ihrem irdischen Dasein abzuschließen, würde sie, um ihre Gefühle für den Chinesen verstehen zu können oder es wenigstens zu versuchen, darüber schreiben. So oft und so genau sie nur kann. Marie tut das Vorhaben Marguerites, eines Tages Schriftstellerin werden zu wollen, mit einem ungeduldigen Kopfschütteln als lächerlich und kindisch ab. Doch der Entschluss ihrer Tochter ist unumstößlich. Fast sechzig Jahre nach dieser verhängnisvollen Nacht auf dem Dampfer, die nur ihr, dem Walzer von Chopin und dem Selbstmörder vorbehalten zu sein schien, sollte die Duras eine Erklärung abgeben, die einer Gewissheit gleichkam und die sich auf ihren Liebhaber bezog: »Ich habe ihn geliebt, nachdem ich ihn verlassen habe.« Erst auf der Reise, in der Bewegung, im Bewusstsein, sich von der Geschichte entfernen und sie innerlich abschließen zu können, »musste ich es gewusst haben«.

Unnahbar und aussätzig

Ich bin jemand, der nie in sein Geburtsland zurückgekehrt ist.
Ist man einmal erwachsen, fällt es von einem ab.
Man kann die Erinnerungen nicht mitnehmen,
man lässt sie dort, wo sie entstanden sind.
Ich bin nirgends geboren.

Nur ein einziges Mal noch, im Jahr darauf, 1933, ist Marguerite Donnadieu nach Saigon zurückgekehrt, um dort die zweite Partie ihres
Abiturs abzulegen, um einmal noch mit den Leuten auf der Straße,
auf den Märkten zu sprechen und mit ehemaligen Domestiken und
Spielkameraden zu plaudern, um einmal noch die »menschenleeren,
von Flammenbäumen gesäumten Avenuen« entlangzuradeln. Um
sich alle Einzelheiten der Stadt und des Landlebens genauestens ein-
zuprägen, um danach mit der Vergangenheit abzuschließen. Um
dieses frühere Leben wie in einem Koffer zu verstauen und einzelne Objekte, Wörter, Menschen, Geschehnisse gelegentlich wieder
wie kuriose Fundstücke oder wie einen lang gehegten Schatz daraus
hervorzuzaubern. Ob sie dem Liebhaber bei dieser Gelegenheit wider alle Vernunft erneut gegenüberstand, darüber ist nichts bekannt.
Wir können und sollten aber davon ausgehen, dass die beiden inzwischen getrennter Wege gingen, dass Huynh inzwischen die für
ihn vorgesehene Kandidatin zur Frau genommen hatte, dass Marguerite sich bereits mit Erinnerung und Verklärung begnügte oder
dass zwischenzeitlich Neugier und Sehnsucht ganz erloschen waren.
    Danach setzte sie jedoch nie wieder einen Fuß auf vietnamesi-
sche Erde, schon gar nicht, als sie zur Schriftstellerin Duras gewor-

den war. Auch während der qualvollen Jahrzehnte, in denen die In-
dochina-Kriege tobten, das Streben nach Unabhängigkeit sich Bahn
brach und Frankreich, als herrschende Großmacht, in Fernost zusehends an Boden verlor, mischte ausgerechnet sie, deren publizisti-
sche Stimme sich sonst so oft und auf so unbequeme Weise vernehmen ließ, sich nur ausnahmsweise ein, ließ manches die Kolonien
betreffende Ereignis sogar gänzlich unkommentiert. Vietnam oder
präziser Viêt-Nam, das zählte schon nicht mehr zu ihrem realen Universum, das betraf sie nicht länger, war bestenfalls Bestandteil der
Ablagerungen ihres Langzeitgedächtnisses. Es ließ sich von Zeit zu
Zeit umstandslos reaktivieren, wenn neue Literatur entstand. Das
vom Zeitenwandel verschluckte und wie ein verstaubtes Souvenir
fast vergessene Indochina war historisch geworden, befand sich die
meiste Zeit über hinter ihrer »verschlossenen Tür«, und mit jeder
neuen Publikation klopfte die Duras an der Pforte an, hinter der ihr
eigener Erfahrungsschatz stetig wuchs, und begehrte Einlass in ihre
Vergangenheit.

Je weiter sich das Land und die realen Ereignisse entfernt hatten,
desto insistierender breiteten sich bestimmte Motive und Figuren in
ihren Werken aus, in denen sich Erlebtes und Fantasiertes aus ihrer
asiatischen Jugend mischten. Eine dieser Gestalten, die ihr irgendwo schon einmal begegnet waren, die stets aufs Neue aus dem Dickicht ihrer angenehm schläfrigen Satzmelodien hervortraten, um
alsbald, zu Leben erwacht in ihren Schriften, üppig zu wuchern, war
eine über die Lande ziehende asiatische Bettlerin, Personifikation
der völligen Verwahrlosung und der Selbstaufgabe. Die zweite dieser Gestalten war ein sich das Unglück aus dem Leib schreiender, zur
Liebe unfähiger Mann mittleren Alters und die dritte, die prominenteste, eine Lady, wie sie im Buche stand.

Zu den Traumata aus Marguerites früher Kindheit, die am nach-
haltigsten in ihrem Unterbewusstsein weiterwirken sollten, gehörte
die Episode mit der namenlosen Bettlerin. Diese bis auf die Knochen
abgemagerte, vor Dreck starrende Frau war eines Tages mit zerfetz-
ter Kleidung und mit vor Entsetzen geweiteten Augen unversehens

auf Maries Türschwelle erschienen und hatte ihr wortlos ein kleines Bündel in die Arme gedrückt – in dem sich ihr Neugeborenes befand. Noch bevor sich Mutter und Tochter Donnadieu in der Lage sahen zu reagieren, hatte sich die Unglückliche bereits wieder aus dem Staube gemacht und blieb auch in Zukunft unauffindbar. Marie, umringt von ihren staunenden und auch verängstigten Kindern, setzte wochenlang alles daran, den Säugling aufzupäppeln, und zog Ärzte zurate, aber die arme Kreatur erwies sich als viel zu schwach und nicht lebensfähig. Trotz großer Anstrengungen nichts mehr für das Baby tun zu können, lediglich trauern zu dürfen und für eine anständige Bestattung zu sorgen, erlebte Marie als große Desillusionierung. Marguerite empfand starkes Mitleid mit dem Säugling und kam kaum darüber hinweg, dass es selbst ihrer starken Mutter nicht gelungen war, ihn zu retten. Sie malte sich aus, wie es der Bettlerin, die ihr winziges Geschöpf einer weißen Fremden anvertraut hatte, in der Hoffnung, es würde es dort besser haben als bei ihr selbst, inzwischen ergangen sein mochte.

In Marguerites jugendlicher Fantasie irrte diese Besitz-, Alters- und Obdachlose hungernd von Slum zu Slum, von Land zu Land, sah sich zu ewiger Wanderschaft über die Reisfelder und morastigen Straßen Südostasiens verurteilt. Keiner würde sich ihrer erbarmen. Jeglicher Überlebenswille war erloschen; sie hatte jegliche Orientierung verloren und keinen bestimmten Plan mehr vor Augen. So wurde sie, ihres Verstandes und ihres Willens entledigt, zu einer dieser zahllosen, apathischen Gestalten, wie sie an den Kloaken der Millionenstädte Indiens zu Abertausenden die Ghats bevölkern: lebende Tote, die in Kalkutta oder Varanasi lallend herumstolpern, viele von ihnen nackt und mit Schwären bedeckt, ihrer Scham und ihrer Würde beraubt. Ein Sinnbild tiefster menschlicher Erniedrigung, dessen Ursachen Herkunft, allgemeines Elend, soziale und religiöse Diskriminierung, ungewollte Schwangerschaft sind – und auch, in den Kulturen Asiens, ein spezifisch weibliches Schicksal.

Das Kind Marguerite war dieses jämmerliche Bild nie mehr losgeworden – sich mit diesen Kreaturen zu identifizieren, schien unmöglich, aber man konnte einfach nicht umhin, sich mit ihren Überlebensbedingungen, mit ihrer bodenlosen Misere auseinanderzusetzen. Die Autorin Duras, die selbst später Zeugin ihrer eigenen Clochardisierung werden sollte (anfangs fasziniert, doch auch voller Selbstekel), schickte »la mendiante«, die Bettlerin aus Savannakhet, dann als Kunstfigur in ihren zum *India Song*-Zyklus zählenden Büchern und Filmen auf literarische Wanderschaft. Setzte sie quasi in eins mit dem Motiv und der Legende des Ewigen Juden, der gleichfalls zu ewiger Wanderschaft und zu permanentem Exil verdammt ist. Wie eine drohende, nie zurückweichende Schreckensgestalt, wie eine Mahnung an unser Gewissen würde »la mendiante«, stets von Fliegen umschwirrt und von einer Wolke übler Ausdünstungen umgeben, immer dann in ihren Werken auftauchen, wenn man am wenigsten mit ihr rechnete. Ihr Erscheinen ließ sich auch für die vorausschauende Schriftstellerin nicht berechnen oder vermeiden: Wenn die Clochardfrau entschieden hatte, sich in den Handlungsverlauf einzumischen, war sie einfach da.

Ebenso wenig aus ihrem Figurenrepertoire und ihrem motivischen Spektrum wegzudenken war die elegante Diplomatengattin Elizabeth Striedter. Aus ihr wusste die Duras im Handumdrehen eine ihrer zentralen Protagonistinnen zu formen: die anmaßend schöne, vornehme und nie wirklich greifbare Anne-Marie Stretter. Das verführerische Pendant zur abstoßenden Bettlerin. Im Delta hatte Marguerite von der Ankunft der Frau des Provinzverwalters gehört und war auf der Stelle fasziniert gewesen von ihrer Erscheinung: souverän und doch seltsam zerbrechlich, selbstsicher und doch so manches Mal verwirrt und zerstreut, vordergründig unbeschwert und dann wieder scheu, als plagten sie große Sorgen. Nur als Schemen präsent, immerzu auf der Flucht vor etwas Unsichtbarem. Wann immer die kleine Donnadieu sie zu Gesicht bekam, beim Vorbeifahren in ihrem Automobil, beim Flanieren auf den Boulevards von Saigon, beim Lustwandeln im Park oder plaudernd auf dem Balkon einer Villa, im Schatten von Lorbeer, Jasmin und Palmen, im Viertel der Reichen, war sie betört von Striedters

Anmut und bewundernswerter Grazie. Von ihrem heiteren Lachen und ihrem melancholischen Mienenspiel. Elizabeth, hochgewachsen, feingliedrig, schlank und, stets dem aktuellen Modetrend folgend, mit unauffälliger Raffinesse gekleidet, verkörperte als Lichtgestalt einen nicht zu überwindenden Klassenunterschied; sie war das genaue Gegenteil von Marie und Marguerite – augenscheinlich nur dem Müßiggang und den schönen Dingen des Lebens hingegeben. Die Privilegien des Koloniallebens schien sie, die perfekte Weiße, in vollen Zügen zu genießen, anstatt, wie die vom Pech verfolgte Lehrerin, sich für nichts und wieder nichts abzurackern, widerborstigen Kindern Wissen einzubläuen, sich mit korrupten Beamten herumzuschlagen oder um jeden lausigen Piaster feilschen zu müssen.

Aus Laos, so vernahm die neugierige Marguerite, seien Striedter und ihr Mann mit ihren Kindern nach Vinh Long gelangt, und schnell machte auch ein Gerücht über die Gründe dafür die Runde; ein Gerücht, mit dem sogleich der Beweis erbracht schien, dass hinter Elizabeths Fassade beträchtliches Unheil lauerte: Sie sei in Luang Prabang eine außereheliche Liaison eingegangen, und ihr dortiger Geliebter habe sich, als sie sich von ihm trennen musste – oder wollte –, vor lauter Verzweiflung das Leben genommen. Die Parallelen zum späteren Erlebnis auf dem Ozeandampfer und zu ihrer eigenen Affäre mit dem Chinesen liegen auf der Hand – wieder war eine Liebesgeschichte für den männlichen Part übermächtig und ihre einseitige Beendigung nicht hinnehmbar geworden, wieder musste der »amant« den hohen Preis für die verbotenen Gefühle zahlen. Nur indem er sich umbrachte, konnte er den Abschied und den Verzicht verwinden; für die Frau, die ihm den Laufpass gegeben hatte, kamen zum Makel der Untreue noch die fatalen Konsequenzen des Bruchs hinzu, begann die Marter damit erst. Und auch die Schuldzuweisung, die Selbstvorwürfe, das Weiterleben-Müssen. Intuitiv verstand das Mädchen Marguerite, warum eine feine, kaum wahrnehmbare Trennlinie Elizabeth von den anderen Diplomatenfrauen abgrenzte; sie schien ihren tiefen Schmerz zu spüren, den so schnell nichts lindern würde, ihre Macht, die sie beim Liebesentzug über den verlassenen Mann ausgeübt hatte, die Strafe, die in Gestalt des Freitods ihres Liebhabers über sie gekommen war, ihre große Selbstbeherrschung und die Radikalität, mit der sie ihr tabuisiertes, nicht gesellschaftsfähiges Glück beendet hatte.

Aus den dürftigen Elementen der ihr durch Dritte überbrachten Geschichte einer fremden Dame, der sie nie persönlich begegnet war und mit der sie nie ein Wort gewechselt hatte, aus Mutmaßungen und Zuschreibungen schuf Duras den Mythos Anne-Marie Stretter, einen ihrer entscheidendsten literarischen Bezugspunkte aus ihrer Cochinchina-Epoche. Am Wahrheitsgehalt der ursprünglichen Begebenheit, die sie nach Belieben plünderte, zweifelte sie keinen Moment. »Sie war für mich lange Zeit die Inkarnation einer doppelten Macht, einer Macht des Todes und einer Macht der Alltäglichkeit. Manchmal meine ich, ihretwegen habe ich geschrieben.« In ihrem dichterischen Reich spielte die zur unnahbaren Königin des Leidens überhöhte Anne-Marie Stretter als ihre ganz persönliche Leinwandgöttin eine der Hauptrollen; für die Dauer mehrerer Romane und vieler Filme sperrte Duras sie in ein abgedunkeltes, verödetes Botschaftsgebäude in Kalkutta ein, wo sie von nun an ihr Figurendasein zu fristen hatte. Sie verbrachte die bis dahin Stolze und Unabhängige in ein Gefängnis der Agonie und der auf die Spitze getriebenen Kontemplation, in einen goldenen Käfig von »fast insularischer Abgeschlossenheit«. In dieser diplomatischen Vertretung, in die Marguerite nie einen Fuß gesetzt hatte, in diesem poetischen »Indien«, das der Schriftstellerin in Gänze unbekannt war, war die Vergangenheit, als die Herrschaft des Mutterlandes über die Kolonien noch in voller Blüte stand, ruhmreich gewesen. Doch nun war sie verblasst und vergessen. Wo einst Tennis gespielt worden war, blickte man auf verwaiste Plätze, wo einst prächtige Empfänge, Cocktailpartys und Galadiners gegeben worden waren, waren die Zimmerfluchten leer und dem Verfall preisgegeben, von den Wänden blätterte der Putz; und der allgegenwärtige *ennui* war fast übermächtig, brachte Personal und Exzellenz zum Ersticken.

Um den Magneten Anne-Marie Stretter herum gestaltete Duras

ein Universum des moralischen Ruins, eine »lautlose, wie durch Glas betrachtete, unwirkliche Welt«. Durch ihren Status und einen hohen Stacheldrahtzaun geschützt und unangreifbar, aber von materiellem Elend umgeben, von der Hölle der Armut, des Hungers und des Aussatzes umzingelt, tigerten diese nur scheinbar Reichen, von der Nutzlosigkeit ihres Auslandseinsatzes Zermürbten im Inneren ihrer Villen und Diensträume wie Schlafwandler von Saal zu Saal. Gequält von ständigen Ortswechseln wie von unglücklichen Romanzen und Perspektivlosigkeit, der Trunkenheit verfallen, ihrer Tätigkeit überdrüssig, vom Pariser Außenministerium in eine Randexistenz verbannt. Ein Dasein auf Abruf: in einer Sphäre der Apathie, wo sich Identität und Lebenslust von einem Moment zum anderen in nichts auflösen konnten. Diese nur noch physisch anwesenden, aber geistig gelähmten Menschen, traurige Opfer einer unermesslichen Dekadenz, bevölkerten ein in Trümmern liegendes Kolonialreich. Dass sie als Europäer hier in einem exotischen Land mit einer eigenen, herausragenden Kultur und Geschichte vor sich hin vegetierten, einer reichen Kultur, die kennen- und schätzen zu lernen sich fraglos gelohnt hätte, war für sie bereits in Vergessenheit geraten. Für das Schicksal, die Sitten und Gebräuche dieses Indiens, das für sie einer Fiktion gleichkam, brachten sie keinerlei Interesse auf, und mit den bettelarmen Einheimischen, mit den Geächteten und Unberührbaren, für die sie wenig Empathie zeigten, wurden sie bestenfalls dann konfrontiert, wenn sie aus den Fensterfronten ihrer Arbeitszimmer ihre Angestellten beim Verteilen der Essensreste an die Bedürftigen beobachteten.

Anne-Marie Stretter, als prominenteste dieser Insassen, hatte, nach dem Willen der Regisseurin und Romancière Duras, eine siebzehnjährige Odyssee durch die Haupt- und Großstädte von Fernost hinter sich, bis sie von ihrem Ehemann, einem Kolonialbeamten und Funktionsträger, über Peking, Mandalay, Rangun, Bangkok, Savannakhet und Lahore in dieses »Calcutta désert«, in diese »wüstenhafte« Metropole geschleppt worden war. Eine Odyssee, die sie wie »la mendiante« kreuz und quer durch die Tropen bis nah an die

Ghats des echten Kalkutta geführt hatte. Wie die Bettlerin, von ihrer Familie verstoßen, war die bezaubernde Stretter, ihrerseits vor einem Skandal davonlaufend, zum Nomadentum verflucht – und letztlich doch nur immer wieder eine Inhaftierte, eine Unfreie in einander ähnelnden, austauschbaren Diplomatengettos. Um Buße für ihren Seitensprung zu tun, für die Leidenschaft für einen anderen Mann? So präsentierte sie sich in Duras' phänomenalem und streckenweise unzugänglichem kinematografischem Poem *India Song* sowie in anderen Filmvarianten derselben Story, Anfang der 1970er-Jahre, in Gestalt der kongenialen Interpretin Delphine Seyrig: als ätherische, rothaarige und langbeinige Schönheit, in ein noch eine Spur röteres Abendkleid gehüllt. Salonmusik lauschend, leere Räume mit aufreizender Langsamkeit durchschreitend, mit einer Vielzahl von schweigenden, halb nackten Liebhabern träge einen erotischen Reigen tanzend, tagträumend, schlafend. Eine in ihrem Liebreiz und in ihrer ungebrochen intensiven sinnlichen Ausstrahlung Gefangene, die in Duras' anspruchsvollem Streifen einer zur Unbeweglichkeit verdammten Prinzessin ähnelte: verstrickt in ihr amouröses Vorleben, verstummt und jeglicher Lebendigkeit beraubt.

Stretter, die »Vollendete«, stellte für Duras aber auch das Ideal einer selbstbestimmten modernen Frau dar, für die keine Zwänge galten und die frei über ihre Sexualität verfügen konnte: Dieselbe Stretter spannte ein Jahrzehnt zuvor, in einem komplexen, hochartifiziellen Roman-Zweiteiler, der aus gutem Grund den Ruhm der Autorin mehren sollte, in der imaginären Stadt S. Tahla der jungen Lola (oder Lol) V. Stein ihren Verlobten Michael Richardson aus. Und besiegelte damit das weitere Schicksal der 19-jährigen Lol, die dabei zusehen musste, wie man ihr ihren ersten Liebhaber stahl, und die sich nach diesem Verlust den Menschen entfremdete, um dann die allmähliche Zerstörung ihres eigenen Ichs hinnehmen zu müssen. Damit trat Stein, leer ausgegangen und vom Surrogat der Leidenschaft Anderer zehrend, als »Fremd-Liebende« eine Reise ins Herz des Wahnsinns an, von der es kein Zurück gab: ein Prozess, den Duras als »Verzückung« qualifizierte.

In Duras' Folgebuch wandelte sich Anne-Marie Stretter, nun auf einmal als Italienerin mit Geburtsort Venedig, abermals stark und ähnelte ihren Vorgängerfiguren trotzdem, bis in wichtige Details hinein. Nunmehr lehnte sie, mittlerweile Frau des französischen Botschafters in »Calcutta«, ihr Fahrrad an den Zaun der Tennisplätze in Sichtweite der Vertretung und zog damit ungebührliche Blicke auf sich. Wegen ihrer unverändert herausfordernden Attraktivität wurde sie wiederum zum Objekt fremder Begierde, als sich der dem Roman seinen Titel gebende Vize-Konsul unsterblich – und vergeblich – in sie verliebte: ein »unberührter«, also jungfräulicher und atypischer Mann, dessen erratisches Verhalten Rätsel aufgab und Ausdruck eines gesteigerten inneren Aufruhrs zu sein schien. Auch er – Duras' Leitmotiv Nummer drei – fiel, nach der frustrierenden und zugleich beglückenden Begegnung mit Stretter, alsbald dem Irrsinn anheim, indem er tödliche Schüsse auf Hunde abgab oder blindlings um sich schoss, des Nachts wehrlose Leprakranke ins Visier nahm und sogar auf sein eigenes Spiegelbild zielte. Während die von der Liebe ausgeschlossene Lol, seine Seelenverwandte, fortan anderen beim Sex zusah und damit wenigstens als Voyeurin Lust zu empfinden vermochte, gingen dem Vize-Konsul von Lahore immer häufiger die Nerven durch.

Die unerwiderte Liebe zu Anne-Marie versetzte ihn in einen emotionalen Ausnahmezustand; er fühlte sich schließlich veranlasst, laute, lang anhaltende Schreie auszustoßen. (Im Film gibt ihn der große, wandlungsfähige und Duras stets treue Theater- und Leinwanddarsteller Michael Lonsdale – mit seiner überzeugenden Ernsthaftigkeit und seinen Seehundaugen, mit seinem dunklen Bart und seinem tieftraurigen, finsteren Gesichtsausdruck eine Idealbesetzung und ein effektvoller Kontrast zu Seyrig/Stretter.) Die Schreie des Vize-Konsuls, die Klagelaute eines Zurückgewiesenen – unwillkürlich fühlt man sich an das berühmte Gemälde von Edvard Munch erinnert – waren so existenziell und furchterregend, dass all jene, die sie über sich ergehen lassen mussten, ihrerseits fürchteten, den Verstand zu verlieren. Vieles blieb zwar unverständlich, dem Geheul eines tödlich verwundeten Tieres ähnlich, doch kam durch seine wirren Äußerungen nach und nach einiges Unvermutete vom Parallel-Leben der Stretter zum Vorschein. Wobei unklar blieb, was an seinen Vorwürfen seinem Zorn und seiner Verzweiflung zuzurechnen und was als glaubhaft anzusehen war: Nun jedenfalls stand die Angebetete als vermeintliche Hure da, die angeblich ihn, ihren Mann und dazu noch Michael aus dem Vorgängerbuch, der jetzt einen leicht veränderten Nachnamen trug und ihr nach »Indien« nachgereist war, mit anderen Liebhabern betrog.

Und auch die Bettlerin war unweigerlich wieder Teil des Figurenkarussells. In den langen Einstellungen und Sequenzen von *India Song* war sie zwar nie leibhaftig zu sehen. Doch zeigte sich ihre Präsenz in den asynchronen, aus dem Off gesprochenen Dialogen, die oftmals allein von ihr handelten, vernahm man einen kindhaft-naiven, laotischen Singsang, der mit den Charlestons und Pasodobles der so überaus nostalgischen Filmmusik alternierte und dessen genauer Wortlaut unverständlich blieb, und ihr so bedauernswerter wie unheilvoller Schatten schien überall zu lauern: hinter den Falten des Samtvorhangs im abgedunkelten Salon, inmitten der Menge der Leprakranken, in die der von Wahnsinn ergriffene Diplomat seine mörderischen Schüsse abfeuerte, auf den Stufen vor dem Palais, auf denen Anne-Marie mitsamt ihrer stummen Männerschar, einer Riege von teilnahmslosen Lovern, wie in Zeitlupe abwärtsschritt, und am Rande des Dschungels, der gleich hinter dem Grundstück der Botschaft zu erahnen war und in dessen Undurchdringlichkeit sich eine tierische, anarchische Gegenwelt zur aus den Fugen geratenen Existenz der Gesandten verbarg: eine verborgene Kraft, die nur noch darauf wartete, den Machtwechsel zu vollziehen. So weit der Film. Im auf die *Verzückung* folgenden Prosatext des *Vize-Konsuls* beanspruchten die Passagen, die von der »mendiante« und, bis zu ihrer Ankunft in »Calcutta«, auch von ihrem Irrweg durch die Provinzen der Kolonie handeln, wiederum einen Großteil der Schilderungen. Ihre beschwerliche Fußreise den Mekong hinauf führte die zuvor schwangere, inzwischen unfruchtbare Bettlerin zunächst ins kambodschanische Battambang und, nach einer zehnjährigen, strapaziösen Wanderschaft, ans Delta des Ganges, wo sie von Stretter und dem schreienden Konsul förmlich angelockt wurde. Oder hatte sie mit den beiden konkurrierenden Duras-Figuren etwa noch eine Rechnung zu begleichen? Hatte sie sich ebenfalls nach »Indien« begeben, um den Verlust ihres Kindes zu sühnen, um Anne-Marie als deren Zerrbild gegenüberzutreten oder um den Botschaftsvertreter von seinem Unglück zu erlösen, indem sie seiner Selbstbespiegelung ein Ende setzte?

Wie auch immer: Zwei rätselhafte Frauengestalten, aus deren Handeln niemand in der Vertretung so richtig schlau wurde, umzingelten Tag und Nacht den fragilen Gesandten. Von der einen fühlte er sich angezogen, durfte sie aber nicht berühren, die unheimliche Gegenwart der anderen ging ihm durch Mark und Bein. Bald war er am Ende seiner Kräfte. Während eines Balls in der Botschaft, in dessen Verlauf Stretter mit unzähligen Männern tanzte, machte er einen »Anmaßungsanfall« durch und begann wieder zu brüllen. Diesmal so furchteinflößend, dass er aus dem Saal entfernt und vor die Tore des Gebäudes gebracht werden musste. Wo die Bettlerin in der stockfinsteren Nacht schon auf ihn wartete, »ihren durchlöcherten Sack auf dem Rücken«.

Duras inszenierte mit dem so ungleichen *India Song*-Trio drei verschiedene Stufen des Wahnsinns, drei verschiedene Ausprägungen von Verrücktheit – für sie weder eine Krankheit noch ein dringend behandlungswürdiges Phänomen, sondern ein fortwährender Zustand und ein faszinierendes Persönlichkeitsmerkmal, mit dessen Dynamik, mit dessen Auslotung und künstlerischer Verarbeitung sie sich unablässig auseinandersetzte: auf der Suche nach dem verlorenen Verstand. Sich selbst dabei mit einbeziehend, wohl wissend, was die langen, aufwühlenden Jugendjahre in Cochinchina mit ihrer Ratio und mit ihrer Seele angerichtet hatten. Am Ende des Romans vom *Vize-Konsul* unternehmen Anne-Marie, die ihren Kopf an die Schulter Michaels gelehnt hat und eingeschlafen ist, sowie eine Reihe anderer Kavaliere im Auto einen Ausflug zu den Palmenhainen des Deltas. »Sie sprechen von Venedig im Winter. Sie trinken weiter. [...] Und dann will sie das Meer sehen gehen. Sie gehen hinaus, um das Meer anzuschauen. Noch ist es unruhig.«

Sehr schnell steuert das Geschehen auf seinen Höhepunkt zu – mit wenigen Strichen entwirft Duras das finale Szenario, in dem nur wenige Fakten an- und ausgesprochen werden. Den Rest hat der Leser, wie in einem Puzzle, selbst zusammenzusetzen: das Ende von Anne-Marie Stretter, die, aufs offene Meer zuschreitend, alles hinter sich gelassen hat, des Nachts ins Wasser geht und nie wieder daraus zurückkehrt – lediglich ihren Morgenrock hat sie als »irdisches« Überbleibsel zurückgelassen. Ihn allein findet man beim Sonnenaufgang am Strand. Und einen gespenstischen Neuanfang: Denn demselben Meer an der Lagune entsteigt wenige Stunden später eine lachende, dem Irrsinn verfallene und einen lebenden Fisch zwischen ihren Brüsten präsentierende Frau. Sie durchquert die Brandung, geht an Land. Mit ihren Beinen steckt sie im Ganges-Schlamm, der sich hier, an der Meeresmündung, mit dem Sand des Ozeans vermischt. »Unter dem durchnässten Kleid zeichnet der magere Körper sich ab. Das Lächeln ohne Ende jagt Angst ein.« Und dass die Bettlerin dem noch zappelnden Fisch den Kopf abbeißt und ihn grinsend verzehrt, das erst recht.

Einer von Stretters vielen Galanen – nicht der Vize-Konsul, der sich unterdessen nach Bombay hat versetzen lassen, um wieder Herr seiner Sinne werden zu können –, nein, ein junger Mann, der sich des erst kurz zurückliegenden Selbstmordes seiner Geliebten womöglich noch nicht richtig bewusst ist – wird im Morgengrauen zum einzigen Zeugen dieser bizarren Szene: Duras deutet nichts weniger als eine Verwandlung an. Von Anne-Marie, die das Meer umarmt und ihm ihre Existenz anvertraut, in »la mendiante«, vor der der Jüngling jetzt, von nackter Angst übermannt, davonrennt und die ihm mit ihrem wahnsinnigen Gelächter erstaunlich flink hinterherläuft. Oder hat man es bloß mit einer Halluzination eines weiteren Liebeskranken zu tun? Ausgelöst wohl von der betäubenden Schwüle und der Schlaflosigkeit. Benommen von der enormen

Hitze im Delta und von plötzlicher Willenlosigkeit, angesichts der Schönheit der Landschaft und der Unermesslichkeit der blauen Fläche vor ihm. Auf einmal machen Verfolgter und Verfolgerin aber kehrt und halten inne. Gerade noch kann der Jüngling dabei zusehen, wie »sie« – Duras lässt bereits wieder offen, *welche* »sie« – ihm den Rücken zuwendet, geradewegs auf die Lagune zugeht und in sie eindringt, »sehr, sehr vorsichtig, in ihrer ganzen Größe. Der Kopf allein ragt eben noch aus dem Wasser, und haargenau wie ein Büffel macht sie sich daran, zu schwimmen, langsam wie im Traum. Er versteht: Sie jagt.«

* * *

»Die Jagd nach Liebe«, um einen Romantitel von Heinrich Mann zu paraphrasieren, nebst ihren eigentümlichen Begleitumständen und überraschenden Spielarten würde die Duras ihr Lebtag in Atem halten. Alle Schlüsselfiguren, Motive und zentralen Charaktere hatte sie jetzt, wo sie sich anschickte, die Lichterstadt Paris als angehende Intellektuelle kennenzulernen und zu erobern, beisammen: den abwesenden Vater, die unbeugsame Mutter, ihre beiden so grundverschiedenen Brüder, die Lolita von der Fähre, den Chinesen, von dem sie bald nur noch als von ihrem »Schmerzensmann«, einer »finsteren« Gestalt aus Cholon, sprechen würde, »la mendiante«, den Vize-Konsul und darüber hinaus eine Vielzahl von Menschen, die sich ihrer Gefühle wegen umgebracht hatten: Anne-Marie Stretter, der namenlose Liebende aus Laos, der todtraurige Junge vom Passagierdampfer. Und immer wieder, mehr noch als die Verzweiflungsschreie der Männer, das unbotmäßige Gebaren und die lustvollen Berührungen, die Gier und die Aufsässigkeit, mehr noch auch als die narkotische, einlullende Atmosphäre der Landschaften Asiens: das geliebte, das gefürchtete Meer – als Fluchtpunkt, als Endstation, als filmische Metapher, als Sehnsuchtsort und als ewige Gewissheit.

Für den Rest ihres Schriftstellerdaseins würde dieses Repertoire in seiner ganzen Bandbreite genügen. Wie eine routinierte Schach-

spielerin würde sie in Zukunft diese Figuren und Naturbilder beliebig platzieren und taktisch klug in Bewegung setzen und mit ihrem Motivvorrat schalten und walten, wie es das jeweilige Film-, Theater- oder Buchprojekt gerade erforderte. Und jedes Mal traf zu, was als Motto schon für die Ereignisse in der indischen Botschaft, auf der kambodschanischen Parzelle, in der Badekabine von Hanoi, in den Klassenzimmern Saigons oder im Versteck im Chinesenviertel gegolten hätte: »Der Wahnsinn dauerte noch. Dann ließ er nach, wurde eine Liebesgeschichte.«

Die verführte Verführerin

Man sagt mir, ich übertreibe.
Man sagt mir die ganze Zeit: Sie übertreiben.
Glauben Sie, das ist der passende Ausdruck?

Wie eine Sammlerin emsig ihre Figuren zusammenzutragen, wie eine Regisseurin deren Schicksal zu manipulieren und wie eine Magierin im Geiste bereits eine Romanhandlung nach der nächsten aus dem Hut zu zaubern, das war das eine für die zierliche, noch lange nicht volljährige Marguerite auf ihrem Weg zur Neu-Pariserin. Das andere war die noch ausstehende Vervollkommnung in erotischen Belangen. Ob sie zu dieser Zeit für junge Männer geschwärmt oder sich von ihnen physisch angezogen gefühlt hat, darüber hüllt sie sich später vernehmlich in Schweigen. Umso expliziter und ekstatischer wird die Darstellungsweise, wenn es sich um die Schilderung der körperlichen Reize eines anderen Mädchens dreht.

Die unverhohlene Bewunderung für den gerade aufblühenden Leib einer Mitschülerin in Saigon etwa, die wie sie unter der Woche im Pensionat untergebracht ist, nimmt im *Liebhaber* erstaunlich breiten Raum ein. Der attraktive Teenager mit der intensiven sexuellen Ausstrahlung – im Roman trägt die wohl ungefähr Gleichaltrige den Namen Hélène Lagonelle – steht, wie Marguerite, an der Schwelle zu einer Lebensphase, in der die erotische Energie mit Macht an die Oberfläche drängt. Die kleine Donnadieu, obschon selbst gerade die Gespielin eines älteren Mannes, für dessen Körper sie nur geringes Interesse aufbringt und dessen physiognomische Einzelheiten ihr im Grunde gleichgültig sind – sie gewinnen nur in Bezug auf ihren persönlichen Zuwachs an Lustgefühlen an Bedeutung –, ergeht sich in ausführlichen Lobpreisungen der »unvergleichlichen« Schönheit und »Pracht« Hélènes, deren bloße Präsenz, »Ausgewogenheit«, Unschuld und »Köstlichkeit« sie einschüchtern und »schwächen«. Denn im Gegensatz zu ihr fühlt sich Marguerite selbst unattraktiv und minderwertig. Hélène ist offenbar keine gute Schülerin und hat noch dazu nah am Wasser gebaut. Sie stammt, als Tochter eines Verwaltungsbeamten, aus einer Bergregion und verfügt über keinerlei urbane Gewandtheit, doch kaum dass sie im transparenten Nachtgewand, das alle Rundungen erst richtig zur Geltung bringt, wie eine Schlafwandlerin vor ihren Mitbewohnerinnen erscheint, ringt die künftige Romanautorin, abgebrühte Geliebte eines Chinesen, dessen Physis ihr zunehmend »geizig« und »zurückgenommen« vorkommt, um Fassung. »Unzüchtig ist sie, diese Hélène Lagonelle«, stammelt sie, »sie macht sich nichts daraus, sie spaziert ganz nackt durch die Schlafsäle.« Eine nachgerade um ihren Verstand gebrachte Marguerite faselt von der »Großartigkeit« ihrer Brüste, setzt ihre »großzügige«, verschwenderische Erscheinung mit der »schönsten aller Gaben Gottes gleich«, weiß aber auch um deren Vergänglichkeit: Körperformen von einer dermaßen ausgeprägten, »kaum fassbaren« Herrlichkeit halten »sich vielleicht einen Sommer lang, und schon vorbei«. Wie ein pralle, überreife Frucht, die puren Genuss verspricht und bereits zum Platzen bereit ist. Was die von so viel Vollkommenheit und sinnlicher Ausstrahlung aus dem Gleichgewicht gebrachte Beobachterin am meisten umtreibt, ist der Umstand, dass Hélène sich ihrer erotischen Präsenz nicht im Geringsten bewusst sei. Sie trage alles, worüber sie verfüge, »ohne Wissen zur Schau, sie zeigt diese Dinge, die von Händen geknetet, von einem Mund verschlungen werden wollen, ohne sich zu besinnen«. Marguerite nimmt sich selbst nicht davon aus, »schwach vor Verlangen«, auch wenn sie keine ihrer erotischen Sehnsüchte in die Tat umsetzt: »Ich möchte die Brüste von Hélène Lagonelle verschlingen« – das steht nur auf dem

Papier. Sie begehrt sie nicht im fleischlichen Sinne: Sie ist hingerissen von ihr, sie schwelgt. Sie *verklärt* sie.

Nach und nach erst wird deutlich, worauf die Hymne wirklich abzielt: Marguerite imaginiert ihre Altersgenossin als Spiegel einer »Lust, die schreien lässt«. Am liebsten möchte sie Hélène nämlich mit ihrem eigenen Liebhaber aus Cholon zusammenführen, sie ihm schenken und dabei zusehen, wenn die »Schönere« an ihrer Stelle den Liebesakt vollzieht. Ihr größter Wunsch ist es, sie »jenem Mann« zu geben, »der es mit mir macht, damit er auch ihr es macht«. Aber nur unter einer Bedingung, fordernd und herrisch formuliert: dass sie selbst anwesend sei. Der Genuss, der sich bei diesem Stellvertreter-Sex für sie einstellen würde, sei »zum Sterben«. Nicht etwa die Aussicht auf einen »flotten Dreier« treibt sie um, sondern die Zeugenschaft einer außerordentlichen, alle Beteiligten ins Glück stürzenden Verschmelzung. Was sich Marguerite hier erträumt, ist eine Steigerung und Verabsolutierung ihrer eigenen Liebesspiele, indem der vollkommenere Körper Hélènes den vollkommeneren Geschlechtsakt mit dem eigentlich allein ihr vorbestimmten Mann ausführt und sie selbst damit ihre eigene sexuelle Minderwertigkeit vergessen lässt. Und, in einem weiteren Schritt, ihre persönliche Affäre zu einem würdigen, unwiderruflichen Abschluss bringt. »So würde die Lust über den Umweg des Körpers von Hélène Lagonelle, nachdem sie durch ihn hindurchgegangen ist, mir zuteilwerden von ihm, endgültig.« Voyeurismus und Inszenierungswille vermischen sich. Hier, im *Amant*, spricht schon die Regisseurin, hier findet sich ein retrospektives Bekenntnis der eigenen erotischen Unzulänglichkeit. Gepaart mit der Idee, noch im Arrangieren der sie umgebenden Menschen, die für sie immer auch Figuren sind, Lust zu empfinden. Literarisch wie körperlich.

Wie sich Hélène oder Huynh zu diesem Arrangement verhalten oder wie deren Bereitschaft und Empfindungen ausfallen mögen, ja, ob sie sich sogar auf diese Versuchsanordnung einlassen könnten, spielt nicht die geringste Rolle. Entscheidend ist einzig und allein, was der imaginierte Geschlechtsverkehr zwischen der Mitschülerin und dem Chinesen bei ihr selbst auslöst, wie er sie bereichern, verändern, transformieren kann. Ein theoretisches Experiment mit enormen Konsequenzen schlägt sich, so ihr Kalkül, augenblicklich in ihrem Ich-Verständnis, in ihren Gesichtszügen, in der Erscheinung ihres Körpers nieder: »Mit achtzehn bin ich gealtert. Ich weiß nicht, ob es allen so geht, ich habe nie gefragt.« Ihre Zustimmung vorausgesetzt, hätte Hélène dann ihre Schuldigkeit getan, und der Liebhaber sowieso. Im Roman wie im richtigen Leben.

* * *

In *Die Boa,* einer ihrer fesselndsten und morbidesten Erzählungen, Bestandteil des eigentlich aus vier Einzelgeschichten bestehenden Romans *Ganze Tage in den Bäumen* von 1954, verfolgt sie diese Spur des »Ersatz-Liebens« und »Ersatz-Begehrens« weiter. Dort mischt sich in das Wechselspiel von Voyeurismus und Exhibitionismus, von stellvertretend erlebter Lust und kaltem, verächtlichem und wenig emphatischem Blick eine makabre und auch grausame Komponente. In der Ich-Perspektive berichtet die Schriftstellerin, bereits zur »Duras« herangereift, mit spürbarer Freude an der Schilderung ausgefallener Perversitäten, was sich Sonntag für Sonntag in einem verlassenen Kolonialpensionat für junge Mädchen zuträgt – vermutlich in Indochina: Eine noch junge Französin, unverkennbar Marguerites Alter Ego, sieht sich aus Mangel an Geld und aufgrund ihres niederen Status dazu verurteilt, allwöchentlich den langen freien Tag mit der Pensionswirtin, einer verbitterten alten Jungfer, zu verbringen, anstatt wie die übrigen Teenager – sämtlich Luxusgeschöpfe – ins Kino oder ins Freibad zu gehen oder sich in einem schicken Automobil spazieren fahren zu lassen. Wohl oder übel folgt sie der gestrengen Mademoiselle Barbet, deren Regime sie ja bereits unter der Woche zur Genüge erdulden muss, wegen einer verschwörerischen Absprache zwischen ihr und ihrer Mutter, zu einem rituellen Besuch in den Botanischen Garten (wohl von Saigon). Dort angekommen, begeben sich die beiden unverzüglich in die Zoosektion und nähern sich einem Freiluftgehege, wo zur Belustigung des Publikums jeden Sonntag eine gefräßige Riesenschlange mit einer einzigen, faszinierenden Schluckbewegung ein lebendiges Huhn herunterschlingen darf. Übrig bleiben nichts als ein paar Federn und der vermeintlich zufriedene Gesichtsausdruck der gesättigten Boa constrictor, die sich hinter den Tamarindenbäumen zur wohlverdienten Siesta zurückzieht.

Das konsternierte Internatsmädchen beschreibt die Ruhe nach dem Sturm, das Ausbleiben von Todeskampf oder Verzweiflungsschreien, die unkommentierte Vernichtung einer arglosen Kreatur, die verabscheuungswürdige Glückseligkeit der vielen Zuschauer, das Plaisir der Gaffer: »Dieser Frieden nach dem Mord. Dieses Verbrechen ohne Flecken, ohne hinterlassene Spuren, ohne Reue. Diese Ordnung und dieser Frieden nach der Katastrophe.« Die Wirtin hingegen beobachtet das Spektakel, das einer lautlosen Exekution gleichkommt und das alte Naturgesetz vom Lebensrecht des Stärkeren illustriert, mit amüsierter Gleichgültigkeit – nur durch ihr »Alter und ihre schon weit fortgeschrittene Jungfräulichkeit« erklärbar, so die Mutmaßung ihrer jungen Begleiterin. Gleichwohl scheint sie, wie unter Zwang, immer wieder Zeugin dieser Zurschaustellung nackter, stummer Gewalt werden zu müssen: eine Sensationssüchtige. Die Marguerite der Erzählung, eine Melancholikerin, kommt durch das Erlebte ins Grübeln und interpretiert die Vertilgung des wehrlosen Federviehs durch die Boa, die zum Töten und Verschlingen beinahe »naturgemäß« verpflichtet ist, als Allegorie von bösen Mächten und guten Kräften, von Skrupellosigkeit und Unschuld, von Prinzipien also, die nach Ausgewogenheit streben und die dazu beitragen, dass eine gewisse, wenn auch fragwürdige Weltordnung eingehalten und regelmäßig beschworen wird – und damit etabliert bleibt. Welches würde der Marguerite vorbehaltene Part sein? Wie ließen sich die Seiten tauschen? Was wäre moralisch akzeptabel, was notwendig? Fressen oder gefressen werden? Seinem Instinkt folgen oder Schwäche zeigen und damit die eigene Auslöschung in Kauf nehmen?

Die sich mit beklemmender Monotonie wiederholende Betrachtung der widerlichen Huhn-Opferung bildet jedoch nur den Auftakt zum zweiten und fast noch abstoßenderen Teil des Nachmittages. Diesmal nun in der Abgeschiedenheit des Internats. Ein Kammerspiel, dem die alte Frau schon mit erregter Ungeduld entgegenfiebert: Nach einem kurzen Imbiss, den die beiden vereinsamten Frauen still und frustriert gemeinsam einnehmen, bittet Mademoiselle Barbet die Heranwachsende mit derselben quälenden Regelmäßigkeit in ihre Privatgemächer, um sich dort vor ihr zu entblößen. Die 75-Jährige dreht, wiegt und beugt sich vor ihr, als sei sie lediglich ein Spiegel, vor dem man ein neues Kleid anprobiert. Selbstgefällig probiert sie anmutige Gesten aus, scheut sich auch nicht, ihre starke Erregung kundzutun, agiert mit einer frappierenden Frivolität. Will sie die Abhängige etwa verführen? Nein, sie nötigt die um viele Jahrzehnte Jüngere bei diesem Machtspiel, sie, die sich vermutlich ihr ganzes Leben lang auf diese Weise nie einem Mann dargeboten hat, ausgiebig anzuschauen, ihre Dessous zu bewundern, vorsichtig deren kostbaren Stoffe zu berühren und ihr, der halb nackten und verwelkten Frau, deren Körper bereits herbstliche Züge aufweist und in Gänze »nutzlos« gewesen ist, geheuchelte Komplimente auszusprechen. Nur wenige Zentimeter trennen die beiden so ungleichen Frauenleiber.

Die Zumutung, die ein solches Schauspiel darstellt, wird noch dadurch verschlimmert, dass das alte Fräulein dem Mädchen suggeriert, es handle sich um ein ausgesprochenes Privileg, sie so sehen zu dürfen. »Wem sonst sollte ich mich so zeigen, wenn nicht dir, die du mich verstehst?«, schmeichelt sie ihrer Geschlechtsgenossin, die noch ein halbes Kind ist, mit einer Mischung aus Sadismus, grenzenlosem Bedauern über vertane Chancen und Neid auf einen jungen, so unverbrauchten wie zur Liebe fähigen Körper.

Wie in Trance und als sei sie, abhängig gemacht durch einen Deal zwischen der Alten und ihrer Mutter, die die Monatsmieten nicht immer pünktlich zu zahlen in der Lage ist, wie eine Sklavin dazu verpflichtet, lässt das Mädchen die beschämende Szene Dutzende

Male im Jahr über sich ergehen, beantwortet die peinlichen Fragen. Sie gibt der Älteren das Gefühl, ihre Komplizin zu sein, akzeptiert die Vertraulichkeiten, verspricht, »daheim« nichts von den Vorfällen zu berichten. Sie erduldet ferner den von der schamlosen Wirtin ausgehenden, unerträglichen Gestank, der weniger von Alter oder Krankheiten herrührt als vom nicht rückgängig zu machenden Verlust ihrer Sinnlichkeit und Anziehungskraft, von der Gewissheit, dass niemals jemand gekommen ist, um diesen Körper zu begehren oder auch nur lieb zu haben. Diese Abwesenheit von Blicken und Verlangen, dieses fatale Alleinsein, »dieses Fehlen fraß sie auf«. Das gesamte Haus riecht nach Vergeblichkeit, Verwesung und Tod, wie die Jüngere begreift; das Unglück und die ungestillte Sehnsucht nach erfüllter Liebe haben sich in dem Pensionat eingenistet. Dringend müsste gelüftet werden, doch »la patronne« weidet sich lieber an den Seelenqualen der in die Enge getriebenen, kleinlaut antwortenden Dreizehnjährigen und an deren wachsender Verunsicherung, ob sie selbst wohl jemals die erotischen Wünsche eines Mannes erfüllen könne, ob ihr eigener Körper schön und begehrenswert genug für einen »offenen« Blick sei. »Es war schrecklich. Bisher hatte noch kein Mann irgendwelche Zeichen an mich ausgesandt.«

Zurück in ihrem Zimmer entblößt sie sich selbst und untersucht ihren Mädchenkörper auf etwaige Defizite, prüft ihn auf seine Tauglichkeit zur Verführung. Genüsslich hat die Wirtin erste Zweifel an ihrer persönlichen Liebesfähigkeit gesät und sich damit an ihr versündigt. Zum Glück entdeckt das Mädchen das Vorhandensein ihrer so weißen wie »sauberen« Brüste und stellt erleichtert fest: »Das war das Einzige an meiner Existenz, das mir in diesem Hause anzuschauen Vergnügen bereitete. Außerhalb gab es die Boa, hier gab es meine Brüste. Ich weinte.« Es gelingt ihr endlich wieder, ruhig zu atmen. »Auf einmal war ich mir sicher, dass die Barbet einzig und allein daran gealtert war, dass sie niemals Kindern gedient hatte, die sie hätte stillen müssen, und niemals einem Mann, der sie entdeckt hätte. In jenem Moment, wo eine Brust einem Mann zu Diensten gewesen ist, ist sie auch geschützt vor einem derartigen Verfall.«

Im Bewusstsein der verstörten Pubertierenden rücken die beiden Sonntags-»Vergnügen« dicht zusammen und werden schließlich untrennbar: »Die Boa fraß das Huhn auf und verdaute es, und auf dieselbe Weise fraß das Bedauern die Barbet auf und verdaute sie.« Marguerite dagegen hat ihr Leben noch vor sich. Sich einem Beuteschema zu beugen kommt nicht infrage. Sie muss nur auf der Hut bleiben: Niemals darf *sie* zur Beute ihrer Peinigerin werden oder darf, diese imitierend, sich kasteien und auf Liebe und Erotik verzichten. Im Gegensatz zum bedauernswerten Geflügel, das zum bloßen Futter verkommen ist und nur gelebt hat, um gleich wieder zu sterben, kann sie eine Entscheidung treffen: Der Opferung Widerstand entgegensetzen oder eine passive Opferhaltung einnehmen. Abwägen, ob sie dem »grünen Paradies der kriminellen Schlange« angehören will oder als Henkersmahlzeit einer Stärkeren auf das eigene Lebensglück verzichten.

Zum guten Schluss verleiht ihr das Durchstehen der ewigen Tortur dann doch noch eine ungeahnte Kraft, und sie geht gestärkt aus der furchtbaren Erfahrung hervor: »Die Boa, die mir ja auch Angst eingejagt hatte, reichte ihren Wagemut und ihre Schamlosigkeit an mich weiter.« Marguerite macht sich klar, dass Vorurteile, die man angeblich grauenvollen, kalten und berechnenden Tieren entgegenbringt, ganz und gar unzutreffend sind; sie entdeckt vielmehr ihre unzerstörbare Sympathie für die geschmähten Kreaturen, und sie begegnet fortan Mördern, Kriminellen und Prostituierten mit einer ähnlichen Bewunderung, mit Respekt und Solidarität. Die Notwendigkeit des Kampfes um das eigene Fortexistieren, den unbedingten Überlebenswillen hat ihr das doppelte Zuschauen-Müssen wie ein Lehrstück vor Augen geführt. Der oder die Stärkere hat eben doch recht. Setzt sich durch, um nicht selbst unterzugehen. Unterwerfung ist von nun an unvorstellbar, das selbstbestimmte Ausleben sexueller Wünsche und Neigungen das Gebot der Stunde. Ihre Devise für das weitere Dasein lautet daher: Nein sagen zu den anmaßenden, todunglücklichen Barbets dieser Welt. Sich, falls erforderlich, ohne Umschweife auf die Seite der Boas schlagen. Und sich damit unbekümmert nehmen, was einem zum Fraß vorgeworfen wird, und niemals Gefahr laufen, selbst zur Beute zu werden.

★ ★ ★

Bei einer nächtlichen Zugreise, die Marguerite in Frankreich mit ihrer Familie unternimmt, unmittelbar nach dem Bruch mit dem chinesischen Liebhaber, hat sie gleich Gelegenheit, diese Haltung auszuprobieren: zu testen, wohin es führt, wenn eine sexuelle Initiative von ihr ausgeht. Die Fahrt, Anfang der Dreißigerjahre, bringt sie von Bordeaux nach Vanves zurück, via Paris. Zuvor hat die Viererbande von Prey Nop sich in umgekehrter Richtung auf den Weg in die Gegend von Duras, zum Familienanwesen, gemacht. Aus welchen Gründen, das bleibt hier unklar und ist auch nicht von Bedeutung – im literarischen Gedächtnis der alternden Duras jedenfalls trägt die erotische Episode seit ewigen Zeiten den vieldeutigen Titel *Der Zug von Bordeaux*. Im voll besetzten Dritte-Klasse-Abteil haben sich die meisten Passagiere, darunter Mutter, Brüder und ein paar Namenlose, von den gleichmäßig ratternden Bewegungen des Zuges einlullen lassen und sind eingeschlafen. Nur Marguerite und ein ihr gegenübersitzender Mann, beide hellwach und merklich aneinander interessiert, führen, mit gedämpften Stimmen, eine angeregte Unterhaltung. Sie plaudern über Paris, die Kolonien, schulische Pläne; das Mädchen gibt dabei ohne Not Familiendetails preis, wie man sie wohl nur einem Fremden während einer langen Fahrt anvertraut – Intimitäten ohne wirkliche Konsequenzen. Ein einziger Blick lenkt dann die Konversation schlagartig von Trivialitäten auf erotisches Terrain; das Einverständnis der beiden ist unmittelbar. »Ich war es, die sagte, wir müssten schlafen, um am nächsten Morgen bei der Ankunft in Paris nicht allzu müde zu sein.« Auch eine Art der Verführung ... Das Licht wird gelöscht, eine Decke über die Knie gebreitet, und geschützt vom Halbdunkel des vor sich hin ruckelnden, quietschenden, pfeifenden Zuges, rücken die beiden dichter aneinander heran, spüren die Hitze ihrer Körper, geht die abenteuerlustige Hand des Mannes zwischen den Beinen seiner Gesprächspartnerin auf Entdeckungsreise, tastet sich zu ihrem Geschlecht vor. »Sie war unsicher, noch warm, sie hatte Angst. Ich nahm sie in meine. Dann ließ ich sie los, ließ ihn machen.« Für die Dauer einer köstlichen Stimulation werden Marguerite und der Mann zum Paar.

Mit geschlossenen Augen vollzieht die Befriedigte die Bewegungen des Fremden nach, »beherrscht bis zum Schluss, bis zur Hingabe an die Lust, die ebenso anstrengend war, wie wenn er geschrien hätte«. Sie hat unter Kontrolle, wie weit er gehen darf – und erlaubt ihm, bis zum Äußersten zu gehen. Sie genießt die Vorstellung, sich in einer öffentlichen Sphäre, noch dazu in Gegenwart ihrer Familie, masturbieren zu lassen – und nimmt dabei die dominierende Rolle ein, bestimmt das Tempo, macht sich die »Angst« ihres Liebesdieners zunutze. Aus dem kleinen Mädchen, das einst in Hanoi einem älteren Jungen Lust verschaffte, ist die erwachsene, souveräne und auch verwegene Frau geworden, die einen Mann dazu bringen kann, ihr einen Orgasmus zu verschaffen, der einem stummen Triumphschrei gleichkommt. Denn nicht Marguerite beginnt zu stöhnen, der Lärm des Zuges übernimmt diesen Part. Eine Zeit lang ist nichts anderes mehr zu hören, so laut ist er, kurz darauf »fuhr er schneller, und dieses Geräusch wurde ohrenbetäubend. Dann wurde es wieder erträglich.« Bei der Duras, so hat es die französische Literaturwissenschaftlerin Laure Adler einmal festgehalten, bildet sich in Bezug auf die Rollenverteilung bei der körperlichen Liebe im Laufe der Jahre ein Muster heraus: »für die Frau der Genuss des Gesehenwerdens« und Berührtwerdens, »für den Mann ein Sichhineinsteigern in eine einsame und alles überflutende Lust. In der sexuellen Beziehung bleibt jeder für sich.« Ein echter Austausch ist nicht vorgesehen, Empfindungen von Fusion und gegenseitiger Zuwendung sind rar oder bleiben ganz aus. Man liebt sich, um nach der isoliert erlebten Befriedigung und einem kurzen Glücksgefühl wieder ganz allein zu sein. Immer ist es bei ihrem Paarkonzept einer von beiden, der fortwährend gibt, während der andere selbstsüchtig oder gedankenlos nimmt, selten nur kommt es zu einem wechselseitigen Geben und Nehmen.

Die junge Frau im Zug stellt sich daher schlafend, als die warme Hand ihres Kurzzeitgeliebten sich wieder zurückzieht. Sie braucht die Augen nicht aufzuschlagen, um zu wissen, dass der Mann bei der Ankunft in Paris das Abteil längst verlassen haben wird. Dass dieser Liebesakt für sie als Paar folgenlos geblieben ist und sich in zwei getrennte Einsamkeiten aufgelöst hat. Und dass die empfundene Lust, die sie von ihm eingefordert und auch bekommen hat, ihren ganz persönlichen Erfahrungsschatz vergrößern wird.

Im Dreieck lieben und leben

Man muss zu sich selbst Zutrauen haben.
Ihr habt doch auch zu den Anderen Zutrauen.
Ihr vertraut doch auf die Liebe. Ihr vertraut auf das Verlangen …
… und euch selbst gegenüber seid ihr dann voll Misstrauen.
Warum? Es ist nicht recht.
Ich habe Vertrauen zu mir wie zu einer anderen.
Ich habe vollkommenes Vertrauen zu mir.

Im Mai 1945, mitten in Paris und im Herzen von Saint-Germain-des-Prés, wartet Marguerite, deren behördlicher Nachname bereits seit einigen Jahren Antelme lautet, auf die Rückkehr ihres totgeglaubten Ehemannes aus dem deutschen Konzentrationslager Dachau. Die 31-Jährige bangt um den Deportierten in ihrer gemeinsamen, abgeschiedenen Wohnung in der Rue Saint-Benoît, einem Domizil, das für das nächste halbe Jahrhundert ihr Zuhause sein wird, ihr Anker auch und ihr Rückzugsort, und das nur einen Steinwurf entfernt ist von den mythenumwobenen Stätten der Existenzialisten. Das Café de Flore, Mekka aller frankofonen und frankophilen Intellektuellen, liegt wie die Buchhandlung Le Divan quasi zu ihren Füßen, die ebenso literarischen Kult-Gaststätten Brasserie Lipp und das Deux Magots ebenfalls, die Kirche von Saint-Germain befindet sich direkt um die Ecke; zur Seine, zum Odéon, zum Institut de France, zu den zahlreichen Sehenswürdigkeiten des Rive Gauche und zu den Plätzen von Saint-Michel und Saint-Sulpice benötigt man nur wenige Gehminuten. Zu den Theatern und Amüsierlokalen von Montparnasse ist es lediglich ein Katzensprung; Jazzlokale und Kinos säumen die Boulevards und Seitenstraßen ihres Viertels und des benachbarten Quartier Latin. Ein Paradies für urbane Aficionados, das weder Krieg noch Besatzungszeit dauerhaft zu entstellen vermochten, und für Paris-Enthusiasten das Nonplusultra.

Marguerite Antelme hat einige ihrer Träume verwirklicht und viele ihrer Versprechen eingelöst – sie hat in der französischen Hauptstadt Fuß fassen können und ist in der Tat Schriftstellerin geworden, auch ist sie nicht länger integraler Bestandteil des wie in einer griechischen Tragödie aneinandergeketteten Donnadieu-Quartettes von Sadec. Sie hat einen Mann fürs Leben gefunden, aber auch ein Kind verloren, sie hat sich nacheinander erst die langen Haare abschneiden lassen – laut eigener Aussage ein Akt der Befreiung –, dann ihr politisches Bewusstsein geschärft und sich alsbald einer Résistance-Zelle angeschlossen. Für ihre Überzeugungen würde sie durchs Feuer gehen, und wenn sie eines ihrer neuesten Manuskripte dem Gallimard-Verlag anbietet, zu dem sie gute Beziehungen unterhält, droht sie damit, sich etwas anzutun, wenn es nicht auf der Stelle veröffentlicht werde – und fordert im selben Atemzug Vorschüsse ein, deren Höhe aufgrund ihrer bisherigen Buchverkäufe völlig ungerechtfertigt ist. (Und bekommt sie dann zumeist auch noch.) Ihre Scharfzüngigkeit und ihre spitze Feder werden respektiert und gefürchtet; sie kennt sich inzwischen mit Männern und mit Ideologien bestens aus. In ihrem Domizil, einem besseren Taubenschlag, geht die Intelligenzija Frankreichs aus und ein, ihre Tür steht Vielen offen, zumal den Linken und Unkonventionellen; ihre Gastfreundschaft ist ebenso legendär wie die Qualität ihrer vietnamesischen Gerichte, die sie mit Zutaten aus den großzügig bestückten Paketen von Marie zubereitet. An den Kaffeehaustischchen, an denen Simone de Beauvoir und Jean-Paul Sartre Hof halten, sitzt auch sie und wird »erkannt«, begrüßt Freunde, macht sich Notizen. Paris ist vor einigen Monaten von den Deutschen befreit worden, das Ende des Zweiten Weltkriegs und des Unrechtsregimes der Nationalsozialisten sowie die bedingungslose Kapitulation der deutschen Wehrmacht stehen unmittelbar bevor, doch wie sie Robert, ihren in den

Todeslagern in ein Gespenst seiner selbst verwandelten Gatten, in Empfang nehmen soll, geht über ihre Vorstellungskraft. Sie weiß nicht, wie sie ihm begegnen, wie sie ihn erkennen, wie sie ihn wieder ins Leben bringen, wie sie ihm die Menschenwürde zurückgeben und was sie danach mit ihm anfangen soll. Angst erfüllt sie. »Seine Rückkehr wird mich umbringen, das kann nicht anders sein.«

In den zwölf Jahren zwischen ihrer Ankunft in der Stadt der Lichter und den dramatischen Ereignissen, die den endgültigen Zusammenbruch des »Dritten Reiches« mitsamt dem fatalen System der »collaboration« besiegeln, hat Marguerite eine erstaunliche Wandlung vollzogen – von der Quasi-Annamitin und Abiturientin zur Buchautorin und einflussreichen Gestalt in der Pariser Verlagsszene, von der Frankreich-Novizin zur mit allen Wassern gewaschenen Zentralfigur des linksintellektuellen Milieus und noch dazu eines Zirkels mit ihrer eigenen Wohnung als Anlaufpunkt, in der außer ihr viele Männer, darunter jede Menge kluge Köpfe und engagierte Kulturleute, und auffallend wenige Frauen verkehren.

Über ihre Anfänge an der Seine, als sie sich für ein Parallelstudium der politischen Wissenschaften, Jura und Mathematik – Letztere wohl eher halbherzig betrieben, mehr eine Verbeugung vor dem geistigen Erbe des Vaters – entschieden und sich, im November 1933, an den entsprechenden Fakultäten eingeschrieben hatte, liegen nur rudimentäre und recht widersprüchliche Informationen vor. Gesichert ist, dass sie anfangs ein völlig unbeschriebenes Blatt war in Paris, dass sie zunächst wieder in Pensionen lebte und brav ihrem Studium nachging. Während sie zuweilen beteuerte, sich aus Selbstschutz zwei Jahre lang keinem anderen Mann genähert zu haben, nachdem sie den chinesischen Liebhaber aus ihrem Dasein verbannt hatte, während sie von einer »geheimnisvollen Treue« sprach, einem Gelübde, das nur für sie gegolten habe, brüstete sie sich an anderer Stelle mit einem abwechslungsreichen Liebesleben, gab an, dass sie, wann immer sich eine Gelegenheit bot, heftig geflirtet habe, bezeichnete sich rundheraus als Anhängerin der Promiskuität. Den jungen Studenten und womöglich auch einigen Dozenten konnte es nur recht sein – an den Universitätsinstituten herrschte in den Mittdreißigern ein beträchtlicher Männerüberschuss, und aus Gründen der Moral und der seinerzeit noch sehr komplizierten Empfängnisverhütung waren »verfügbare« Mädchen Mangelware. Dass die junge Frau mit der mysteriösen Herkunft und dem exotischen Charme auffiel und auch gefiel, kann man sich gut vorstellen.

Einige französische Duras-Forscher lassen durchblicken, dass für die Studentin Marguerite bei ihren Rendezvous vielleicht auch ab und an ein »Taschengeld« heraussprang oder dass sie sich, als Belohnung für erwiesene Gefälligkeiten, gerne ausführen ließ, ohne so weit zu gehen, dass sie (im Nachhinein) der systematischen Prostitution bezichtigt werden könnte. Doch auf allen verfügbaren Fotos jener Jahre – und Marguerite ließ, zumal für jene Epoche, erstaunlich viele davon anfertigen – war sie, wie man nicht umhinkann festzustellen, außerordentlich gut und geschmackvoll gekleidet, besaß auch schon früh ein Automobil, ein Ford Cabriolet, für eine junge Frau damals ein ungewöhnlicher Luxus, mit dem sie einige ihrer Kommilitonen in den Semesterferien sogar ins europäische Ausland kutschierte. Gewiss überwies ihr Marie, die mit Paulo in Cochinchina ausharrte und nun selbst eine recht einträgliche Pension betrieb, regelmäßig Geld für ihren Lebensunterhalt. Doch war es möglich, mit diesen Beträgen ein derart anspruchsvolles Studentenleben zu führen? Denn Paris war, vor allem, wenn man gern und häufig ausging, in Restaurants aß oder mehrmals pro Woche die Theater und Music-Halls frequentierte, auch um 1935 ein teures Pflaster. Anderen Quellen zufolge soll Marguerite geknapst und geschnorrt haben, wo es nur ging, auf ihre Altersgenossen gar bedürftig gewirkt haben. Es scheinen damals also mehrere, verschiedene Marguerite Donnadieus unterwegs gewesen zu sein zwischen dem Rechtsinstitut der Sorbonne und den Vergnügungsvierteln wie Pigalle oder Rue de Lappe.

Der große Bildersturm mit seinen vielen Avantgarde-Bewegungen, anarchischen Kreativitätsschüben, irrwitzigen Manifesten, rasanten Moden und schnelllebigen Ismen war im Vorgängerjahrzehnt, den wilden Zwanzigern, durch Paris gefegt, ohne dass Marguerite auch nur das Geringste davon mitbekommen hatte. Jetzt wehte ein völlig anderer Wind durch Frankreich, das Mitte der Dreißiger eine schwere ökonomische Krise durchlebte. Bettelarme Menschen gehörten zum Straßenbild, das Prekariat wuchs stetig, und in den Außenbezirken herrschte größte Not. Die Volksfront-Regierung war noch nicht an der Macht; um soziale Errungenschaften wie bezahlten Urlaub wurde heftig gestritten; die extremen Parteien bekriegten sich regelrecht, und im Frühsommer 1936 kam es zu massenhaften Streiks, die die ganze Stadt lahmlegten. Marguerite, die sich in diesem problematischen Kontext durchaus privilegiert fühlen durfte, hatte sich in einer politisch wie sozial heiklen und vor allem instabilen Übergangsphase ihres Landes nach Paris begeben und spürte mit Unbehagen, wie unbedarft und auch ungebildet sie in gesellschaftlichen Belangen noch war. Der andernorts in Europa triumphierende Faschismus gab Anlass zu größter Besorgnis, und es würde nicht mehr lange dauern, bis der alte, geschwächte Kontinent auf seinen nächsten mörderischen Konflikt zuschlitterte: für Marguerite schon der zweite Weltkrieg in ihrem jungen Leben. Noch aber waren ihr und Frankreich ein paar Friedensjahre vergönnt.

Gerade was Kultur betraf, so hatte sie, die jahrelang abgeschnitten gewesen war von der Pariser Szene, selbstverständlich größten Nachholbedarf. Jean Lagrolet, ein vier Jahre jüngerer und gebildeter Kommilitone aus Bayonne, half ihr dabei, ihren Horizont zu erweitern. Ein reiches Waisenkind und ein distinguierter junger Mann, so gut aussehend und sensibel wie vor ihm nur Paulo. Er, der sich überall bestens auskannte und wusste, was angesagt war, nahm sie mit in die Theater und Kinos der Metropole. Die beiden verguckten sich ineinander, schrieben einander romantische Briefe, verbrachten ganze Abende auf dem Teppich ihrer Studentenbude mit dem Hören der neuesten Scheiben auf dem Grammofon, entdeckten die phänomenale Piaf, die seinerzeit gerade Frankreich eroberte, und verliebten sich gleichzeitig auch in alles Aufregende, was Paris ihnen zu bieten hatte: In erster Linie war das für sie die Bühne. Ausnahmeschauspieler, wohin man blickte – die Pitoëffs etwa und Jean-Louis Barrault –, Inszenierungen, die europaweit aufhorchen ließen – von begnadeten und auch mutigen Regisseuren wie Jean Cocteau, Antonin Artaud und Louis Jouvet –, und großartige Stücke von Dramatikern wie Paul Claudel, Jean Giraudoux und Luigi Pirandello. Oder sie schauten sich die bürgerlichen Klassiker in beispielhaften Produktionen an: Ibsen, Shakespeare, Molière, Racine. Marguerite verstand nicht gleich alles, einiges blieb fremd für sie, unzugänglich, unverdaulich, doch sie lernte schnell und, was am wichtigsten war: Sie schnupperte Bühnenluft, entdeckte ein Terrain, auf dem sie in wenigen Jahren selbst reüssieren würde.

Paris kann die hinreißendste Stadt der Welt sein, wenn man jung ist, neugierig, kulturhungrig, nach Inspiration dürstend und zu allem bereit. Auf den ein wenig dandyhaften, eleganten Jean und die begeisterungsfähige, aufgeschlossene Marguerite traf das in vollem Umfang zu. Sie tanzten die Nächte durch, diskutierten über Philosophie, flanierten, durchstöberten die Verkaufsstände der Bouquinisten, lasen mit großem Eifer die modernen, »coolen« amerikanischen Romanciers wie Faulkner oder Hemingway, bald ein Vorbild für die frühe Duras, oder anglofone Klassiker wie Eliot, Melville und Conrad und träumten beide davon, selbst einmal zu schreiben. Lagrolet, ein Kettenraucher und ausgesprochener Melancholiker, stand dabei leider sein schwermütiger, depressiver Charakter im Weg – extreme Euphorieschübe wechselten mit ausgedehnten, lähmenden Phasen der Lethargie. Marguerite versuchte diese komatösen Anfälle, in denen er sich zurückzog, kaum mehr ansprechbar war und nur noch schwarzsah, mit ein wenig Opium zu lindern, das sie sich über ihren Bruder Pierre verschaffte. (Dem sie, soweit es ihr möglich war, ansonsten tunlichst aus dem Weg ging: Augenscheinlich war er nun als Zuhälter unterwegs.) Zuweilen hatten Jeans Verzweiflungsanfälle, die ganze Nächte lang anhalten konnten, von Schreien begleitet waren und damit im Kern schon die Wahnsinnsphasen »ihres« Vize-Konsuls vorwegzunehmen schienen, etwas Furchterregendes, das sie selbst handlungsunfähig machte. Was die beiden im dritten

Studienjahr verband, war also tiefe Zuneigung und eine vergleichbare Ausgangssituation, Verständnis und Empathie füreinander; Leidenschaft empfanden sie wohl eher für Geistiges.

Es erwies sich für Lagrolet als verhängnisvoll, dass er seine charmante Gefährtin eines Tages seinen engen Schulfreunden Georges Beauchamp und Robert Antelme vorstellte, alte Kumpel aus Bayonne und wie er, als ehrgeizige Studenten, auf Pariser Abenteuer und Heldentaten aus: Gleich funkte es, man entwickelte große Sympathien füreinander. Eine Zeit lang waren die vier unzertrennlich und genossen eine unbeschwerte Zeit, frönten dem Hedonismus, fuhren in Marguerites schickem Wagen zu Pferderennen in die vornehmen Pariser Vorstädte, wo »die kleine D.« (so lautete einer ihrer Spitznamen in dieser Zeit) ihre Begeisterung für das Glücksspiel entdeckte. Sie, die im Anschluss an ihre Beutezüge ihre Francs sofort verprasste, indem sie eine Flasche Crémant erstand, Leckereien oder Theatertickets erwarb, die sie mit ihren drei Männerfreunden schwesterlich teilte, war die ungekrönte Königin dieses ausgelassenen Quartetts. Sie fand Gefallen daran, von gleich drei Kommilitonen angehimmelt zu werden, entfernte sich aber mehr und mehr von ihrem traurigen Melancholiker. Zuflucht suchte sie in einer eigenen kleinen Unterkunft in der Rue Paul-Barruel, mitten im XV. Arrondissement und im Südwesten der heutigen Tour Montparnasse gelegen.

Und je größer die Distanz zwischen ihr und Jean wurde, desto stärker fühlte sie sich von Robert angezogen. Er mochte weniger attraktiv sein und etwas Gesetztes an sich haben, doch er war witziger, hatte Esprit und versprühte Lebensfreude. Zugleich ging eine Gelassenheit von ihm aus, die ihr gutzutun schien. Bei einer gemeinsamen Freundin trafen sie sich bald regelmäßig zu heimlichen Stelldicheins. Aus Kameraden wurden Verliebte. Als aber das Unvermeidliche geschah und Antelme und Donnadieu sich so nahekamen, dass sie es auch vor Jean und Georges nicht länger verbergen konnten, bahnte sich ein echtes Drama an: Robert – er wohnte noch bei seinen Eltern in der Rue Dupin – konnte es sich nicht verzeihen, seinen besten Freund zu betrügen, und erwog ernsthaft, sich mit dem

Revolver, den er im Arbeitszimmer seines Vaters fand, zu erschießen. Georges gelang es, ihn im letzten Moment noch daran zu hindern. Jean, sterbensunglücklich und dazu noch schwer enttäuscht von Robert und Marguerite, pumpte sich mit Medikamenten voll, um seinem Leben ebenfalls ein Ende zu setzen. Georges, wieder der Retter in der Not, konnte ihn von weiteren Exzessen abhalten und schließlich dazu überreden, gemeinsam mit ihm eine Europareise anzutreten, um auf andere Gedanken zu kommen. Derweil war in Paris die Bahn frei für die beiden Liebesverräter.

Antelme war für Marguerite ein Mann zum Anlehnen. Von Zeit zu Zeit kam sich die mittlerweile diplomierte Wirtschaftsökonomin Donnadieu, die auch zu einer Expertin für öffentliches Recht geworden war und in wenigen Monaten, im Juni 1937, eine erste Anstellung im Kolonialministerium finden sollte, nämlich noch ein wenig allein und fremd vor, trotz der fabelhaften Pariser Energie, von der sie sich hatte erfassen lassen. Wenn Maries Päckchen bei ihr eintrafen und auch die Schecks der Mutter, wenn sie bei bestimmten französischen Themen noch immer nicht mitreden konnte, wähnte sie sich plötzlich wieder wurzellos, ohne echte Identität. Und erst recht, wenn Robert, Georges und Jean mit Stolz und Rührung von ihrer Kindheit und Jugend in der französischen Provinz sprachen, unter der sie sich nichts Konkretes vorstellen konnte. Was die drei davon zu berichten hatten, wirkte abstrakt oder wie eine Bilderbuchgeschichte auf sie: klischeehaft, zu schön, um wahr zu sein. Und was *sie* persönlich erlebt hatte, war dem Männertrio ebenfalls kaum vermittelbar – um das indochinesische Abenteuer anderen verständlich zu machen, würde sie viele Bücher schreiben müssen. »Aus der Einsamkeit bin ich endlich mit fünfundzwanzig herausgetreten, als ich Robert Antelme kennengelernt habe«, vertraute sie noch im Jahre 1992 einem Journalistenkollegen von *Libération* an. »Das ist eine große, intensive Liebe gewesen, und das ist es auch heute noch, an jedem Tag meines Lebens.« Eine formidable Liebeserklärung – lange nach der Trennung – mit dem Abstand von vierzig, fünfzig Jahren.

Noch an der juristischen Fakultät, 1936, waren Robert und sie ein

Herz und eine Seele gewesen. Jetzt, im Jahr der Pariser Weltausstellung, die Besucher aus der ganzen Welt auf das Marsfeld und an das Gelände am Trocadéro lockte, waren sie unzertrennlich. 1917 auf Korsika geboren, stammte Antelme aus dem christlichen Großbürgertum und war durch das unstete Berufsleben seines Vaters, eines Unterpräfekten, viel in Frankreich herumgekommen. In Bayonne freundete er sich mit Lagrolet an, der nach der erzwungenen Trennung von Marguerite im Übrigen seine homosexuellen Neigungen nicht länger unterdrücken und, seinem einstigen Wunsch gemäß, auch eine Reihe von Büchern verfassen sollte. Wie Jean oder Georges gehörte auch Robert zu einer Generation ohne Jugend: Das gerade erst begonnene Studium wurde vom Militärdienst zerrissen, der bald nach der Hochzeit mit Marguerite beginnende Zweite Weltkrieg würde seine sofortige Einberufung an die Front erzwingen und die der Verschleppung ins KZ vorangehenden Monate in der Résistance ein provisorisches Dasein im Untergrund erforderlich machen. In den ersten Jahren ihrer Partnerschaft aber, die noch nicht von politischen Wirren überschattet waren, schenkte Robert Antelme seiner Freundin und späteren Frau eine große Portion Stabilität und Selbstständigkeit; er verhalf ihr dazu, »ausgeglichen« zu sein, ein Zustand, den sie an sich eigentlich verabscheute, und er begegnete ihr mit häufig wiederkehrenden Mahnungen, die deren Adressatin ihm in der Folgezeit zum Vorwurf machen sollte.

Was erlebte sie nun mit Antelme? Die große Liebe oder das kleine Glück? Für sie blieb er auf ewig »der Jüngere«. Er strahlte Zufriedenheit, Weisheit und Zuverlässigkeit aus; sein Mienenspiel hinter den dicken Brillengläsern blieb undurchdringlich, auf Fotos lächelte er, sonst doch der Spaßvogel, selten. (Seine Züge erinnern von fern auch an den deutschen Komiker Heinz Erhardt.) Seine Wegbegleiter rühmten seine Großzügigkeit, seine menschliche Größe und Güte, seine Fähigkeit zu Anteilnahme und Einfühlung. Marguerite, die noch immer nicht Duras sein konnte und durfte, war nach eigenem Bekunden inzwischen ihren »ersten Tod« gestorben, hatte das Gesicht und den Körper der Achtzehnjährigen mit ihrem unverhohlenen Exhibitionismus in sich eingesperrt, versiegelt. Eine radikale Passion, für die sie sich bereithielt, konnte die abgründige Seite an ihr jederzeit wieder aus dem Totenschlaf erwecken, ungezügelten Gefühlsüberschwang entfachen. Noch war es nicht so weit. Robert – dem sie vertrauen konnte, der ihr vertraute – entfachte ihn jedenfalls nicht. Marguerite liebte ihn auf ihre Weise, wie es ihm gebührte, still und aufrichtig, vorläufig noch ausschließlich, pflegte Gemeinsamkeiten. Aber sie verzehrte sich nicht nach ihm. Immerhin liebte sie ihn genug, um später einmal bekennen zu können, dass sie »diesen Menschen, Robert, am besten kennengelernt habe«, dass sie ihn »für immer durchschaut habe, was ihn ausmacht, ihn und nur ihn und sonst nichts und niemand auf der Welt«. Sie habe ihn angeschaut und er habe sofort gesehen, dass sie ihn »angeschaut habe. Er blinzelte hinter seiner Brille, und er lächelte mich an, er bewegte den Kopf ruckweise, wie man es tut, um sich über jemanden lustig zu machen. Ich wusste, dass er es wusste.« Komplizen waren sie; tiefreichende gegenseitige Wertschätzung verband sie.

Im Herbst 1939 wurde geheiratet, in ganz kleinem Rahmen, im Standesamt des Fünfzehnten Arrondissements. Marguerite, die noch immer ihrer Verwaltungstätigkeit im Kolonialministerium nachging und inzwischen, als begabte Texterin, auch Reden für den zuständigen Minister verfasste, war fünfundzwanzig und vollzog damit endlich ihren ersten Namens- und Identitätswechsel. Per Telegramm hatte sie zuvor um Roberts Hand angehalten und ihn damit für einige Tage von der Monotonie seines Militärdienstes im normannischen Rouen erlöst. Auch eine Einberufung Roberts sollte damit, wenige Wochen nur nach der Kriegserklärung, möglichst lange hinausgezögert werden. Der Antrag einer Emanzipierten, die Einwilligung eines Realisten. Denn ohne dass dies eigens ausgesprochen werden musste, war beiden von Anfang an klar, dass es sich um eine »freie Ehe« handeln würde, um ein höchst angenehmes Arrangement zwischen zwei Menschen, die sich sympathisch fanden, sich aber immer gegenseitig erlauben würden, mit anderen Partnern zu schlafen. Außereheliche Beziehungen wurden demnach nicht nur geduldet, sondern man ermutigte sich nachgerade gegenseitig, sie einzugehen. Marguerites Trauzeuge, ein britischer Journalist, soll gar ihr derzeitiger Geliebter gewesen sein … Romantische Gefühle hegten die beiden dennoch füreinander. Was zählte, waren Abstand, Freiräume, Unabhängigkeit. Dazu konnte man sich entschließen und »oui« sagen. Ihr Jawort: die Entscheidung zweier souveräner Erwachsener.

Ein paar Jahre später, bereits mitten im Krieg, zog das junge Paar in die Rue Saint-Benoît und legte damit, ohne es zu wissen, den Grundstein für die künftige Zelle aus Widerstandskämpfern, für das künftige Versteck von Verfolgten. Der mit ihnen befreundete Schriftsteller Ramón Fernandez, ein künftiger »collaborateur« – seine Frau Betty sollte zu einer wichtigen Romanfigur in Duras' Œuvre avancieren –, hatte dabei geholfen, die neue Unterkunft zu finden, und wohnte mit ihr in der Etage darüber. Mutter Marie bekundete aus der Ferne Zustimmung und Entzücken über die Verbindung mit Robert, in ihren Augen ein Junge »aus gutem Hause«, der noch dazu im Innenministerium beschäftigt war und bald für die Pariser Polizeipräfektur arbeiten würde. Auch Marguerite leistete ordentliche Arbeit, war schließlich regelmäßig befördert worden, und sie wurde sogar in ein Propagandakomitee berufen, dem die strategische Vermarktung von Bananen oblag. Fast hatte es den Anschein, als wäre sie aus Gleichgültigkeit oder Opportunismus ins falsche Lager gelangt, als würde sie nun alles daransetzen, den Feinden ihrer Mutter in die Hände zu arbeiten. So als hätte sie den ohnmächtigen Zorn, der sich im Kreise der Donnadieus gegen Behördenwillkür und Arroganz der Kolonialmacht in langen, schmerzvollen Jahren aufgestaut hatte, beiseitegewischt und ihre Vergangenheit ad acta gelegt. Oder hatte sie insgeheim etwas ganz anderes vor? Etwa die verhassten Institutionen, nachdem sie sich in die Höhle des Löwen vorgewagt hatte, »vor Ort« zu bekämpfen, eine subversive Doppelstrategie anzuwenden und aus ihrem Inneren gegen sie zu agitieren?

Vorerst schaute es nicht danach aus, denn es sollte noch viel schlimmer kommen: Im Mai 1940 publizierte die Frischverheiratete bei Gallimard, demselben angesehenen Verlag, der kurz darauf ihren Debütroman ablehnen sollte, die vom Minister Georges Mandel bei ihr in Auftrag gegebene Schrift *L'Empire français*: ein Machwerk für die Koloniallobby, gemeinsam mit einem gewissen Philippe Roques (aus dem – man staunt – ein paar Jahre später ein Résistance-Aktivist wurde; er machte also eine ähnliche ideologische Wandlung durch wie Marguerite). Bemerkenswerterweise zeichnete sie als Donnadieu dafür verantwortlich und nicht als Antelme. Eine Reverenz an den Vater? Ein versteckter Wink an die Mutter? Ein Kniefall vor all dem, was ihre ersten achtzehn Lebensjahre so unerträglich und zugleich so unvergesslich gemacht hatte? An dieses böse Zeugnis ihrer ideologischen »collaboration« mit den Unterdrückern in den Satellitenprovinzen, einer unerträglich überzeichneten Hymne auf Vaterland, nationale Vorbilder und patriotische Tugenden, historische und militärische Errungenschaften, durchgängig im Rattenfänger-Tonfall gehalten und vom Leitmotiv einer rassistischen Argumentation durchzogen (schwächliche, unterlegene »Gelbe« werden hier wiederholt gegen »überlegene« Weiße ausgespielt), wollte die Duras im Nachhinein nur sehr ungern erinnert werden. Henri Émile, den einst vergleichbar hehre Töne in die unbekannte Fremde entführt hatten, wäre dagegen auf diese Veröffentlichung sicher ein wenig stolz gewesen.

Trotz manch gelungener Beschreibung der vietnamesischen Landschaft und pittoresker Straßenszenen sowie eindrucksvoller Schilderungen von Sitten, Gebräuchen und Ritualen zwischen Hanoi, Hue und Saigon muss diese klischeebeladene Schrift einerseits als eine einzige Entgleisung gewertet werden – die erste und letzte Verlautbarung Marguerites unter ihrem Mädchennamen, das erste und einzige fremdbestimmte ihrer Bücher, noch von Arglosigkeit oder Fahrlässigkeit geprägt. Andererseits ist, aus historischer Perspektive, die politische Notwendigkeit eines solchen Essays nicht unbedingt infrage zu stellen: Selbstverständlich besaß ein Appell an die Mobilisierung der nicht zu unterschätzenden Ressourcen und Potenziale, wie sie die französischen Kolonien für das Heimatland bei der Unterstützung und im Kampf gegen Faschismus, Naziterror und europäische Kriegsbedrohung bereitstellen konnten, aus Sicht der Propagandisten durchaus seine Berechtigung. Als roter Faden durchzog Donnadieus, Roques' und Mandels Buch, Bestandteil der Verlagsreihe »Probleme und Dokumente«, also die keineswegs unseriöse Frage: Was konnten die Kolonien und ihre Bewohner, gerade jetzt, da sich Frankreich einer enormen Bedrohung durch Hitlerdeutschland und einer weltweiten Krise ausgesetzt sah, konkret für Paris tun? Wie viel persönliches Gedankengut die Verfasserin Donnadieu in diese Schrift einfließen ließ oder wie wenig an eigener Meinung, ist schwer zu sagen – Laure Adler etwa favorisiert die Einschätzung, den beiden Co-Autoren sei es hierbei weniger um eine (historische) Legitimierung der kolonialen Ausbeutung gegangen als um eine »kartografische« Erfassung der gegenwärtigen Situation in Indochina und anderswo. Die Wahrheit lag bei dieser von den Zeitumständen beeinflussten, aus ideologischen Gründen zustande gekommenen, von der Ausrichtung fragmentarischen und intellektuell eher bescheidenen »Dokumentation« wohl irgendwo dazwischen. Die Duras hatte jedenfalls allen Grund, später nicht übermäßig stolz darauf zu sein.

Marguerite Antelme wollte schon damals mehr als nur Auftragsarbeiten redigieren: In ihrem Kopf brodelte es nur so vor Ideen und Plänen, allein es fehlte die Zeit für systematische Arbeit an Prosamanuskripten, und die Umstände wurden zusehends widriger. Robert, bei dem keine Woche der nächsten glich – vom Staat eingeklagter Dienst an der Waffe, seltene intellektuelle Zerstreuung, eigene Schreibarbeiten und sporadischer Broterwerb –, war selten zu Hause. Und wenn Marguerite und er sich sahen, waren immer auch andere zugegen, wurde palavert und debattiert: Sie lebten ihre Beziehung in aller Öffentlichkeit. Und zwar ausschließlich. Daheim hatte natürlich jeder ein Zimmer für sich, wo die eigenen Liebhaber, die eigenen Mätressen ein und aus gingen. In der Küche oder im Wohnzimmer begegnete man sich nur in Gegenwart Dritter, und schon wieder war die nächste angeregte Unterhaltung im Gang, erregte das Ermächtigungsgesetz der Vichy-Regierung die Gemüter oder schlimme Nachrichten aus den Nachbarländern.

Der Zeitgeist meinte es nicht gut mit dem jungen Ehepaar, dessen Flitterwochen denkbar kurz ausgefallen waren – schon am Abend der Eheschließung war Robert mit dem Zug wieder Richtung Kaserne nach Rouen verschwunden. Und während der in Frankreich als »ulkig« bezeichneten, strategielosen Abwartephase nach Kriegseintritt sowie in den ersten beiden Kriegsjahren war das Leben, weniger zwar im inzwischen besetzten Paris als in weiten Teilen des Landes, noch um etliches schwieriger geworden. Robert kehrte in nur unregelmäßigen Abständen nach Saint-Germain zurück, Marguerite arbeitete im Ministerium, versuchte zu schreiben, versuchte zu sparen, versuchte auch, an den seltenen Abenden zu zweit, mit ihrem Mann ein Kind zu zeugen, strengte sich, wenn er abwesend war, an, ohne ihn auszukommen. Oder traf sich wieder mit einem anderen, vorübergehenden Partner. Wenn sie nicht gerade einen Ausflug machte und für einen Tag mit ihrem Auto an den Ärmelkanal fuhr, was selten genug vorkam, war Paris, seit einer gefühlten Ewigkeit bereits in den Händen der Deutschen, für sie wochen-, ja monatelang nichts anderes als ein Ozean aus Stein.

* * *

1942 wurde zum Jahr der Schicksalsschläge für sie, zum Jahr der politischen Weichenstellung und radikalen Neuausrichtung. Nunmehr formte sich, noch bevor der neue Name da war, die Persönlichkeit »Duras« in ihrem ganzen Ausmaß, mit allen uns noch heute vertrauten Zügen und der furchteinflößenden Fähigkeit zu schrankenloser Selbststilisierung. Drei Ereignisse, zwei davon dramatisch, waren dafür ausschlaggebend: Ein mit Antelme gezeugtes Kind, ein Sohn, starb im Mai noch bei der Geburt. Schon die Schwangerschaft war nicht ohne Komplikationen verlaufen, Marguerite wurde von bösen Vorahnungen geplagt, und dass Robert, inzwischen Attaché im Informationsministerium unter Pierre Pucheu, ausgerechnet jetzt eine dauerhafte Beziehung mit Anne-Marie, einer jungen Frau, eingegangen war, entsprach zwar den Spielregeln ihrer Ehe, nicht aber den derzeitigen Bedürfnissen seiner Frau nach ausschließlicher Anteilnahme und Fürsorge. Warum die Antelmes ausgerechnet ein von Nonnen geführtes Krankenhaus, also eine Klinik mit religiöser Ausrichtung, für die Entbindung auswählten, wo keine routinierte und medizinisch akzeptable Durchführung der Geburt garantiert war, nur ungeschultes Personal bei den Wehen assistierte und bei akuten Schwierigkeiten niemand einschritt, verwundert stark. Das Neugeborene war, wie Marguerite mitgeteilt wurde, nicht zum Schreien imstande und verstarb nach nur wenigen Minuten. »Ich sehe dich noch: dich«, sollte sie ein halbes Jahrhundert darauf fantasieren. »Das Kind selbst. Tot wie ein Vogel, von ewigem Tod.« Dass ihr Junge, den sie in Wirklichkeit wohl nur für wenige Sekunden zu Gesicht bekam, gleich nach der Totgeburt verbrannt wurde, dass die weder seelsorgerisch noch gynäkologisch kompetenten Schwestern ihr mit ihren frommen Sprüchen und mit Belehrungen über Himmel und Hölle schwere Schuldgefühle vermittelten, machte die Tragödie noch weniger erträglich. Marguerite verwand den Kindstod nie wirklich: Sie fühlte sich an das Schicksal des zum Leben zu schwachen Kindes der Bettlerin erinnert; stellte sich Fragen, auf die niemand eine Antwort zu geben wusste: Was hatte sie nur falsch gemacht, dass ihr Sohn nicht in der Lage war zu atmen? »Verdiente« sie am Ende gar kein Kind? War sie, die unzulängliche Mutter, eine defizitäre Frau? »Ich sah es überall, das tote Kind.« Die Katastrophe wuchs sich für sie zum Trauma aus. Als sie 1947, nach einer weiteren Fehlgeburt, dann ihren vollauf gesunden Sohn Outa (Jean mit richtigem Namen) zur Welt brachte, erschien ihr die geglückte Entbindung wie ein Wunder und ein Segen, konnte sie es kaum fassen, dass er wirklich da war und später als Junge, als Jüngling, als Erwachsener lebendig und »vollständig« vor ihr stand.

Das zweite Ereignis, nahezu ebenso schockierend wie der Verlust ihres Kindes, war die Nachricht vom Tod ihres geliebten Bruders Paulo, die sie im Dezember erreichte: Eine unverständliche Hiobsbotschaft, denn auf das ultrakurze, kryptische Telegramm aus Indochina, von ihrer Mutter abgesandt, wusste sie sich lange keinen Reim zu machen. Was genau war dem so zartbesaiteten, fragilen Paul zugestoßen? Wie war es nur möglich, dass gerade *er* starb, schon jetzt, viel zu früh? Weder Marie noch Paulos junge Verlobte, die beide während der kurzen, schweren Agonie des jungen Mannes anwesend waren, konnten die Umstände genau erklären. Ihr Bruder habe über Atembeschwerden geklagt, sei, weil man törichterweise noch die Ankunft eines vertrauten Arztes habe abwarten wollen, viel zu spät ins Spital eingeliefert worden und dann ganz plötzlich gestorben. Ob eine Rippenfellentzündung oder eine verschleppte Bronchitis die Ursache waren, ob er gar von einer Epidemie dahingerafft worden war, ließ sich nie präzisieren. Wie beim unbegreiflichen Tod ihres Kindes blieben die genauen Gründe im Dunkeln, musste man mit der Ungewissheit und der Schuld weiterleben. »Er ist gestorben ohne jedes Begräbnis. In ein Massengrab geworfen, über die letzten Leichen. Das ist so schrecklich zu denken, so entsetzlich, dass man es nicht ertragen kann.« In letzter Zeit hatte sich seine Schwester ohnehin nur wenig für seine aktuellen Lebensumstände interessiert, hatte lediglich mitbekommen, dass Paulo jetzt in der Verwaltung arbeitete und mit Automobilen handelte. Aber von seinen konkreten Sorgen und Freuden, von seinem Alltag, vom sonderbaren Lebensgefühl in ihrer Heimat, wo erst zwei Jahre zuvor die Japaner einmarschiert waren und inzwischen zusammen mit den Franzosen herrschten, und von seinem Befinden wusste sie kaum etwas. Zur Beerdigung in der Kathedrale von Saigon reiste sie nicht an. (Hatte ihre Behauptung vom »Massengrab« nur der literarischen Überhöhung gedient oder war sie womöglich frei erfunden?) Und selbst seiner Ruhestätte sollte sie nie einen Besuch abstatten – obwohl Paulo doch immer ein so wichtiger Mensch für sie gewesen war. 1993, selbst schon mit einem Fuß im Grab, brachte sie ihm, völlig unvermittelt, dann doch noch eine großartige, pathetische Hommage dar und sprach ihn in *Écrire* direkt an: »Du bist mein Leser, Paulo.« Ihr erster, ihr einziger Leser, das war es, was sie damit sagen wollte. Hatte sie ihr Lebtag nur für ihn Bücher verfasst, Dinge notiert, ihre Jugend uminterpretiert? »Denn ich sage es dir, ich schreibe es dir, es ist wahr. Du bist die Liebe meines ganzen Lebens, der Lenker unseres Zorns gegenüber diesem älteren Bruder, und zwar unsere, deine ganze Kindheit lang.« Ein arg verspäteter Nachruf, weil sie die Reue gepackt hatte? Nun, 1942, war ihr nur noch ein Bruder geblieben, der verhasste Pierre. Und eine Reihe Ersatzbrüder: zuallererst natürlich Robert, der Bruder, der mit keinem Inzestverbot belegt war, Jean, mit dem sie gebrochen und den sie »betrogen« hatte, und künftig Yann, der ideale, aus ihrer Perspektive entsexualisierte Bruder, der erst vierzig Jahre später ihr Leben bereichern würde. Ob Dionys, ihr derzeitiger Liebhaber, ebenfalls in eine der so begehrten Bruderrollen würde schlüpfen können, musste sich noch erweisen.

Zwischen den beiden Todesfällen aber, im Juli 1942, vollzog Marguerite in beruflicher Hinsicht einen Schritt, der noch heute überraschen mag. Sie entschied sich für einen einflussreichen Job, der zwar direkt mit Literatur zu tun hatte, den man aber nicht bewältigen konnte, wenn man Skrupel besaß oder Mühe damit hatte, mehrmals täglich den Standpunkt zu wechseln oder politische Sachverhalte aus verschiedenen Perspektiven zu betrachten. In der staatlichen Kommission, der sie jetzt als Sekretärin und Sachverständige angehörte, lernte sie Macht auszuüben, ihren Daumen zu heben oder zu senken, je nach Qualität oder Korrektheit der vorliegenden Manuskripte und Themen. Denn sie war, in einem Team von vierzig Mitarbeitern, für die Vergabe der von staatlicher Seite rationierten Papiervorräte verantwortlich. Mit der Kontrolle über die eng begrenzten und damit äußerst begehrten Kontingente besaß sie damit Entscheidungsvollmacht, konnte mit Zustimmung, Empfehlungen oder abschlägigen Bescheiden Bücher pushen oder ablehnen, Schriftstellerkarrieren zerstören oder vorantreiben, gab dabei immer auch ein Urteil darüber ab, wie sich die materielle Situation der Betroffenen und ihrer Familien in den nächsten Monaten gestaltete.

Zwar war sie damit Teil einer Zensurbehörde und mehr oder weniger weisungsgebunden, führte – auf unterer, aber nicht unwichtiger Ebene – Befehle der Regierung des Marschalls Pétain aus. Ihre Mitwirkung bot aber auch die Option des diskreten Ungehorsams. Ein Seiltanz, mit dem Risiko eines Absturzes ins Bodenlose, zwischen »collaboration« und vorsichtigem Zuwiderhandeln – punktuell Hilfestellung leisten und nach außen hin den Schein wahren. Anstatt ausnahmslos verfemten Autoren, Juden oder Intellektuellen die Papierstöße vorzuenthalten, wozu sie offiziell verpflichtet war, gab sie also, unter Inkaufnahme gefährlicher Konsequenzen, einigen wenigen Gesuchen von Gesinnungsgenossen nach. Der Schriftsteller Claude Roy etwa, einst überzeugter Mitläufer, doch inzwischen eifriger Résistant, künftiger Kommunist und dabei Giraudoux, Louis Aragon und Elsa Triolet nahestehend, bat um die begehrten Stapel und bekam sie. Gleichzeitig verkehrte sie mit Pierre Drieu la Rochelle, bewegte sich, als sei nichts dabei, unter den Begünstigten der unseligen Pétain-Ära. Marguerite, je nach Einzelfall eine verkappte Erfüllungsgehilfin der Nazis oder eine mutige Sachverwalterin unbequemen, hochrangigen Schrifttums, erwarb sich mit ihrer Tätigkeit in der Kommission Achtung unter den Geächteten.

Zu genau diesem Zeitpunkt, an dem sie diese Schaltstelle innehatte, traf sie auf ihren »zweiten Mann«, auf Dionys Mascolo. Einen Partner, dem sie sogleich verfiel, dessen Begehren sie wie ein Blitzschlag traf. Von allen ihren Männern bezeichnete sie ihn als den schönsten, als den körperlich anziehendsten. Sie fügte die erwachende Liebe zu ihm ihren ehrlichen Empfindungen Antelme gegenüber einfach hinzu; mit beiden konstruierte sie ein stabiles Beziehungsdreieck. In ihrem Text *L'Amour* sollte sie, viele Jahre später, mit einem geometrischen Experiment veranschaulichen, was genau passiert, wenn aus einer Liebe zu zweit eine Liebe zu dritt wird: »Der Mann geht noch immer, auf und ab, vor dem Meer, dem Himmel, aber der Mann, der schaute, hat sich bewegt. Die gleichmäßige Verschiebung des Dreiecks in sich selbst nimmt ein Ende: Er bewegt sich. Er beginnt zu gehen.«

Nun, beide Männer handelten Marguerites Anweisungen entsprechend und respektierten ihr Arrangement: Robert, die Ruhe selbst und unerschütterlich, ging wie immer vor dem Meer auf und ab, gab seine Ursprungsposition also nicht auf, und Dionys, der bislang Schauende, Unbeteiligte, griff in das Geschehen ein, setzte sich in Bewegung und fing ebenfalls an, seinen Schritt zu beschleunigen: auf Antelmes Frau zu, die mit beiden unterschiedliche Spaziergänge machen und damit das Dreieck am Leben erhalten würde. Von Bedeutung war, dass das Trio in *L'Amour* am Meer agierte und dem Beziehungsgeflecht damit natürliche Grenzen gesetzt waren. Im Paris des Jahres 1942 ersetzte noch die Stadt die maritime Kulisse.

Mascolo, 1916 als Kind italienischer Immigranten geboren, also jünger als Marguerite, aber älter als Robert, hatte es mit Mitte zwanzig schon zu einem Lektoratsposten bei Gallimard gebracht, befand sich aber in einer prekären materiellen Lage. Mit Marguerite Antelme traf er nahezu täglich im »Cercle de la Librairie« zusammen, wo beide einer kommissarischen Tätigkeit nachgingen. (Dass er sich aufs Mitmachen einließ, erklärte er später mit seiner damaligen Situation: Arm und ohne eigene Wohnung sei er gewesen, die Mutter, noch schlechter dran, auf den täglichen Gang zur Suppenküche angewiesen. Er habe den Job einfach bitter nötig gehabt.) Die Zuteilung von Papier, Genehmigungen und Materialien, die Erlaubnis zur Freigabe von Manuskripten, das Für und Wider von Erscheinungsverboten unter der unmittelbaren Kontrolle der Besatzungsmacht, all diese Teilaufgaben griffen ineinander, erforderten permanente Absprache und ein gemeinsames Gespür für literarische Qualität und begrenzte Freiräume, für das ideologisch »Machbare« in denkbar schwierigen Zeiten. Bei dieser Gratwanderung freundeten sich Duras und Mascolo rasch miteinander an. Marguerite, frisch verliebt und euphorisiert, brannte gleich darauf, die beiden Männer einander vorzustellen, und zwischen Robert und Dionys entspann sich ebenfalls schlagartig eine intensive Bindung, die über Gedankenaustausch und politische Übereinstimmung weit hinausging.

Robert und Dionys teilten sich, sobald die beiden Kommissionskollegen ein »Paar« geworden waren, ihre Geliebte und Frau, die auch eine absolut ebenbürtige Diskussionspartnerin für sie darstellte. Dionys war der charakterlich Unbeständigere ihrer beiden Kompagnons, aber er ähnelte Marguerite viel mehr als Robert. Ihr imponierte, dass er sich, wie sie selbst aus einer fremden Kultur stammend, im Niemandsland Paris weitgehend autodidaktisch eine Identität geschaffen hatte. Dieser Mann, der sich oft launisch, ja bedrohlich verhielt und der eine intensive sexuelle Anziehung auf sie ausübte, dieser Dionys mit den ins Positive gewendeten Zügen des älteren Bruders war eine starke Persönlichkeit, die sich Marguerite erobern musste, eine Herausforderung, der sie unbedingt gerecht werden wollte. Allerdings fällt auf – den Kriegswirren geschuldet oder der auch beruflich erforderlichen Diskretion? –, wie wenige Fotos sie mit Mascolo zusammen zeigen.

In beiden Männern setzte sie zugleich ein Potenzial der Sensibilität frei, etwas, was Mascolo einmal als »féminie« bezeichnen sollte, in allen Männern im Verborgenen schlummernd: die Möglichkeit zu einem nicht ausschließlich von Dominanz, Autorität und herkömmlicher, vorgeblich maskuliner Machtentfaltung bestimmten Verhalten, das Freilegen weiblicher Züge in der eigenen Persönlichkeit und auch im Bezug zum anderen Mann – dem Gegenüber, der zum Spiegel subjektiver Verletzbarkeit werden kann. Antelme und Mascolo gingen also eine Beziehung extremer Nähe, Preisgabe und Schutzlosigkeit ein; es gelang ihnen, einander völlig zu vertrauen. So lieferten sie sich einander aus, gestanden sich Verwundbarkeit und Unsicherheit ein und fanden einen Halt in der Liebe, die sie für dieselbe Frau empfanden.

Ohne dass eine homoerotische Komponente ins Spiel gekommen wäre, lösten sich hier für einige Monate, ausgerechnet mitten in den chaotischen Zeitläuften des Zweiten Weltkriegs, die illusorisch anmutenden Vorgaben von den vielen idealisierten Gruppenfotos aus Kindertagen ein: Marguerite hatte sich zwei Prototypen idealer Männlichkeit an ihre Seite geholt, zwei Brüder, deren Charaktere sich komplementär zueinander verhielten, für die das Inzesttabu eine belanglose Schimäre blieb. Zwei Jungen, die zugleich Männer waren, mit denen sich Zärtlichkeit, anspruchsvolle politische wie literarische Debatten und Engagement für die Zukunft in Einklang bringen ließen. Liebe als doppelter Spiegel des Einen im Anderen: Marguerite gefiel sich in der Liebe zu Mascolo, wie sie im Liebesverhältnis Antelmes zu ihr reflektiert wurde und so auf jeden der drei Beteiligten zurückfiel.

Für einen Augenblick wurde die einstige Utopie freier Liebe greifbar, einer zwischenmenschlichen Umgangsform ohne Besitz- und Teilungsansprüche, ohne Eifersucht und Missgunst, von adoleszenter Naivität wie wahllos-unkontrollierter Promiskuität gleich weit entfernt. Die Rollenverteilung von »Ehemann« und »Liebhaber« wurde unerheblich, einzig Befindlichkeiten zählten.

* * *

Erst überraschend spät, in den Schwellenjahren 1943/44, zum Ende der Nazityrannei in Frankreich hin, begann sich das Triumvirat Duras-Antelme-Mascolo in der Résistance zu engagieren. Über ihre genauen Beweggründe für ihre allmähliche Bereitschaft zu umstürzlerischen Aktivitäten könnte man spekulieren: Bedurften die drei Akteure zunächst der Geschlossenheit und eines harmonischen Status quo ihrer »ménage à trois«, um sich der historischen Herausforderung, ja Notwendigkeit und Verantwortung gewachsen zu fühlen? Waren es Nervenkitzel und Lust aufs persönliche Risiko, mit der Duras und die beiden männlichen Freunde den gerade erst erworbenen Glückszustand wieder aufs Spiel setzten, oder ein gewachsenes politisches Bewusstsein? Beides trug sicher zu dem kollektiven Entschluss bei. Ganz konkret ging es anfangs aber darum, einem Mann namens Jacques Benet, der einer Widerstandsgruppe um den jungen François Mitterrand (alias »Morland«, so sein Deckname) angehörte, Unterschlupf zu gewähren, und bald auch Mitterrand selbst. Beide mussten auf der Hut sein und ständig untertauchen, denn dem Feind war bewusst, dass sie zu den Drahtziehern der Bewegung zählten, über viele wichtige Kontakte verfügten und jederzeit Aktionen gegen die Besatzungsmacht durchführen konnten.

So kam es, dass Benet und Mitterrand häufig in Hinterzimmern der Rue Saint-Benoît oder bei Antelmes Eltern in der Rue Dupin nächtigten; oft stand nur ein schmales Bett für beide zusammen zur Verfügung. Georges Beauchamp, Lagrolets und Roberts alter Freund, war es wohl, der Marguerite und ihre beiden enthusiastischen Komplizen in das »mouvement« mit dem Namen MNPGD (»Nationale Bewegung der Kriegsgefangenen und Deportierten«) einführte. Madame Antelme tarnte sich fortan als Marguerite Leroy.

Die konspirativen Sitzungen häuften sich; das Trio agierte, gemeinsam mit Gesinnungsgenossen, in einer gespannten Atmosphäre zwischen Euphorie, materiellen Entbehrungen und permanenter Selbstgefährdung. Marguerite führte ein dreigeteiltes Dasein, beteiligte sich an Aktionen im Untergrund, leistete Kurierdienste und schrieb an ihren Prosaarbeiten weiter (zwei Romane standen kurz vor der Publikation). Nebenbei verfasste sie unter einem Pseudonym Groschenromane, die ihr Schreiberfahrung sowie bescheidene Einkünfte einbrachten und ihr die weitere Vernetzung im literarischen Milieu erleichtern sollten, als sie nach dem Krieg mit Antelme und Mascolo den Selbstverlag der »Cité Universelle« gründete. Hartnäckig legte sie Gaston Gallimard verschiedene Prosaversuche vor – noch blieben sie unberücksichtigt.

Bis zum 1. Juni 1944 ging mit dem Versteckspiel des Trios und seiner Verbündeten alles gut; die im Wohnungsschrank versteckten Handgranaten blieben unentdeckt und kamen nie zum Einsatz. Doch dann flog die Zelle plötzlich auf: Die von einem Informanten benachrichtigte Gestapo sprengte ein geheimes Treffen in der Rue Dupin, die auch der Wohnsitz von Antelmes Schwester Marie-Louise war. Geistesgegenwärtig vereitelte Marie-Louise in allerletzter Minute Schlimmeres, indem sie eine klug formulierte, verschlüsselte Warnung abgab: Damit verhinderte sie, dass auch Mitterrand noch zu ihnen stoßen und gleichfalls deportiert werden konnte. Die Vierundzwanzigjährige und ihr Bruder aber wurden inhaftiert und von einem Lager ins nächste verschleppt, wenige Tage nur vor der Landung der Alliierten an den Stränden der Normandie. Jedes der beiden Geschwister hatte nun seinen eigenen Leidensweg zu gehen. Marie-Louise sollte es nicht schaffen, bis nach Kriegsende durchzuhalten: Am Tag des Waffenstillstandes starb sie bei einem Transport aus dem befreiten Lager Ravensbrück nach Kopenhagen; blind und halb erfroren hatten Alliierte sie zuvor aufgefunden. Antelme sollte erst in die Umstände ihres entsetzlichen Endes eingeweiht werden, als er selbst schon wieder auf dem Wege der Genesung war. Seine Odyssee führte ihn von Fresnes über Compiègne, Gandersheim und Buchenwald nach Dachau. Gestapo-Lager, Zwangsarbeit, KZs, Todesmärsche. Keiner der in Paris verbliebenen Freunde und Weggefährten konnte sich auch nur ansatzweise vorstellen, was Robert in dieser Zeit durchmachen musste. Er verlor in jenen schlimmen Monaten jeglichen Glauben an christliche Barmherzigkeit.

Die Duras (denn jetzt endlich dürfen wir sie durchgängig bei ihrem neuen und endgültigen Namen nennen, hatte sie zu guter Letzt, 1943 und 1944, doch die lang ersehnte Anerkennung von Verlagsseite bekommen und ihre ersten beiden Romane veröffentlicht) wartete im Zustand äußerster Verzweiflung, fast ein ganzes Jahr lang, bis zum Mai 1945. Der Titel eines dieser Romane, für dessen Neuauflage sie sich die erforderlichen Papiervorräte unbekümmert gleich selbst zuteilte, lautete *Ein ruhiges Leben,* und er klang nunmehr wie blanker Hohn in den Ohren der abgemagerten und ohnmächtigen Autorin, in deren *un*ruhigem Dasein sich derzeit die Ereignisse überschlugen. Im *Schmerz,* diesem Buch von unerträglicher Grausamkeit und sensationeller Schonungslosigkeit, dessen Inhalte sich aus den Aufzeichnungen in ihren Kriegstagebüchern speisten und dessen Manuskripte und Textfragmente sie angeblich erst Mitte der Achtziger, nach dem Triumph mit dem *Liebhaber,* wiedergefunden haben wollte, legte sie im Detail Zeugnis von der qualvollen Ausdehnung ihrer Ungewissheit ab. Und von der Monstrosität ihres eigenen Verhaltens. Zuerst beteiligte sie sich journalistisch an der redaktionellen Gestaltung des Presseorgans der MNPGD und trat, noch im Herbst 1944, in die PCF (die Kommunistische Partei Frankreichs) ein. Überall zirkulierte die im Untergrund herausgebrachte, von prominenten Militanten edierte und redigierte Zeitung *Combat* – Symbol der Illegalität, der kulturellen Sabotage und der Entschlossenheit der Intellektuellen. Mascolo sorgte zur selben Zeit gemeinsam mit Albert Camus dafür, dass geheime, kompromittierende Unterlagen der Zelle aus der Rue Saint-Benoît verschwanden, sodass sie nicht in falsche Hände gelangen konnten. Um an präzisere Informationen heranzukommen, die den Aufenthaltsort und die Haftbedingungen ihres Mannes betrafen, begab sich die zum Warten verurteilte Duras schließlich in äußerste Gefahr und begann, mit jenem Mann zu flirten, der im Auftrag der Gestapo für die Verhaftung der Geschwister Antelme und die damit angestrebte Enttarnung der Mitterrand-Gruppe verantwortlich gewesen sein sollte. Ob er, dem sie in den Bürofluren der Geheimpolizei in der Rue des Saussaies mehrfach über den Weg lief, den Deutschen tatsächlich den entscheidenden Tipp gegeben hatte, war zwar umstritten – Marguerite hingegen war davon überzeugt und initiierte ein neuerliches Spiel mit dem Feuer. Dabei setzte sie nicht nur Roberts Schicksal, das an einem ihr unbekannten Ort in Deutschland seit Monaten am seidenen Faden hing, sondern auch ihr eigenes Leben aufs Spiel.

Um ihren Mann freizubekommen, waren ihr alle Mittel recht. Sie traf sich mit dem vermeintlichen Verräter Charles Delval, den sie im Roman Pierre Rabier nennen würde, in den Cafés von Saint-Germain und ließ es achselzuckend zu, dass man sie mit ihm, dem abgefeimten Funktionär aus dem Lager der Feinde, sah und sie verachtete. Vor Rabier-Delval war sie gezwungen, ihre Résistance-Aktivitäten um jeden Preis zu vertuschen; sie fing also an, ein perfektes Doppelleben zu führen. Die Duras hasste Rabier mit ganzer Kraft und war dennoch abhängig von ihm, wenn sie Hafterleichterungen oder gar eine mögliche Freilassung Roberts aushandeln wollte. Sie musste sich davor hüten, über den Tisch gezogen zu werden und ihre Seele zu verkaufen; sie musste darauf achten, sich Rabiers Annäherungsversuchen zu entziehen und sie gleichzeitig, durch den Einsatz von Verführungskunst, ein Stück weit zuzulassen, ohne in den Verdacht zu geraten, selbst eine Verräterin zu sein, und ohne selbst das Opfer seiner Verfolgungen und Folterungen zu werden. Nur: Wie glaubwürdig kann man mit den Wölfen heulen, ohne sich zu verbiegen? Wo genau endet Loyalität? Duras war, je näher sie Delval kam, auch fasziniert von seinen niederen Instinkten, seiner Verschlagenheit und seinem Denunziantentum. Mit Neugier beobachtete sie, wie er sich in das Netzwerk des Terrors einspannen ließ und auch sie einzuspannen versuchte, hielt ihn für eine grausame, wenn auch unbedeutende Ameise im gigantischen Reich des Faschismus.

Rabier war, im Gegenzug, von der Duras beeindruckt. Man kannte diesen Typ »gebildeter« Nazikollaborateur schon: Nicht selten waren diese Mitläufer und Denunzianten ja Literaturliebhaber und ausgesprochene Kunstfreunde, die ihre Ersparnisse mit Vorliebe in den Erwerb seltener Erstausgaben steckten, Geistesgrößen verehrten und, wie die kultivierten Besatzer selbst, am florierenden Pariser Kulturleben der frühen Vierziger teilhatten. Delval gehörte möglicherweise zur selben Kategorie. Fest stand, dass er davon träumte, eine eigene Kunstbuchhandlung zu eröffnen, dass er die Werke von Gide und Mallarmé las und sammelte und dass er das künstlerische Ringen wie den Überlebenskampf seiner merkwürdigen neuen Freundin nebst ihrem unermüdlichen Streiten für ihren Ehemann offen bewunderte. Diese Antelme-Duras lieferte sich ihm in ihrer ganzen Ambivalenz aus, wickelte ihn ein, forderte ihn zu einem kaum noch zu durchschauenden Spiel auf.

So stellt sich auch heute noch die Frage: Ging sie bei ihm, um die Rettung Roberts zu erzwingen, bis zum Äußersten? Ging sie eine Beziehung mit ihm ein? War sie in der Lage, als Gefangene im Spinnennetz noch Lust für ihren Peiniger zu empfinden? Einige in ihrem engsten Umfeld hielten eine solche Liaison für ausgemacht; Mitterrand, im Greisenalter zu den damaligen Vorgängen befragt, erachtete einen solchen Schritt als durchaus »plausibel«. Beweise konnte niemand vorlegen. Marguerite selbst hielt die Fakten wie immer in der Schwebe: »Die Begierde kann alles«, ließ sie einmal mit beinahe schon unbarmherzigem Realismus dazu verlauten. »Es war eine Begierde wie jede andere, flüchtig, auf der Straße aufgelesen, die einem

jedoch lange nachgeht, weil sie verboten war.« Der Duras zog die Tatsache, dass Rabier-Delval sehr viel anziehender auf sie wirkte, als sie anfangs jemals vermutet hätte, den Boden unter den Füßen weg. Dass er, trotz seiner primitiven, kleinbürgerlichen Ambitionen, eine gewisse Eleganz und Sinnlichkeit verströmte, sich gut zu kleiden wusste, sich mit dem bei Spitzelverdiensten eingeheimsten Geld ein in Maßen luxuriöses Leben leisten konnte und sie daher nach Belieben ausführte, verwirrte sie. Letztlich muss sie begriffen haben, dass auch er sie in der Hand hatte und sein perfides Spiel mit ihr trieb: Nirgends fand sich schließlich ein Beweis dafür, dass er über so großen Einfluss in Gestapo-Kreisen verfügte, um wirklich etwas zugunsten von Robert ausrichten zu können. Oder dass er bei den ersten Verhören zugegen gewesen war. Konnte es sein, dass sie sich geirrt hatte und dem Falschen auf den Leim gegangen war, sich mit einem kleinen Fisch abgab und völlig nutzlos ihre körperlichen Vorzüge investierte? Wer köderte wen?

Jedenfalls war es Rabier-Delval, den die Geschichte als Ersten einholte. Nach der Befreiung von Paris mitten im Sommer der deutschen Niederlage, als Marguerite noch kein bisschen vorangekommen war bei ihren Nachforschungen, wurde er von der MNPGD gestellt, von einem Schnellgericht zum Tode verurteilt und im letzten Kriegswinter in Fresnes hingerichtet. Duras hätte Rabier am liebsten eigenhändig zur Strecke gebracht. Und in gewisser Hinsicht tat sie das auch: Das Gericht war im Grunde von der Bedeutungslosigkeit Delvals überzeugt gewesen, hatte ihn für eine kleine Nummer gehalten und sich bereit gezeigt, ihn mit einer geringfügigen Strafe davonkommen zu lassen. Marguerite, als Zeugin vorgeladen, irritierte während des Verfahrens aber den Generalstaatsanwalt, indem sie ihren vormaligen Verehrer zunächst schwer belastete und mit ihren Äußerungen das Todesurteil quasi vorwegnahm, um sich dann eines Besseren zu besinnen, ihre Behauptungen zu widerrufen und wieder zugunsten von Delval auszusagen. Nun erzählte sie, er habe einmal Juden vor der Verschleppung gerettet und somit Gnade walten lassen. Doch diese Kehrtwende erfolgte viel zu spät; ihre erste Stellungnahme hatte längst den Ausschlag gegeben. Delvals Schicksal war besiegelt; er war zum direkten Opfer von Marguerites ins Groteske gesteigertem Rachebedürfnis geworden. »Wir haben versucht, ihn vor dem Justizapparat zu bewahren und ihn selbst zu töten, ihm die übliche Ochsentour vor den Schwurgerichten zu ersparen.« Zu spät.

Die Autorin Duras schilderte später im *Schmerz* die menschenverachtende Widersprüchlichkeit der Akteurin Duras, genoss die grausame Fehlentscheidung als Konsequenz ihrer eigenen sibyllinischen Statements. Kurzen Prozess hatte sie gemacht mit diesem Beau, der über ihr und Roberts Schicksal hatte befinden können – so hatte sie es sich jedenfalls ausgemalt, und diese Wunschvorstellung vor sich selbst als Täuschung entlarven zu müssen, ging ihr gegen den Strich. Womöglich einen fatalen Fehler begangen und ein Menschenleben auf dem Gewissen zu haben, diese Eventualität mochte sie sich nicht eingestehen. Eine eindeutige Schuldzuweisung an jemanden, der sicher verachtenswerte Züge trug, für den man jedoch auch Gefühle aufgebracht hatte, war die einfachere, bequemere Lösung. Vom »echten« Schmerz befreite sie aber nicht.

* * *

Marguerites Warten auf ihren »Mann mit den gleichmäßigen Schritten eines Gefangenen« ist noch lange nicht zu Ende. Weitere elf Monate wird sie Listen mit Verschollenen überfliegen, die Auffanglager durchkämmen, heimkehrende Deportierte befragen, Lebensmittelkarten besorgen, bei Verantwortlichen vorsprechen, täglich umsonst in den Orsay-Bahnhof eilen, verzweifeln, hoffen, weiter abnehmen, aufgeben, abstumpfen. Nie gibt es konkrete Nachrichten. Robert scheint wie vom Erdboden verschluckt, keiner hat ihn zufällig gesichtet, niemand ist Zeuge seiner Auslöschung geworden. Dionys weicht nicht von ihrer Seite, erweist sich in dieser belastenden Übergangszeit als treuer Freund und Begleiter. Das Dreieck funktioniert also noch, allein seine Elastizität wird auf eine harte Probe gestellt.

Dass das harmonische, perfekte Dreieck von einem Dreieck ganz anderer Natur überlagert wird, erfährt die Duras hingegen zu Lebzeiten nie: Charles Delvals Ehefrau Paulette, die wegen des unseligen Prozessverlaufes die völlig unverhältnismäßige Todesstrafe für ihren Mitläufer- und Spitzelgatten befürchten musste und sich in ihrer Verzweiflung an Mascolo wandte, ließ sich dazu hinreißen, eine Beziehung mit ihm einzugehen. Um die Haut ihres Mannes zu retten, ging sie ebenso weit, wenn nicht sogar weiter als zuvor Marguerite. Doch auch dieser Betrug um der Liebe willen führt nicht zum Erfolg – die Verurteilung von »Rabier« hat sich damit nicht aufhalten lassen, sein Tod durch ein Erschießungskommando ebenso wenig: Das Verhängnis nimmt seinen Lauf. Als Charles Delval, schon seit Monaten in Fresnes inhaftiert, in den ersten Tagen des Jahres 1945 auf dem Gefängnishof exekutiert wird, ist seine Frau Paulette von Dionys Mascolo schwanger. Ihr gemeinsamer Sohn wird sechs Monate später geboren, ziemlich genau zwei Jahre bevor Marguerite Dionys' Sohn auf die Welt bringen sollte. Bis in die späten Neunziger wird der doppelte Vater die Existenz des ersten Kindes vor Marguerite verbergen. In dieser abscheulichen, abstoßenden Endphase des Krieges sind augenscheinlich alle, gleichgültig, zu welchem Lager sie gehören, zu perversen Schmierenkomödianten, zu selbstsüchtigen, erbärmlichen Geschöpfen geworden. »Es kam dann ein Augenblick starken Dunkels. Das Meer war aus Tinte, und es ist kalt geworden.«

Dass die Duras wenigstens in Bezug auf die Affäre von Dionys und Paulette unwissend bleibt, sie ausgerechnet, die glaubte, alle Fäden in der Hand zu halten, hat auch sein Gutes: Sie konzentriert sich weiter auf die Liebe zu Dionys, der sie stützt, und auf die Suche nach dem anderen Partner, ihrem Angetrauten, der in einem elenden Lager vor die Hunde geht oder bereits das Zeitliche gesegnet hat. Das allein, die Antwort auf die Fragen nach dem Wie, Wann und Wo, möchte sie noch in Erfahrung bringen. Überall in Europa, so scheint es ihr, herrscht nun schon Frieden, nur nicht in ihrem Inneren; Erleichterung wird allerorten spürbar, nur sie ist von der kollektiven

Freude ausgeschlossen, leidet an Fieber, träumt im Delirium, empfindet ihr Dahinvegetieren als »schwarzes Loch« – eine ihrer künftigen zentralen Metaphern. Ist ihr die Zukunft entglitten, steht ihre
Existenz als glücklich Liebende, als selbstbewusste, überzeugte Kreative vor dem Aus? Marguerite Duras ist jetzt zu einer Frau geworden, die, wann immer sich eine Gelegenheit dazu bietet, gebetsmüh-
lenartig von sich sagen würde: »Sehr bald in meinem Leben war es
zu spät.«

Über die Liebe, diese grandiose, kolossale Kraft, der sie früher
noch anarchistische Eigenschaften zugestand, wird sie sich von nun
an relativierend äußern, vorsichtig, abwägend und auch abwehrend,
wird von einem »Reden um der Rede willen« sprechen, jeglicher
Großartigkeit beraubt.

Fast ein Jahr ist vergangen seit der Trennung, seit dem Beginn der
Deportation. Die Fantasie holt sie ein; die widerliche Realität wird
beiseitegeschoben. Nur einen Ort gibt es noch, wo sie sich das glückliche Zusammentreffen mit Robert vorstellen und bis in kleinste
Einzelheiten ausmalen kann: das Meer. »Ich schließe die Augen. [...]
Wenn er wiederkäme, würden wir ans Meer fahren, das würde ihm
am meisten Freude machen. Ich glaube, dass ich sowieso sterben
werde. Wenn er wiederkommt, werde ich auch sterben.« Sie ist sich
beinahe sicher, dass er an der Tür klingeln werde. Das Einzige, was
sie dann noch tun könne, sei »zu öffnen und dann zu sterben. Zwischen dem Augenblick, in dem ich die Tür öffne, und dem Augenblick, in dem wir vor dem Meer stehen, bin ich gestorben. In einer
Art Überleben sehe ich, dass das Meer grün ist [...] Ich weiß nicht, wo
er in dem Augenblick, in dem ich das Meer sehe, ist, aber ich weiß,
dass er lebt. Dass auch er irgendwo auf der Erde ist und atmet. Ich
kann mich also an den Strand legen und mich ausruhen. [...] Ein
warmes Meer. [...] Er wird *das Meer* betrachten. Mir wird es genügen,
ihn zu betrachten. Ich will nichts für mich. [...] Ich habe mich entschieden, so auf ihn zu warten, wie ich warte, bis ich daran sterbe.
Das geht nur mich etwas an.«

Die Realität sieht anders aus: Nicht sterben wird sie angesichts des wiederauferstandenen Ehemannes, sie wird vielmehr ihn und ihre Leserschaft mit einem brutalen Entschluss vor den Kopf stoßen. Wie so oft bei der Duras, die an einem lebensbedrohlichen, kritischen Punkt angelangt ist, aber unter Aufbietung aller Kräfte gestärkt aus den harten Kriegsjahren hervorgeht, markieren Trotz, Beharrlichkeit und Aufbäumen den Wendepunkt. Wie so oft bei ihr werden die Schamlosigkeit und die Rücksichtslosigkeit den Sieg davontragen über den Schmerz.

Zerstören, schreibt sie

Heute scheint Schreiben recht oft nichts mehr zu sein.
Manchmal weiß ich: Wenn das Schreiben nicht,
alle Dinge vereinend,
ein flüchtiges Sprechen in den Wind ist,
so ist es nichts.

Um die präzisen Umstände der Rettung von Robert Antelme im Konzentrationslager Dachau, das unmittelbar nach der Befreiung wegen einer schweren Typhusepidemie unter Quarantäne stand, ranken sich so viele Legenden, dass es ein schwieriges Unterfangen wäre, zu der einen, unumstößlichen »Wahrheit« vorzudringen. War es wirklich Mitterrand-Morland, der, als Angehöriger einer provisorischen Delegation von de Gaulle in das allmählich entnazifizierte Lager Dachau entsandt, die schwachen Hilferufe seines Genossen vernahm, als er sich einen Weg durch die Leichenberge bahnte? Nach heutigem Forschungsstand kann man davon ausgehen. Oder war es doch Jacques Benet, der den nur noch fünfunddreißig Kilo wiegenden Antelme in einem Duschraum unter Dutzenden von Fleckfieberkranken vorfand? Wer hörte seine Stimme als Erster, wer erkannte ihn auf Anhieb, wer besaß zuvor den Mut, sich den Baracken des Grauens zu nähern und die schwache Hoffnung, Antelme zu entdecken, nicht aufzugeben? Wer genau organisierte den heimlichen, von den amerikanischen Militärbehörden streng untersagten Abtransport, wer setzte sich über die pessimistische Einschätzung hinweg, der Aufgefundene habe bestenfalls noch einige Tage, wenn nicht nur Stunden zu leben, und mutete ihm die lange Rückfahrt nach Paris zu? (Denn Mitterrand und Benet fühlten sich schon seit Längerem gleichermaßen schuldig an Roberts Festnahme; sie machten sich Vorwürfe, ihn durch die ausgiebige Nutzung des Saint-Benoît-Versteckes überhaupt in ihre Aktionen und die komplexen Pläne der Résistance hineingezogen zu haben.)

Gesichert ist, dass Mitterrand Marguerite telefonisch darüber informierte, dass Robert noch am Leben war, und dass er ihr riet, sich auf das Schlimmste einzustellen, sollte es der Geschundene überhaupt bis nach Hause schaffen. Und dass die heikle Reise im Team durchgeführt wurde, gemeinsam mit Antelmes alten Freunden Georges Beauchamp und Dionys. Mit vereinten Kräften sollte den vier Männern das Unmögliche glücken: Im Chaos der ersten Nachkriegstage trieben sie einen Privatwagen auf, besorgten Genehmigungspapiere, nutzten eine vorübergehende Unaufmerksamkeit der Bewacher, schleusten Antelme aus dem Lager und erbrachten so den diffizilen Freundschaftsdienst.

Dass Antelme in den kommenden Wochen und Monaten tatsächlich zu überleben vermag, dass er den immer wieder stockenden Transport gen Westen übersteht, grenzt an ein Wunder. Doch Robert hat schon viel Schlimmeres hinter sich: Er ist durch die Hölle von Entmenschlichung, Erniedrigung, Entwürdigung und Elend gegangen; er hat auch erfahren dürfen, was standhafte Inhaftierte, zu solidarischen Gruppen zusammengeschlossen, zu bewegen imstande sind; ihm ist bewusst geworden, was Hunger, Hass, Gewalt, mangelnde Hygiene und Entbehrungen aus Menschen machen können – und hat dabei, und das stellt ein noch viel größeres Wunder dar, eine unendliche Toleranz und Gleichmut entwickelt.

Während der gesamten, umständlichen Rückkehr nach Paris, wo Concierge und Hausgemeinschaft den völlig Entkräfteten im notdürftig geschmückten Innenhof des Mietshauses schon erwarten, fleht Robert seine Kompagnons an, keine unnötigen Stopps einzulegen; erst jenseits der deutschen Grenze fühlt er sich in Sicherheit. Und er redet ohne Unterlass. Wie sein bester Freund Dionys sich erinnert, »erzählte er unaufhörlich, erzählte, erzählte. Er fühlte sich nach wie vor vom Tod bedroht, und er wollte von all dem Entsetzlichen, was er erlebt hatte, so viel wie möglich berichtet haben, bevor es zu spät sein könnte und er nichts mehr weiterzugeben vermöchte.« Jedes zweite Wort, das Robert ausspricht, ist »Dachau«. Nur mit dem Begriff der Barmherzigkeit, für ihn zur sinnentleerten Worthülse geworden, darf man ihm nie mehr kommen.

Das Wesen, das Mitte Mai 1945 der wartenden Ehefrau im Treppenhaus der Rue Saint-Benoît entgegenwankt, von den erschöpften Freunden gestützt, ist nicht mehr der geliebte Mann, dessen Wiederkehr Marguerite so lange herbeigesehnt hat. Ihr Entsetzen ist so unermesslich, dass es sich in einem Tobsuchtsanfall, begleitet von Schreien wie von einem wilden Tier, entlädt – jenen Schreien, die in Duras' Texten nie mehr verstummen werden. Man muss Marguerite schlagen, ihr Alkohol einflößen, beruhigend auf sie einreden, sie bei Nachbarn verstecken. Schließlich kriecht sie in einen Schrank, wo sie stundenlang wimmernd kauert. Bis sie sich endlich wieder daraus hervorwagt, sich dem Skelett Robert zu nähern traut. Der erbärmliche Anblick des Elenden, die völlige Abwesenheit aller Kategorien von Menschenwürde und Menschenähnlichkeit bringen sie um den Verstand, übersteigen ihr Fassungsvermögen. Mitleid regt sich in ihr, doch vor allem regiert der Abscheu.

Der Knochenhaufen in ihrer Wohnung, mit Frostbeulen und Füßen ohne Nägel, in dem nur noch die Augen glimmen und die Ratio mit dem Herzschlag ums Überleben kämpft, ist ein Fremder und soll doch ihr geliebter Mann sein. Das Opfer braucht Kissen, Brei, ununterbrochenen Beistand; es entwendet rationierte Nahrungsmittel, nagt an ungenießbaren Fleischresten, gleicht einem kranken Tier, erbricht und entleert sich, schwankt zwischen Angst und maßloser Gier. Dieser Robert will in einer Tour essen, fressen, sich alles Vertilgbare einverleiben und kann doch kaum etwas bei sich behalten. Im *Schmerz,* der ursprünglich *Der Krieg* heißen sollte, protokolliert seine Frau alles, was sie anwidert und abstößt. Sie beobachtet, wie Ursula März es einmal drastisch formuliert hat, am Küchentisch, im Bad und im Schlafzimmer ein grotesk »entstellte[s]

KZ-Gespenst, aus dessen Gedärmen sich, über Wochen hin, eine grünklebrige Substanz ergießt«. Der Gestank von Antelmes Verdauungssäften erfüllt das Appartement, in dem nur noch geflüstert wird; die Konsistenz seiner Körperflüssigkeiten ist Tagesgespräch, Indiz für minimale Fortschritte.

Seine Gefährtin und Vollzeitkrankenschwester überführt ihre inneren, unterdrückten Schreie in die Disziplin eines Tagebuchs. Mit der ebenmäßigen Schrift einer Buchhalterin trägt sie den Pflegeprozess in ein Schulheft ein, das sie dann vierzig Jahre lang aus den Augen verlieren wird. Sie hält die banalen Bewegungsabläufe, die Verausgabung und die noch immer nicht schwinden wollende Verzweiflung fest. Sie registriert noch die kleinsten Veränderungen und Anzeichen der Besserung; sie verzeichnet den Übergang von Agonie und Verwesung, vom Unvorstellbaren, das sie beide durchmachen, in die kleinlaute Freude über einen ersten aufkeimenden Hoffnungsschimmer, in schließlich zaghafte Zuversicht. Die Chronistin heuchelt keine Empathie, ihr eignet nichts Heldenhaftes. Ihre Gemütsverfassung ist nahezu ebenso zerrüttet wie die ihres schemenhaften Patienten, und sie klagt unmissverständlich Aufmerksamkeit dafür von ihm ein – *gerade* von ihm: »Er hatte nicht gesehen, dass wir weinten. Er hatte auch nicht gesehen, dass wir ihn kaum ansehen konnten, ihm kaum antworten konnten.« Wäre das nicht auch reichlich viel verlangt gewesen von einem Sterbend-Lebenden wie ihm, der sich auf den Ablauf von elementaren Funktionen reduziert hatte und sich einzig und allein auf sein Durchkommen konzentrieren musste?

»Das Meer war blau, selbst da, vor unseren Augen«, spricht die Träumende, eine Poetin und unverbesserliche Optimistin, »und es gab keine Wellen, sondern ein äußerst sanftes Hin- und Hergewoge, ein Atmen in tiefem Schlaf. Die anderen haben aufgehört zu spielen und haben sich auf ihren Handtüchern in den Sand gekauert. Er ist aufgestanden und auf das Meer zugegangen. Ich bin nahe ans Ufer herangekommen.« Nun, so zärtlich wie die Protagonistin ihres Traums verhält sich die Duras keineswegs. Sie muss noch einige Wochen warten, dann will sie Robert mit einer neuen Folter konfrontieren, mit der Aussicht nämlich, dass sein Wiedererstarken sowie der gerade erst aufflammende Lebensfunke lediglich dazu gedient haben sollen, ihn die Nachricht von der bevorstehenden, einseitig beschlossenen Trennung verkraften zu lassen.

Marguerite, auf die Rolle der Pflegerin reduziert, kann diesen Moment grausamer Aufrichtigkeit kaum noch abwarten. »Er ist immer mehr zu Kräften gekommen. Eines Tages habe ich zu ihm gesagt, dass wir uns scheiden lassen müssen, dass ich ein Kind von D. wolle, dass es wegen des Namens sei, den dieses Kind tragen würde.« Robert habe sie daraufhin gefragt, »ob es möglich sei, dass wir eines Tages wieder zueinanderfänden«, doch sie habe, ohne zu zögern, Nein gesagt, ihn darauf hingewiesen, dass sie seit zwei Jahren ihre Meinung nicht geändert habe, seit der Begegnung mit Dionys. Selbst wenn es Mascolo nicht gäbe, fährt sie fort und versetzt Robert damit einen weiteren Dolchstoß, könne sie nicht mehr mit ihm zusammenleben. »Er hat mich nicht nach den Gründen gefragt, deretwegen ich wegwollte, und ich habe sie ihm nicht gesagt.«

Anstößig, rücksichtslos und selbstsüchtig ist das Verhalten der Duras – jedenfalls nach »objektivem« Empfinden –, auch vom Zeitpunkt her völlig deplatziert, und sie scheut sich nicht, diese Grausamkeiten ihrem Mann in seine noch nicht vollständig genesene Seele und der Außenwelt (und damit auch uns, ihren Lesern) »ins Gesicht zu schleudern«. Ein Vorrat an subversiver Energie und das Unvermögen, ihre Selbstbezogenheit im Zaum zu halten, beschwören Unglück in einem Moment herauf, in dem man sich auf eine freudige Überraschung gefasst gemacht hat und in dem zartfühlender Umgang und das Zurückstellen eigener Bedürfnisse angebracht wären. Marguerite entzieht ihre Liebe einem Mann, der sie für sein Überleben benötigt, in einem Ausmaß wie vielleicht nie zuvor und nie mehr danach. Die Duras verschweigt die unmenschliche Dimension ihrer Härte nicht. Sie liebt Robert weiterhin, aber er verfügt nicht mehr über denselben Körper, den sie vor seinem Aufenthalt in den Lagern gespürt hat. Er verfügt erst recht nicht mehr über dieselbe Seele, deren Nähe und Verwandtschaft sie einst gesucht und benötigt hat. So paradox es klingen mag: Es wäre – für die radikal Liebende – noch viel ungerechter und schamloser, einfach so zu tun, als hätte sich nichts ereignet, und wieder an die alte, frühere Form ihrer Liebe anzuknüpfen.

Zu viel hat sich inzwischen verändert. In einem Jahr wurden unumstößliche Tatsachen geschaffen: Nie wird die Duras den barbarischen Alltag in den Konzentrationslagern in vollem Umfang nachvollziehen oder gar »verstehen« können, ihr Wissen darüber ist unauthentisch, nur aus zweiter Hand. Mit seinem Wissen, mit dem Übermaß seiner Leidensfähigkeit kann und darf sie nicht konkurrieren. »Nichts hast du in Hiroshima gesehen«, mit dieser inzwischen sprichwörtlichen Beschwörungsformel wird »der Japaner« in Duras' Drehbuch *Hiroshima mon amour,* das sie für Alain Resnais komponierte, immer aufs Neue die Mitleidsbeteuerungen seiner europäischen Geliebten abwehren, ihr jegliches Mitspracherecht über die Atombomben-Katastrophe verwehren. Ist Leid überhaupt jemals kompatibel? Darf man unterschiedliche Formen und Ausprägungen von Leid miteinander vergleichen, kann man Leid messen? So gesehen handelt die Duras letztlich aufrichtig und konsequent, wenn sie Robert nicht allein *wegen* der von ihm durchstandenen Foltern und Qualen lieben will. Es ist kein Geheimnis, warum sie den gütigeren unter ihren beiden Männern verschmäht: Mascolo steht ihr – trotz der Doppelaffäre um die beiden Delvals – jetzt viel näher. Er hat ihr im Wartesaal der Geschichte zur Seite gestanden, hat ihre letzten Monate ununterbrochen geteilt. Sein Körper ist, anders als der seines Freundes, unversehrt. Von ihm wünscht sie sich jetzt ein Kind. Und die Duras hat für sich herausgefunden, dass sie die Fähigkeit zur Zerstörung, auch und gerade die zur »heilsamen« und »notwendigen« Zerstörung, als Lebenseinstellung wie als Schaffensimpuls konstant in sich trägt. Jedes neue Buch wird einem Zerstörungsvorgang mitsamt seinen reinigenden, kreativen Folgen gleichen. Wer Duras liest, ihr auf ihrem verschlungenen Pfad durch ihr Werkganzes folgt, lässt sich auf die Vernichtung und Infragestellung von Gewissheiten und Konventionen ein, erkennt das Erfordernis des Zerstörens an. Auf diese Weise wird der Akt des Schreibens zum Triumph gegen alles Bestehende, aber nicht mehr zu Ertragende.

* * *

Im so faszinierenden wie schwer hinzunehmenden *Schmerz*-Buch, in einer an den Bericht von Antelmes Rettung angehängten Doppelerzählung, finden sich noch dunklere, noch unerträglichere Passagen: Dokumente physischer Zerstörungswut und mörderischer Raserei. In ihnen enthüllt die Duras im Tonfall eines eiskalten Engels eine weitere monströse Facette ihrer Persönlichkeit – die Bereitschaft zu Folter und Sadismus. Sowie die Lust, die man dabei empfinden kann, wenn man einen wehrlosen Menschen peinigt, ihn zu Tode quält. Zwar spricht sie von einer »Thérèse«, die im Zeitraum zwischen Paris-Befreiung und Kriegsende in zu Kammern der Grausamkeit umfunktionierten Kellern und Wohnungen mitten in der Stadt Verhören und Misshandlungen beiwohnt, selbst unangenehme Befragungen durchführt, Denunzianten erledigt und Kollaborateuren, indem sie die Folterknechte zu noch größerer Härte anpeitscht, auf bestialische Weise Schmerzen zufügt. Im selben Atemzug stellt sie aber auch klar: »Thérèse, das bin ich. Ich liefere euch die, die foltert, mit dem Rest der Texte aus.«

Duras feiert hier, mit erschreckendem Realismus, einen Exzess der Brutalität, lässt uns an orgiastischer Gewaltausübung teilhaben. Sie lässt jegliche Moral außer Acht. Die zu Peinigenden haben schwere Verbrechen verübt. Sie haben es, nach dem Dafürhalten von Thérèse, mehr als verdient, gedemütigt, gezüchtigt und halb totgeschlagen zu werden, damit sie ihre Verfehlungen eingestehen und wichtige Informationen preisgeben. Und dennoch mag man kaum weiterlesen, fürchtet sich vor der nächsten Seite, die noch detailliertere Beschreibungen von purer, ungezügelter Folterlust enthält. Ganz besonders schockierend ist die Aufforderung, die Duras diesen (offenkundig echten Vorfällen des Jahres 1944 nachgebildeten) Aufzeichnungen voranschickt: »Lernt zu lesen«, heißt es dort schwarz auf weiß, »es sind *heilige* Texte.« Diese euphemistische Wertung, eine Heiligsprechung von Gewalt, ein Bekenntnis zu schrankenloser Rache und das Eingeständnis, die Folterungen auch noch in vollen Zügen genossen zu haben, verschlägt einem den Atem. Thérèse-Duras wird damit zur janusköpfigen Gestalt: hier die um ihren entführten Mann Bangende und Trauernde, die ihn nicht vor den Qualen schützen kann, die ihm in deutschen Lagern zugefügt werden, dort die Anstifterin und Rächerin, die sich genau derselben brutalen Mittel bedient. Hier die zur Aufopferung bereite Ehefrau, die bei der Wiedermenschwerdung Antelmes assistiert, dort die Hyäne in den Folterkammern, die eine Handvoll gewaltbereiter Männer anstachelt, noch ihre letzten Hemmungen abzulegen.

Weiß oder erfährt Robert, dass auch Marguerite – zumindest für die Dauer einer »Erzählung« – die Gegenseite einnehmen und zu einer Schergin werden konnte, die an Grausamkeit den Befehlshabern wie Befehlsempfängern im KZ nur wenig nachstand? Dionys, falls auch nur ein einziger Satz aus der Feder seiner Gefährtin die Geschehnisse im rechtsfreien Pariser Untergrund korrekt widerspiegelt, wird meistens dabei gewesen sein und die Szenen, die auf ihren Buchseiten zu quasidokumentarischer »Literatur«, zu Zeugnissen eines grenzenlosen Hasses geronnen sind, aus eigener Anschauung kennen. Sie sind nichts weniger als eine Entgleisung, die beweist, dass das, was die Naziaufseher ihren Gefangenen angetan haben, in puncto Grausamkeit keinen Sonderfall darstellt: Sobald die Gegenseite die Gelegenheit zur Vergeltung bekommt, wird die Intensität ihrer Brutalität vom Ausmaß der Schandtaten der Nationalsozialisten kaum noch unterscheidbar.

Was einem das Herz zuschnürt bei der Lektüre des *Schmerzes,* sind die unkontrollierten Ausbrüche wilder Wut, ist die vollständige Abwesenheit von Gnade. »Ich habe mich überladen mit Tragödien, überall sind sie ausgebrochen, auf allen Seiten«, legt Marguerite einer ihrer Figuren im zeitgleich erscheinenden Roman vom *Ruhigen Leben* in den Mund. »Und ich bin verantwortlich. Man könnte es zumindest glauben.« Duras, die virtuose Arrangeurin von (falschen) Identitäten, die raffinierte Gestalterin diffuser Zwischenräume von Realität und Geschichte, Fiktion und historischer Wahrscheinlichkeit, handelt auch in den befremdlichsten Passagen im *Schmerz* wieder ihrer eigenen Devise gemäß. Zerstören, sagt sie; zerstören, schreit sie; zerstören, schreibt sie.

* * *

Zurück nach Paris, wo das zwischenzeitlich baufällig gewordene Dreieck nach Kräften renoviert und instand gesetzt wird. Die Schwester ist wieder mit ihren Brüdern vereint. »Wir waren gegen das Prinzip der Ehe und Heirat«, erinnert sich Dionys, »gegen normale, konventionelle Erziehung, gegen die Kirche, gegen jegliche ›Familien‹-Konzepte.« Also können das Leben und die Liebe zu dritt, ungeachtet des von Marguerite verursachten Bruches, ungeachtet der im Krieg durchlebten Wandlungen und trotz Roberts Aufenthalt im Inferno der Nazilager, weitergehen. Man lebt wieder unter einem Dach oder wechselt zwischen den Wohnungen von Mascolos Mutter, Antelmes Familie und der Rue Saint-Benoît hin und her. Die Freundschaft der Männer mit der Vielzahl ihrer engen Übereinstimmungen spinnt sich fort, Eifersucht oder Rivalität spielen keine Rolle. 1947 treten auch Antelme und Mascolo in die PCF ein, vollziehen den Schritt, den Marguerite schon 1944 gewagt hat. Man bringt Robert die entsetzliche Nachricht vom Tod seiner Schwester Marie-Louise während der Verschleppung so schonend wie möglich bei und fährt mit ihm zu Genesungsaufenthalten in Landkurheime, nach Savoyen etwa. Gemeinsame Italienreisen werden folgen, als es in den Nachkriegsjahren auch zu einer materiellen Erholung für alle kommt. 1946 trennen sich Duras und Antelme einstweilen als Paar, lassen sich bald darauf scheiden, bevor Marguerite, nach einem zivilisierten »Anstands-Abstand«, Dionys' Kind auf die Welt bringt, halten jedoch daran fest, auch in Zukunft für ihre Aktivitäten dasselbe Domizil zu teilen, und arbeiten sogar enger zusammen als je zuvor.

Das Trio gründet einen eigenen Verlag: Ihre Éditions de la Cité Universelle bringen ein wichtiges Buch des Philosophen und Résistance-Kämpfers Edgar Morin heraus, das sich augenblicklich zum modernen Klassiker entwickelt, und eine von Dionys unter einem Pseudonym verantwortete Gesamtausgabe der Werke von Saint-Just. Mascolo und Duras sind die Gründer, Robert und Marguerite die Herausgeber. Ebenfalls 1947 erscheint im hauseigenen Verlag Robert Antelmes einzige und großartige Chronik seiner Erlebnisse in der deutschen Gefangenschaft als »Politischer« unter dem Titel *Das Menschengeschlecht* – keine platte Abrechnung mit den Tätern und dem Tätervolk, sondern der Versuch, Gewaltbereitschaft und ideologische Verführbarkeit als Phänomene zu begreifen, die noch in ihren entsetzlichsten Auswirkungen als Eigenschaften und als Möglichkeiten »menschlichen« Verhaltens in jedem Staatswesen, unter jedem System, zu jeder Zeit auftreten können. Nicht eine Verringerung oder Schmälerung der Gräueltaten durch die Bestie Mensch wird angestrebt, Antelme wirbt mit seiner humanistischen Botschaft der Hoffnung, einer groß angelegten Reflexion über die Conditio humana, für Versöhnung und warnt vor voreiligen Schuldzuweisungen, enthält sich einer politisch missbräuchlichen, vereinfachenden Wertung.

Sein Fazit lautet: Auch wenn die SS und die KZ-Schergen noch so viele Menschen getötet haben mögen, durch den Massenmord sei es ihnen nicht gelungen, die Gefangenen in etwas anderes, Minderwertiges zu transformieren. Hinrichtende wie Hingerichtete zählen nach wie vor zur selben Spezies, sind spätestens im Tod ununterscheidbar. Mit dieser souveränen und auch beeindruckenden Haltung beweist Antelme Größe, ohne dass er den Begriff »Vergebung« in den Mund nehmen muss.

Antelme und Duras, die ihm in künftigen Publikationen beipflichten sollte, sind sich einig darin, dass man aus den Nazigräueln kein spezifisch deutsches Schicksal machen dürfe: Wenn man diesen Fehler begehe, schränke man »den Menschen von Bergen-Belsen auf die Dimension einer Regionalfigur ein«. Nur eine einzige Antwort lasse sich auf diese Verbrechen geben: Man müsse daraus »ein Verbrechen aller« machen, es teilen. »Ebenso wie die Idee der Gleichheit, der Brüderlichkeit.« Marguerite stimmt Robert zu, wenn er konstatiert: »Es ist die Menschheit« selbst, »die dieses Verbrechen begangen hat. Wenn man es auf die Deutschen beschränkt, heißt das, dass man sie wie die Juden behandelt.« Und alles müsse wieder von Neuem beginnen …

Nach dem starken Echo, das seine erschütternde Schrift unter den Lesern im Nachkriegsfrankreich fand – in Deutschland mussten erst vier Jahrzehnte vergehen, bevor sich im Zuge des hiesigen Duras-Rummels ein Verleger dafür interessieren sollte –, äußerte sich Antelme nie wieder explizit über seine Erfahrungen mit dem nationalsozialistischen Terror.

Und Duras? Ihr nächster Roman benötigte noch eine Reifezeit von drei Jahren. Er würde wieder von ihrer Kindheit handeln, doch er würde Robert gewidmet sein. Von den Lagern, vom unteilbaren »Schmerz« Roberts zu sprechen, würde sich die Duras nie erlauben. Sie hat ihren eigenen *Schmerz* geschildert, viele damit brüskiert und den Egoismus dieses Schmerzes auch eingestanden.

* * *

Es mag überraschen: Im Gegensatz zu Yann Andréa, zu den beiden Brüdern, zum chinesischen Liebhaber Huynh finden die gleichrangigen Lebensgefährten Robert und Dionys kaum direkten Eingang in die Bücher der Duras. Gewiss, es gibt Ausnahmen: Die Allgegenwart von »Robert L.« und »D.« bestimmt nicht nur die Erinnerungen an die Zeit zermürbenden Wartens im *Schmerz,* auch in den *Pferdchen von Tarquinia* ist eine latente Präsenz des Genesenden zu spüren; eine gemeinsame Italienreise nach Bocca di Magra an die ligurische Küste mit Antelme, dem hochgeschätzten Schriftstellerkollegen Elio Vittorini und dessen Frau Gina wird darin nahezu unverhüllt paraphrasiert.

Und dann sind da auch noch die Widmungen: Marguerites *Ma-*

trose von Gibraltar, jener Roman aus den Fünfzigern, in dem Mondä-
nität und Abhängigkeit vom Alkohol Einzug in das Duras'sche Universum halten, ist Dionys ebenso zugedacht wie *Zerstören, sagt sie,*
ein brisanter Text zwischen Theater, Roman und Film von 1969, aus
der Zeit und dem Umfeld der Studentenrevolte. Die aktuellen Ereignisse vom Mai 1968 und seine Konsequenzen hallen darin nach.
Dem Anspruch, engagierte Literatur zu verfassen, folgt Duras auf
ihre sehr persönliche Weise, und so entsteht ein monolithischer,
sperriger, sich dem unmittelbaren Tagesbezug mutwillig verwei-
gernder Textblock. Nicht zufällig sind in diesem von Bach-Fugen
kontrapunktierten, relativ experimentellen Gebilde wieder drei Akteure anwesend: Alissa (womit augenblicklich die gleichnamige Fi-
gur von André Gide evoziert wird), Stein und Max Thor. Eine Frau
und zwei Männer kreisen im Ungefähren umeinander, ihre Beziehungen verknüpfen und lösen sich stets aufs Neue (eine neuerliche,
kaum verhüllte Allegorie auf das Trio aus der Rue Saint-Benoît, in
Form einer verspäteten Hommage?), das für Duras so kennzeich-
nende »Reich des Konjunktivs« herrscht in ihren Wortwechseln und
Befindlichkeiten.

Antelme wiederum ist der Widmungsträger des bereits diskutierten Romans *Heiße Küste* von 1950, eines Wurfs von »männlicher«, ja
gewalttätiger Sprachkraft, mit dem die Duras beinahe den begehrten Prix Goncourt ergattert hätte. Sie reiht sich damit, weit weniger
epigonal noch als mit ihren Prosawerken aus den Vierzigern, teil-
weise in die Schreibtraditionen der »lost generation« ein und bedient
sich nach Herzenslust deren stilistischer Errungenschaften. Sie in-
tegriert außerdem den unbarmherzigen, grausam-lapidaren Realismus eines Hemingway sowie das erzählerische Gewicht, die epische
Breite von Mauriac und Tolstoi in ihre Indochina-Saga. Andererseits
steht sie auch den avanciertesten Techniken des »Nouveau Roman«
nicht fern, einer Gruppierung, der man sie gerne zugerechnet, der
sie selbst jedoch zeitlebens die Gefolgschaft verweigert hat. Und kei-
nesfalls beschäftigt sie in *Heiße Küste,* trotz der Zueignung an Robert,
der feinfühlige, für immer an seinen Kriegserfahrungen leidende

Ehemann – er hat, an Marguerites Seite, nunmehr die Rolle des verschwundenen, verstorbenen Bruders Paulo eingenommen, besetzt dessen leer gewordenen Stuhl. Vielmehr errichtet sie der Intelligenz und dem monströsen Durchhaltewillen ihrer Mutter ein Denkmal, dem sie im *Liebhaber* die uneingeschränkte Bewunderung von deren beherrschtem Wahnsinn folgen lassen würde – einem Pendeln zwischen erratischem Verhalten und Entrückung, das ihr mehr als alles andere imponierte. Robert brachte sie auf diese Weise ein Stück ihrer Kindheit näher, in der die nie vollständig zu klärende Wesensbestimmung des Menschengeschlechts in ihrer ganzen Fragwürdigkeit und Erhabenheit auf einer völlig anderen Ebene anklingt.

Abahn Sabana David von 1970, im Folgejahr als *Jaune le soleil (Gelb [ist] die Sonne)* von Duras selbst fürs Kino bearbeitet, ist fraglos jener Text, in dem sie Antelmes erduldete Demütigungen in den Lagern, die lebensbedrohliche Atmosphäre von Verrat, Bespitzelungen und Verstecken am deutlichsten thematisiert. Folgerichtig ist auch er Antelme ausdrücklich zugedacht. Roberts autobiografisch-philosophischem *Menschengeschlecht* hält Marguerite hier die dichterische Perspektive entgegen, wendet das Unfassbare, persönlich ertragen, ins Allgemeine, indem sie erfundene Begebenheiten von der konkreten Epoche des »Dritten Reiches« ablöst und einen undefinierten, fiktiven Raum schafft. Zugleich gestaltet sie die historische Katastrophe in der Schilderung spezifischer Schicksale, schreibt den Prozess ihrer hartnäckig betriebenen Autojudaisierung im Rahmen verfremdeter Autobiografie(n) fort. »Wir sind auch Juden« oder »Auch wir sind Juden«, ließ sie sich in den Jahren nach 1968 des Öfteren vernehmen und stellte sich auf diese Weise in eine Reihe mit allen Verfemten und Verfolgten politischer Unrechtssysteme in diesem Jahrhundert, schlug sich auf die Seite der Juden in den Konzentrationslagern, der Algerier in ihrem Kampf um Unabhängigkeit, der Palästinenser im Sechstagekrieg, der Schwarzen der Rassenunruhen, der Außenseiter, Gefolterten und Hingemeuchelten.

Ihre Identifikation mit diesem »allgemeinen« Weltjudentum Entrechteter und Ausgeschlossener ging so weit, dass sich ihr Sohn Outa jahrelang für das Kind von Juden hielt und später über den tatsächlichen Sachverhalt aufgeklärt werden musste. Als die Duras schließlich *Jaune le soleil* dreht, ist Dionys als Schauspieler mit von der Partie.

Outa ist Ende Juni 1947 geboren, im selben Jahr, als die Scheidung zwischen Duras und Antelme erfolgt, im Jahr des Parteieintritts der Männer auch, die zeitgleich sogar ein gemeinsames Interview mit Elio Vittorini in den *Lettres françaises* herausbringen. Von Neid oder Rivalität fehlt beim Männergespann weiterhin jede Spur, Jean Outa Mascolo pendelt als Kleinkind unbekümmert zwischen der Behausung seiner Eltern und derjenigen Antelmes und dessen neuer Parterin Monique, wo er von seinen »doppelten« Eltern mit derselben Zuneigung betreut und umsorgt wird, und das auch erst, nachdem Antelme endgültig aus der Rue Saint-Benoît aus- und Dionys bei Marguerite eingezogen ist. Diese symbolische Gegenbewegung erfolgt erst 1948, als Outa längst auf der Welt ist und Robert schon mit Monique zusammenlebt. Jean Mascolo heißt der kleine Junge offiziell – es sollte kein Kind mit dem Nachnamen Duras geben. »Duras«, das war und blieb Marguerite ganz für sich allein.

Und noch immer bilden Marguerite, Robert und Dionys eine intakte Einheit. »Der Tag neigt sich«, heißt es im stillen, geometrischen Gesetzen gehorchenden Dreiecksbuch *Liebe*. »Das Meer, der Himmel erfüllen den Raum. In der Ferne ist das Meer schon oxydiert vom düsteren Licht, wie der Himmel. Drei, sie sind zu dritt im düsteren Licht, im Netz der Langsamkeit.«

* * *

Unbeirrt setzt die junge Duras ihre noch störanfällige, von Rückschlägen gekennzeichnete Karriere nach den Kriegswirren fort. Zu einem veritablen Fiasko aber gerät die Mitgliedschaft der drei Verschworenen in der PCF. Auf die anfängliche Hinwendung unter dem Eindruck der Kriegsereignisse, noch von Enthusiasmus für die kommunistische Idee geprägt, und den Beitritt zur Sektion des 6. Pariser Bezirkes, die Mitsprache bei Ausschusssitzungen, das Vertei-

len von Flugblättern, den Haus-zu-Haus-Verkauf der linken Tageszeitung L'Humanité und die Mitgliedschaft im Schriftstellerzirkel der
Partei folgt, zu Beginn des neuen Jahrzehnts, eine demoralisieren-
de Erkenntnis. Als Rive-Gauche-Intellektuelle ist man aus Sicht der
Parteileitung weder »proletarisch« genug, um einen angestammten
Platz in der Organisation einzunehmen, noch mag man nach dem
Einsetzen des Kalten Krieges Ende der 1940er-Jahre auf inhaltlicher
und programmatischer Ebene im Einklang mit der Parteilinie agieren. Als Angehörige des Schriftstellerzirkels sind sie überdies direkt
dem argwöhnischen Zentralkomitee unterstellt. Ihr enger italienischer Freund und Parteitheoretiker Vittorini, der sich seit Langem
für andere hochkarätige Autoren unter den Geschassten einsetzt,
hat schon früh vor einer unheilvollen Stalinisierung der französischen Genossen gewarnt, die mit echter Gedankenfreiheit, Welt-
offenheit, Toleranz und Meinungspluralität wenig im Sinn haben,
hingegen den Dogmatikern und Engstirnigen jenen ideologischen
Freiraum gewähren, den die drei aus Saint-Germain sich für sich selber gewünscht haben.

Schlussendlich eckt das Trio auch mit seinem liberalen und als
leichtfertig, ja anstößig empfundenen Lebensstil an. »Jede schläft mit
jedem«, das scheint in jenen Jahren der Des- und Neuorientierung
ein ungeschriebenes Gesetz zu sein, so als wolle man sich täglich
vergewissern, dass man noch am Leben sei. Doch dieser Hang zu
häufigem Partnerwechsel und vermeintlicher Ausschweifung ist für
die Linientreuen unter den Parteibonzen, die eben auch unverbesserliche Traditionalisten sind, ein rotes Tuch. Zu viele Aufenthalte in
Jazzclubs und Nachtbars, zu wenig traditioneller »Familiensinn«, zu
viel schädlicher Umgang mit »Trotzkisten«: So lauten die Unterstel-
lungen, so klingt der unverhohlene Neid auf einen vorgeblich von
Hedonismus bestimmten Tagesablauf. Der Flirt mit den französischen Parteikommunisten verläuft somit rasch im Sande, nachdem
sie, die Ungehorsamen, die Verfolgung von Schriftstellerkollegen in
der Sowjetunion desavouiert haben. Auch sind ihr frivoles Gehabe,
ihre Bonvivant-Attitüde, ihr ätzender Sarkasmus und ihre wenig li-

nientreue Gesinnung den doktrinären Genossen ein Dorn im Auge. Seit Langem ist Marguerite ja dafür berüchtigt, stets unumwunden das zu sagen, was sie denkt. Zeitlebens würde sie nie, um irgendeiner Political Correctness Genüge zu tun, »die Klappe halten«.

Man hält Duras, Antelme und Mascolo rundheraus für Dekadente, für Libertins und für ausgemachte Ironiker. Obwohl sie nichts dafür können, dass die Concierge ihres Hauses die einzige Proletarierin in der Sektion ist, wird ihnen selbst das zum Vorwurf gemacht. Als der PCF-Führung auch noch zu Ohren kommt, dass sich Duras & Co. in Bistros öffentlich über Parteikader und prominente Kommunisten lustig machen oder ihren Redestil persiflieren, ist das Maß voll. Am 8. März 1950 werden sie alle drei gleichzeitig aus der Partei ausgeschlossen. »Noch *vor* Budapest.« Sie erleben den kollektiven Rauswurf, dessen kleingeistige Begründung – Sabotage, Beleidigung und Verleumdung der PCF – sie noch nicht in vollem Umfang begriffen haben, zuerst als persönliche und intellektuelle Niederlage, gar als Exkommunizierung; sie verfassen sogar vor Rechtfertigung und flammender Überzeugung nur so strotzende Antwortschreiben. Erst viel später wird ihnen bewusst, dass der Ausschluss eher einer Ehrung ihrer freiheitlichen wie auch freizügigen Gesinnung gleichkommt, dass die Partei schon damals dabei gewesen ist, sich in eine ideologisch-intellektuelle Sackgasse zu manövrieren, intern die drohende Gefahr totalitärer Tendenzen nicht rechtzeitig abgewendet hat – und dass wohl niemand in der Parteiführung ihrem Anspruch und ihren geistigen Fähigkeiten gewachsen ist. Wie sehr hätte man, wäre nur der Wille dazu da gewesen, das Potenzial von Denkern wie Mascolo und Antelme, das Potenzial einer angehenden Literatin von Rang – wie eben der Duras – nutzen können! Eine fundierte Debatte mit den Parteioberen über gemeinsame Überzeugungen und etwaige Differenzen bleibt jedoch aus. Eine Aussprache ist erst gar nicht vorgesehen. Da ist es auch nur noch von untergeordneter Bedeutung, wer der Parteispitze die belastenden Informationen über die »Gelage« und verbalen Ausfälle zugespielt hat – manche verdächtigen den angesehenen Widerstandskämpfer, Ex-KZ-Insassen und Schriftsteller Jorge Semprún der Denunziation. Semprún sollte noch ein halbes Jahrhundert später solche Anschuldigungen öffentlich zurückweisen, doch können seine Einlassungen nicht alle Akteure von damals überzeugen: Monique Antelme, Roberts Witwe, bezichtigte den Spanier, inzwischen ein eingefleischter Exkommunist, in Presse-Statements der bewussten Falschaussage. Sie will Semprúns Unterschrift unter dem Ausschlussprotokoll vom März 1950 mit eigenen Augen gesehen haben.

Der verheerende Einfluss der Partei auf das Individuum sei »unheimlich« gewesen, erinnerte sich die Duras noch in den Achtzigern. Er betreffe »alle Ebenen«, sei »ebenso intellektuell wie proletarisch. Wer in der Partei ist, wird indoktriniert. Man bekommt eine militaristische Erziehung. Alle, die sich als Mitglied einschreiben.« Dennoch bereute sie ihren früheren Parteieintritt nicht – für sie sei er das einzig mögliche, weil antigaullistische Engagement gewesen –, und weder Duras noch Mascolo oder Antelme konnten im Gaullismus eine authentische »volkstümliche Bewegung« erkennen ... Auf individuelle und damit letztlich viel effektivere Weise werden die drei Verschmähten im Laufe der Jahrzehnte einigen kommunistischen Idealen und Leitsätzen durchaus treu bleiben. Duras lässt sich in einem letzten, reichlich gehorsamen Schreiben an die Partei dazu hinreißen, ihren früheren Standpunkt, der auch unkritische Loyalität mit einschließt, noch einmal deutlich darzulegen: »Ich bin und bleibe aus tiefster Überzeugung Kommunistin. Muss ich unter diesen Bedingungen wirklich noch hinzufügen, dass ich mich niemals etwas oder jemandem anschließen werde, das oder der der Partei schaden könnte?« In Zukunft wird dann aber ein trotziger Umgangston ihre Kommunikation mit den früheren Genossen bestimmen – sie selbst wird sich die Anliegen aussuchen, für die sie sich einsetzt, und sie selbst wird die Form und Intensität bestimmen, mit der sie für gesellschaftliche Veränderungen kämpft.

Mit Mascolo unterzeichnet Marguerite 1955 die Verlautbarungen des legendären Intellektuellen-Komitees gegen den Algerienkrieg, prangert die Untaten der französischen Armee im Maghreb an, spricht in dieser Angelegenheit öffentlich in der Salle Wagram und unterschreibt dann auch, im September 1960, die spektakuläre Erklärung, das »Manifest der 121«, kollektiver Aufschrei gegen staatlich sanktionierte Folterungen und Kriegstreiberei sowie Ermunterung an die französischen Soldaten zu Befehlsverweigerung und Ungehorsam. Dionys festigt unter den eingeschworenen Stalinisten seinen Ruf als unverbesserlicher Ketzer, als er seinem Parteiausschluss eine groß angelegte Studie über den Kommunismus folgen lässt, die 1953 bei Gallimard herauskommt. Gegen Ende des Jahrzehntes gründet er seine antigaullistische Zeitschrift *Der 14. Juli (Le 14 juillet)*, für die Duras und Antelme Beiträge liefern, aber auch Morin, Maurice Blanchot und André Breton. Man schreibt darin nicht zuletzt gegen die blutige Niederschlagung des Aufstands in Ungarn an. Und in den auf die Mai-Unruhen folgenden anarchistischen Monaten der Jahre 1968/69 erhebt sich in Interviews und Dokumentarfilmen, für alle hörbar, Duras' markante Stimme, ruft zur Zerschlagung aller konventionellen Institutionen auf, befiehlt »alle Welt auf die Strände«, sagt den Luxushotels und anderen Stätten der Protzerei den Kampf an, will nichts mehr vom staatlichen Schulwesen wissen, ja den Staat selbst abschaffen, überzieht maßlos. Mit einem Lächeln auf den Lippen und mit leicht sarkastischem Tonfall appelliert sie an die fortschrittlichen Kräfte im Land, die Gunst der Stunde zu nutzen und Tabula rasa zu machen mit allem, was Frankreich, was Europa, was der westlichen Welt hoch und heilig ist. »Alles abreißen«, das wünscht sie sich wie nichts sonst. »Wieder von vorn anfangen«, was für eine fabelhafte Chance. »Vom Strand aus«, vom Nichts, das Leben wieder neu in den Blick nehmen: Da verschafft sie sich wieder Gehör, die so unnachahmliche, totale Zerstörungswut, die sagenhafte Zerstörungslust der Duras.

★ ★ ★

Als unzerstörbar erweist sich (auch wenn jetzt Dionys die erste Geige spielt in ihrem Liebesleben, Monique sie an Antelmes Seite abgelöst hat und »ihr aller Kind« Outa den Familienalltag in gleich zwei Wohnungen bestimmt) die tiefe Bindung Marguerites an Robert. So wie sie es einst prophezeit hat, finden sie sich zu zweit noch Anfang der Fünfziger an einem Strand wieder und lassen sich dort ablichten: mit erwartungsvollem Blick, wieder gesundet und geläutert, entspannt und abgeklärt auch, die Füße im Sand vergraben. Links die schon bald vierzigjährige Kindfrau mit Kurzhaarfrisur, rechts der bebrillte Intellektuelle, der ein Jahrzehnt zuvor durch die Hölle gehen musste, und zwischen ihnen eine riesige Lagune, eine aufgeblasene Luftmatratze, die Silhouette eines Berges: Es könnte der Vesuv sein. Oder irgendein anderer Vulkan, der nunmehr erloschen ist. Von dem keine furchterregenden Eruptionen mehr ausgehen können, der seinen Frieden mit den Menschen zu seinen Füßen gemacht hat. Noch für mehrere Dekaden, in deren Verlauf sich die beiden in denkbar unterschiedliche Richtungen entwickeln und sich auch nur noch selten am selben Ort aufhalten werden, kommen Marguerite und Robert beiderseitige Gefühle und Urvertrauen nicht abhanden. Und auch nicht ihr geschwisterlicher literarischer Instinkt.

In den Duras-Archiven befindet sich ein undatiertes Gedichtmanuskript mit vielen Streichungen und Änderungswünschen. (Dabei sind Lyrikskizzen eigentlich eine Seltenheit in diesem Nachlass.) Und zwar in gleich doppelter Ausfertigung: in der Handschrift einer Frau und in der Handschrift eines Mannes. Marguerite und Robert haben diese Ode wohl »vierhändig« verfasst. Alternierend, konzertierend, parallel. Eine echte Trouvaille. Die Zeitläufte haben ihr nichts anhaben können. Ihre Worte sind so unzerstörbar wie ihr Sujet, ihr archaischer, hymnischer Charakter und ihr Titel: »Ô mer – Oh Meer.«

Dieses Meer, das Antelme und Duras hier mit surrealistischen Metaphern preisen, mit zahlreichen pathetischen Attributen ausstatten und direkt ansprechen wie ein intimes Gegenüber, ist eine Ansammlung von Küssen, die sich »unter unseren traurigen Blicken«

vollziehen, eine Ansammlung von »Fluten«, von »zartem Mitleid« und von enormer Willenskraft. Wüsten seien belästigt und verschluckt worden, und »drum herum baden die Menschen in deiner Gischt«. »Die Stimmen deiner Gefängnisse / werden auf ihren Körpern ausgelöscht«: Ein ganzes Volk rückt auf einmal in den Mittelpunkt, dem stets der jeweils darauffolgende Tag das Meer wieder raubt. In den Augen bleiben nur Erinnerungen zurück. Was aber die Zukunft der Menschen betreffe, so könne sie ganz verschiedene Formen annehmen und von nicht steuerbaren Ereignissen bestimmt sein, »wenn du, oh Meer«, so heißt es schließlich, erst einmal »dein allererstes Wort« wie ein Signal, wie ein Motto »ausstoßen wirst«. Abgesang und Zuversicht sind gleichermaßen präsent in dieser Hymne, deren hohem Ton etwas Zeitloses und auch etwas Anrührendes innewohnt. In diesem Ozean, dessen Sprachwerdung kurz bevorsteht, scheint die Summe aller geschichtlichen Begebenheiten, alles Bisherigen ebenso enthalten zu sein wie die Aussicht auf eine neue Ära, deren Gestalt noch unbestimmt ist, von der man noch nicht wissen kann, ob es sich in ihr zu leben lohnt – die vielleicht furchteinflößend sein wird, womöglich aber auch motivierend und, mit etwas Glück, gar paradiesisch.

Es muss also nur geduldig abgewartet werden, ob und wann das Meer sein Zauberwort verkündet und die Erdenbürger damit auf eine neue Reise ins Ungewisse schickt. Das Meer: jener Ort, an dem die Duras ihre Männer, ihre Brüder noch immer wiedergefunden hat.

Die Unbequeme

Schreiben heißt versuchen herauszufinden,
was man schreiben würde, wenn man schriebe –
man weiß es erst danach.
Vorher ist es die gefährlichste Frage,
die man sich stellen kann.
Aber es ist auch die geläufigste.

Die restaurativen, steifen und ängstlichen Fünfziger sind zu Ende
gegangen, die wilden, bunten, abenteuerlustigen Sixties haben begonnen. Die Duras ist unterdessen zu einer bekannten und gefürchteten Kolumnistin geworden. Sie schreibt über Brigitte Bardot, Fran-
cis Bacon, Leontine Pryce, Margot Fonteyn und Maria Callas, entwirft mit schnellen Strichen präzise, oft unbarmherzige Porträts
von Diven, Medienlieblingen, Vamps und Stars, behält aber auch
den Durchschnittsfranzosen im Blick; sie stellt den alltäglichen Ras-
sismus in Paris ebenso an den Pranger wie Exekutionsmethoden im
nordafrikanischen Unabhängigkeitskampf, Menschenrechtsverlet-
zungen und politische Morde in Ungarn; aus der Feder fließen ihr
leichtfüßige Essays, Glossen, maliziöse Statements. Pure Unterhaltung ist auch dabei. Ihre ersten Theaterpremieren machen gleich
von sich reden; Avantgardisten wie Samuel Beckett preisen ihre experimentellen Dramen. Sie ist eine gefragte Kommentatorin des
Zeitgeistes, man reißt sich um ihre Gesellschaft. Zeitgrößen buhlen darum, sich von der indiskreten Prominenten interviewen zu
lassen: Es lohnt sich, von »der Duras« ins Kreuzverhör genommen
zu werden – und es erregt stets auch Aufsehen. Klatsch und Kunst,

Politik und Privates halten sich die Waage, Texte für den Tagesgebrauch, Flirts mit dem Jetset und große Würfe wechseln sich ab. Für Marguerite ist dies eine Ära »außer Atem«, *à bout de souffle,* für die die Filmklassiker der Nouvelle Vague die Kulisse abgeben und die Chansons von Gréco, Brel und Ferré den Soundtrack. Ihre Energie lässt nie nach, ihr Schaffensdrang noch weniger.

Sie tummelt sich also auf verschiedenen Terrains, hat auch im politischen Tagesgeschehen etwas zu sagen. Mitte der Sechziger wird ihre Stimme in der Öffentlichkeit deutlich vernommen, wird jedes neue ihrer Bücher, jedes neue ihrer Dramen in Paris diskutiert. Anlässlich der Mai-Revolten geht auch sie auf die Barrikaden, verbal zumindest. Für die Frauenbewegung, die ihre individualistische, radikale Position oft nicht richtig einschätzen kann und ihr dennoch den Hof macht, bleibt sie eine wichtige Protagonistin, aber auch eine irritierende Einzelgängerin, die sich partout nicht als Sprachrohr vereinnahmen lässt. Eine Enigmatikerin mit erstaunlicher Langzeitwirkung: An »der Duras«, die geschickt alle Spuren verwischt, um dann ihren Fans wieder motivische Appetithappen hinzuwerfen, auf die sie sich gierig stürzen können, arbeiten sich seit Jahrzehnten Literaturwissenschaftler, Psychoanalytiker, Frauenrechtlerinnen, Feministinnen und Exegeten ab.

Der Durchbruch für die in literarischen Kreisen lange Umstrittene kommt spät – und ausgerechnet mit einer Zulieferarbeit: Mit dem bereits erwähnten Szenario für *Hiroshima mon amour,* einen Alain-Resnais-Film, den sie noch nicht selber drehen darf, erreicht sie 1959, als Mittvierzigerin, erstmals eine größere Öffentlichkeit. Ein Drehbuch oder auch nur ein ungebundener, zu nichts verpflichtender Text: über eine Frau, die einem versehrten Mann zuhört; beider Versuch, einander für einen Tag zu lieben; die Unmöglichkeit, nicht selbst erlebtes Leiden zu ermessen; Monologe und absurdes Aneinandervorbeireden; eine zerstörte Meereslandschaft, nur äußerlich noch intakt. Als Leitmotiv dient die desillusionierende Bekräftigung: »Du hast nichts gesehen. Gar nichts.« Die Zuschauer bekommen ebenfalls nur wenig zu sehen. Denn Resnais und Duras halten sich nicht an bisher etablierte filmische Erzählkonventionen, sondern fügen Pausen ein, spielen mit enttäuschten Erwartungen, setzen auf Langzeitwirkung. Ein befremdendes, aufwühlendes Stück Kino, Gedanken und Empfindungen wie eine stetige Wellenbewegung. Neu ansetzend, überwältigend, wieder ins Leere laufend. Ein Welterfolg für Eingeweihte, der seiner Schöpferin sogar eine Oscar-Nominierung für das beste Originaldrehbuch einbringen wird. Was die Duras hier pointiert formuliert, lässt aufhorchen.

Bewusste Schamlosigkeit und gezielte Tabuverletzungen werden bald auch zu den Leitlinien ihrer Publikationen und ihres gesellschaftlichen Wirkens. Zügig vervollkommnet sie ihren lakonischen, distanziert-aussparenden Personalstil und vermag auch eine wachsende Leserschaft an sich zu binden. Dass aber die Literaturkritik, was ihre Prosawerke betraf, sie als Vertreterin des Nouveau Roman vereinnahmen möchte, ist ihr eher unangenehm – verächtlich weist sie eine solche Rubrizierung zurück.

Moderato cantabile, eine filmische Adaptation ihres Romans gleichen Namens mit Jean-Paul Belmondo und der einzigartigen Jeanne Moreau in den Hauptrollen – ein vielschichtiges Beziehungsdrama, das sich in einem nichtssagenden Hafenstädtchen abspielt –, macht sie einem breiteren Publikum bekannt. Allmählich schälen sich eine Handvoll Themen heraus, die der Duras lieb und teuer sind und die sie in immer neuen Varianten durchdekliniert: die Fragilität von Paarbeziehungen, latente Gewalt zwischen Mann und Frau, Fremde und Monotonie, eine beträchtliche Mühe, sich irgendwo stabil zu verorten; als Trostlosigkeit erlebte Sexualität, mal starke, dann wieder ganz schwache Frauenfiguren auf der Suche nach sinnstiftenden Veränderungen, chronische Alkoholsucht, der Duras noch aus der Kolonialzeit vertraute, morbide *ennui* … Schon früh fasst sie, in dieser Hinsicht ganz die Tochter ihrer unbeherrschten Mutter, Frauen generell als durchsetzungsfähige, unnachgiebige Gestalterinnen, als Tyrannen auf – und Männer durchweg als passive, entscheidungsschwache Dahintreibende. Als Loser, die nur der Sexus kurzzeitig aus ihrer Apathie aufzurütteln vermag.

Nebenbei erneuert sie mit einigen bahnbrechenden kurzen Theaterstücken, oft Einaktern, das französische Nachkriegstheater: *La Musica, Der Park, Ganze Tage in den Bäumen* etwa. Eminente Regisseure und Bühnenschauspieler bemühen sich um die Uraufführungen und Ersteinstudierungen ihrer Stücke, aber sie findet auch Geschmack an selbstständiger Regiearbeit, verwirklicht einige bemerkenswerte, als kühn empfundene Inszenierungen.

Dass sie in der zweiten Lebenshälfte, vom Erfolg verwöhnt und trotzdem weltabgewandter denn je, zunehmend dem Alkohol zuspricht und ihr Äußeres sich sehr zu ihren Ungunsten verändert, wird allerdings ebenfalls wahrgenommen. Der *»style durassien«* – Rollkragenpulli, halsloser, krötenhafter Kopf, unvorteilhafter Einheits-Look mit Hornbrille, altmodischem Rock und zahllosen dicken Ringen an den Fingern – entgeht den Schandmäulern unter den Journalisten und Gesellschaftslöwen nicht. Man zollt der Duras Bewunderung, schätzt ihre Unnahbarkeit, man lästert aber auch gern über sie, mokiert sich über ihren Dünkel, ihre als anmaßend erachtete »Unfehlbarkeit«. Und was sie zum Tagesgeschehen, manchmal ziemlich ungefiltert und nicht selten etwas unbedacht, von sich gibt, erregt Empörung.

Die Wende zur ernst zu nehmenden Autorin erfolgt mit dem *India Song*-Zyklus, dessen Ausläufer bis in die späten Siebziger reichen und mit dem sie ihre eigene Kindheit und Jugend konsequent ins Zentrum ihrer poetischen Reflexionen stellt. Hier erst findet sie zu ihrer unverwechselbaren Sprache und plündert nun systematisch ein nur ihr zugehöriges Arsenal aus Bildern, Sujets und Figuren. Einen Teil des großen Publikums verliert sie mit dieser Zuspitzung, da sich die intellektuelle Anforderung an das Nachvollziehen ihres persönlichen Universums deutlich intensiviert. Einen anderen Teil, den tonangebenden, das französische Feuilleton prägenden, gewinnt sie hinzu. Und mit ihrer einheimischen Gefolgschaft vermehrt auch begeisterte Leser und Zuschauer in Europa und auf der ganzen Welt.

Es scheint paradox: Je stärker die Anerkennung für sie in Frankreich, aber auch auf internationaler Ebene wächst, desto mehr ver-

einsamt sie. Immer mehr gleicht sie den verlorenen Charakteren aus ihren Büchern und Filmparabeln. »Die verschiedenen Örtlichkeiten [meiner Protagonistinnen und Helden] sind allesamt Orte am Meer, es ist immer am Meeresufer, wo sie leb[en].«

* * *

Ihre Mutter Marie, mittlerweile doch noch zu einigem Wohlstand gelangt, ist 1949 aus Indochina zurückgekehrt, um sich am Loire-Ufer in einem imitierten Louis-XV.-Schlösschen zur Ruhe zu setzen und Hühner zu züchten, doch die letzten Begegnungen und Besuche, mit Outa im Schlepptau, bringen nicht die ersehnte Versöhnung. Marie zeigt sich fassungslos und entrüstet über ihr »verzerrtes« Porträt und die unbarmherzig ausführliche Schilderung der Demütigungen und des Familienlebens in *Un barrage contre le Pacifique*; in der kaum liebenswerteren Mutterfigur von *Ganze Tage in den Bäumen* vermag sie sich noch weniger wiederzuerkennen. Was ihrer Tochter denn einfalle, sie als zutiefst ungerechtes Familienoberhaupt zu präsentieren, erregt sie sich. Kein gutes Wort hat sie für ihre Kleine übrig, von Lob oder Stolz für Duras' wachsende Anerkennung im Literaturbetrieb ganz zu schweigen. Statt zur Aussprache kommt es zum Bruch; als Marie Donnadieu im August 1956 stirbt, knapp achtzigjährig und, wie seitdem hartnäckig kolportiert wird, in den Armen ihres geliebten Erstgeborenen Pierre, haben sich die beiden Frauen seit mehr als zwei Jahren nicht mehr zu Gesicht bekommen. Und doch ähnelt Marguerite in charakterlicher Hinsicht – Hartnäckigkeit, Starrsinn, Anflüge herrischen Verhaltens –, auch wenn sie es nur ungern wahrhaben will, mehr und mehr ihrer Mutter.

Vorbei sind auch die Zeiten, in denen sie als Königin der Intellektuellen in der Rue Saint-Benoît regierte, umschwirrt von begabten und nicht minder eloquenten Männern ganz unterschiedlichen Zuschnitts. Ihr nahezu gleichaltriger Schriftstellerkollege Claude Roy porträtierte sie mit liebevollem Einfühlungsvermögen, wie sie einst daheim Hof hielt und brillanten Köpfen wie Georges Bataille, Raymond Queneau, Michel Leiris, Elio Vittorini und gelegentlich wohl auch dem von ihr wenig geschätzten Jean-Paul Sartre die Bälle zuspielte: »Sie besaß einen sehr direkten Charakter, agierte unvermittelt, neigte zur Abruptheit, legte eine exzentrische und oft komische Vehemenz an den Tag, ein unendliches Potenzial an Gefühlsausbrüchen, an Appetit auf alles Mögliche, an menschlicher Wärme und Erstaunen.« Sie verbinde, so Roy, die Grobheit einer Ziege und die Unschuld einer Blume mit der Weichheit einer Katze. Besonders »typisch katzenhaft« an der Duras fand Roy ihre oftmals skurrilen Reaktionen, was er an ihrer Sprunghaftigkeit festmachte – einem permanenten Schwanken zwischen »drolligem« und »kratzbürstigem« Benehmen.

Inzwischen ist der Nimbus dieser Kultstätte in die Jahre gekommen und verblasst. Das Appartement selbst könnte auch einmal aufgefrischt werden, aber die Duras hält nichts von Renovierungen, legt auf Komfort nicht den geringsten Wert. Jahrzehntelang behält sie den ursprünglichen Zustand bei, schert sich nicht um Verwahrlosung oder mangelnde Ordnung. Eine banale, regelrecht schäbige Vierzimmerwohnung findet noch in unseren Tagen der österreichische Autor Christoph W. Bauer im einstigen Heiligtum der Duras vor, »abgeblättert die Wände, in der Küche speckig; abgeschlagenes Geschirr. Eine emaillierte Kübelwanne im Bad, Blümchengardinen vor den Fenstern. In ihrem Arbeitszimmer nebst Schreibtisch ein schmales Bett mit karierter Decke, überall Bücher, Manuskripte, Fotos und Einladungskarten, wahllos an die Wand gepinnt.« Und doch wird sie von jenen Verächtern, die noch nie bei ihr zu Gast sein durften, vordergründig und unreflektiert zur Fraktion der Champagner-Linken gerechnet, zur sogenannten »gauche caviar«, die in Frankreich seit jeher keinen guten Ruf genießt – natürlich weil man ihr die Nonchalance, die Selbstsicherheit, die Bildung und eine gewisse materielle Sorglosigkeit, die sich leicht mit Arroganz verwechseln lässt, neidet.

Längst – es wurde zuvor schon angedeutet – hat also der Alkohol Einzug in Marguerite Duras' Leben gehalten, hat ihr Gesicht, wie sie selbst sagt, »gemeißelt und verwüstet«. Bis zu sechs oder sieben Litern billigsten Weines wird sie zu Spitzenzeiten in sich hineinschütten, eine Leberzirrhose wird zu ihrer ständigen Begleiterin. Die Krisen, Komata, Entgiftungsversuche und Entziehungskuren rhythmisieren ihre zweite Lebenshälfte. Schon um zehn Uhr früh sind, auch bei Ausflügen und auf Reisen, das erste Bierchen, der erste »petit rouge« fällig. Der notorische Griff zum Glas und irgendwann dann die chronische, krankhafte Trunksucht erleichtern ihr den Schreibvorgang, stacheln sie an, gleichen erotische Defizite aus und machen jene heiklen Momente ein klein wenig erträglicher, in denen sie sich ausgeschlossen, unverstanden und ungeliebt vorkommt. Die Protagonisten ihrer Bücher, aus *Moderato cantabile* etwa, im *Matrosen von Gibraltar* und auch *Im Sommer abends um halb elf,* trinken auf jeder Buchseite, als handle es sich um ihren Lebensinhalt oder als müssten sie sonst verdursten. Sie konsumieren Martinis und Camparis, stürzen einen Whiskey nach dem anderen herunter und scheinen einigen ihrer Lieblingsdrinks, durchweg »harten Sachen«, förmlich verfallen zu sein. Die eine oder andere Flasche Wein zählt da schon gar nicht mehr.

Gérard Jarlot, ein attraktiver Schriftsteller und Journalist, dem der Ruf eines Frauenhelden vorauseilt und der der Duras zuliebe die schöne junge Schauspielerin Françoise Arnoul verlassen hat, ist, von 1957 an, der ideale Begleiter und Geliebte für diese Zeitspanne – Marguerite kennzeichnet sie in der Rückschau als ihre »gefährlichste« Lebensphase. Sieben Jahre, in denen sie Schaden an Leib und Seele nimmt. Was sie und den deutlich jüngeren Gérard aneinanderkettet, ist nicht allein der exzessive Hang zum Alkohol, sondern eine intensive, ungesunde Lust an der Gewalt. Oft schlafen die beiden, nach einer durchzechten Nacht, bis in die Puppen, prügeln einander mehrfach täglich, machen sich nicht einmal die Mühe, die Vorhänge zuzuziehen, wenn sie aufeinander losgehen, und sehen sich dennoch in der Lage, das Drehbuch und die Dialoge für einen Henri-Colpi-Film mit dem Titel *Une aussi longue absence (Eine so lange Abwesenheit)* zu schreiben, der in Cannes und anderswo wichtige Preise einheimsen wird. Die aparte Alida Valli verkörpert darin eine verunsicherte Bistrotwirtin, die in einem Clochard ihren vor langer Zeit deportierten Ehemann wiederzuerkennen glaubt. Der unabänderliche Verlust seines Gedächtnisses verstärkt die Ungewissheit für die einsame Frau noch, doch kommt es zu einer behutsamen Annäherung zwischen den einstigen oder neuen Gefährten.

Im bereits erwähnten Roman *Moderato cantabile,* Duras' erstem kommerziellen Bucherfolg überhaupt, für dessen kongeniale Verfilmung durch die Bühnenlegende Peter Brook sie zusammen mit Jarlot zusätzlich die Kinobearbeitung vorlegt und die Dialoge verfasst, beherrscht eine andere, aber ähnlich verstörende Zweierkonstellation das Geschehen: Hier versuchen die gelangweilte, reiche Gattin eines Fabrikdirektors und ein mysteriös agierender, recht attraktiver Arbeiter, bei ihren verbotenen Treffen gemeinsam herauszufinden, was es mit einem Mord aus Liebe, von dem sie nur von ferne etwas mitbekommen haben, auf sich hat. Sie haben die Schreie gehört, die die Bluttat begleiteten. Nunmehr rätseln sie über mögliche Motive, beginnen ihrerseits zu trinken und an ihrer ausweglosen Situation zu verzweifeln und werden so unwillkürlich zum lebendigen Spiegel des imaginierten Paares aus der Vorgängergeschichte. Duras, Jarlot und Brook gelingt es, dafür eine bedrückende und auch faszinierende Atmosphäre von Bedrohung, erotischer Anziehung, Seitensprungfantasien, Überdrüssigkeit und Stagnation zu schaffen, die Unterredungen wie auch die Fakten immerzu in der Schwebe zu halten und Leser wie Zuschauer mit Klavierfragmenten der nur stockend vorgetragenen Diabelli-Sonatine, deren Satzbezeichnung Film und Buch ihren Titel verleiht, auch gehörig zu quälen. Noch lässt Marguerite es zu, dass andere aus ihren literarischen Vorlagen, die derzeit ganz offenkundig einen Nerv treffen, schöne, eigenwillige Filme machen. Bald wird sie mit diesen nach ihrem Dafürhalten viel zu kommerziellen und viel zu konventionellen Umsetzungen unzufrieden werden und sich selbst hinter der Kamera positionieren, um ihre Art von Kino auszuprobieren und, sei es mit auch noch so knappem Budget, schrittweise zu vervollkommnen.

Jarlot hat Mascolo inzwischen als Liebespartner der Duras abgelöst. Zuvor hatten sich kurze, bedeutungslose Affären gehäuft für die fleißige Romanautorin, die ihren Lesern ein knappes, dialoglastiges Buch nach dem anderen vorlegt. *Pferdchen, Moderato, Im Sommer* und *Gibraltar* sind samt und sonders Texte, die sie im Hier und Jetzt verortet, für die sie europäische Schauplätze wählt, zwei weitere schmale Bücher, *Im Park* und *Der Nachmittag des Herrn Andesmas,* moderne Parabeln auf der Schwelle zwischen Erzählung oder Novelle zum Theaterstück. In ihnen allen sieht sie von ihrer indochinesischen Jugend ausnahmsweise einmal ab. Doch auch ihr derzeitiges Befinden – eine Existenz ohne zuverlässigen, festen Partner, ohne beständige Zuneigung, nur auf den Alkohol als einzigen verlässlichen und treuen »Freund« setzend – findet seinen Widerhall in den Prosawerken jener Jahre: Amoralität, sexuelle Abwechslung, Widerwillen gegen eheliche Routine, Affinität zu Mördern, Outcasts und Verfolgten sind dort die beherrschenden Motive. Die Duras fühlt sich in dieser Lebensphase vornehmlich zu Männern hingezogen, die ihr nicht die geringste Stabilität verleihen und vor denen andere, zaghaftere Frauen wahrscheinlich Angst empfunden hätten. Trotz der Liaison mit Jarlot, trotz der brüderlichen Verbundenheit mit Robert und Dionys ist sie derzeit eine isolierte Gestalt. Der inzwischen verwaiste, vakante Fluchtpunkt im idealen Dreieck lässt sich für sie nicht ohne Weiteres neu besetzen.

1956/57 ist der Bruch mit Mascolo erfolgt, der freilich noch bis weit in die Sechzigerjahre hinein nie dauerhaft von ihrer Seite weichen und die mythische, unverzichtbare Wohnung kontinuierlich mit ihr teilen wird. Fünfzehn Jahre immerhin hat die Zwei- oder Dreisamkeit mit Dionys Bestand gehabt. Erst nach der zunehmenden Entfremdung von ihm erwirbt die Duras ihr Appartement in den »Roches Noires« von Trouville, dem einen Ruhepol ihrer zweiten Schaffenshälfte. Den anderen Ruhepol, ein ländliches Häuschen mit verwildertem Garten im verschlafenen Neauphle-le-Château außerhalb von Paris, hat sie sich unmittelbar nach Maries Tod zugelegt. Bis in die frühen Neunziger irrlichtert sie nun zwischen Paris, der Normandie und dem Südwesten der Île-de-France. Die Anreisewege sind relativ kurz, so lässt sich in fliegendem Wechsel leben. Sie kann alles unaufgeräumt stehen und liegen lassen, aufbrechen und hat nach nur wenigen Stunden eine ihrer anderen Behausungen erreicht. Schreiben und sich konzentrieren kann sie an allen drei Orten gleich gut, allein sein auch, trinken sowieso. Ein noch zu perfektionierendes Manuskript wartet überall auf sie. Mögen die Fundamente des Liebesdreiecks auch zu bröckeln begonnen haben, im geografischen Dreieck ihrer Schaffenszentren sind die Verbindungslinien unverändert funktionsfähig. Die drei Aufenthaltsorte ersetzen gewissermaßen das einstige »trio infernal«, bei dem mal der eine, mal die andere die Beziehung auf die Probe stellte. Die behaglichen Wohnungen und Häuser erweisen sich als duldsamer, strapazierfähiger. Reisen bedeutet der reifen Duras kaum noch etwas, Fernreisen kommen für sie erst recht nicht mehr infrage. In Trouville, wo sie Zwiesprache mit den Gezeiten hält, grüßt sie tagtäglich das Meer, in Neauphle, wo Pariser Schauspieler stundenlang mit ihr in der gemütlichen Küche sitzen und palavern, die Ruhe und der nahe Wald, in Paris die Welt der Buchhandlungen, Theater und Cafés. Das genügt ihr vollauf.

Je mehr sie sich in diese Schneckenhäuser zurückzieht, die Kontakte reduziert, ihr gesellschaftliches Leben auf Eis legt und der Außenwelt entsagt, desto mehr weiten sich auch die inneren Horizonte, gewinnen Fantasie und Imaginationskraft an Raum. Je seltener sie aus dem Haus geht, desto häufiger verselbstständigen sich Themen, Ideen und Figuren. Je geringer ihr geografischer Radius wird, desto weiter holt sie aus, um die Stoffe für ihre Bücher und Filme an Land zu ziehen. Wie eine Fischerin wirft sie vom Balkon der Roches Noires die Netze aus und sammelt ihren Fang ein. Den Mangel an unmittelbarem Kontakt mit dem »Outside« kompensiert sie durch oft spontan verfasste, reißerische Artikel, auf die sich die Zeitungsleser in Frankreich stürzen, oder sie begibt sich in Fernsehstudios, um wieder einmal eine nationale Berühmtheit aus der Reserve zu locken und im Interview mit ihr zu freimütigen Aussagen zu bewegen.

Auf diejenigen, die Duras' Bücher nicht unbedingt regelmäßig lesen oder sie als Drehbuchautorin kennen, sondern sie einzig und allein als öffentliche Person und beredte Zeitzeugin wahrnehmen, wirkt sie deshalb oftmals wie ein Störenfried und eine Querulantin. Die Medien weisen ihr die Rolle einer Kapriziösen und Eigensinnigen zu, die sich gern einmischt, zu allem und jedem eine seltsame, oft empörende Meinung hat und sie auch vernehmlich kundtut. Sie gilt als Spezialistin für unangenehme Sujets, Peinlichkeiten und Kontroversen, schert sich nicht um Tabus oder journalistische Konventionen, sie ist unbequem und gerade deshalb Teil der Medienlandschaft – eine Rolle, die sie durchaus genießt. Auch ihr Narzissmus bricht immer stärker durch. Wäre sie heute noch am Leben, wäre sie vermutlich ein begehrter, zuweilen ätzender, stets zur Provokation bereiter und nur schwer kontrollierbarer Talkshow-Gast. Und dabei immer die Ruhe selbst.

Ihre Bandbreite ist beachtlich: Mal berichtet sie von einem splitternackten Mann, der sich 1968, auf dem Höhepunkt der Pariser Mai-Unruhen, alle Barrieren überwindend der Place de la Bastille genähert haben und von dem eine ehrfurchtsgebietende Aura ausgegangen sein soll – nur die Duras hat ihn indessen gesehen und »erlebt«, Fotos oder Erinnerungen von anderen Passanten liegen nicht vor. Mal lässt sie sich über den neuen amerikanischen Präsidenten Ronald Reagan aus oder über die Vorzüge von Saint-Tropez, bringt Originelles über die große griechische Mimin Melina Mercouri auf den Punkt oder über die Filmkunst Ingmar Bergmans. Mal schreibt sie für die *Vogue* und für *Libération,* dann für den *Nouvel Observateur* oder befragt eine Karmeliterin über ihr Selbstverständnis und das Klosterleben. Mal verbreitet sie kühne Thesen in biederen Frauenmagazinen oder vergrätzt, mit der Verkündung unhaltbarer Positionen, seriöse Feministinnen und Theoretikerinnen, die versuchen, sie auf ihre Seite zu ziehen. Dann wieder schreibt sie offene Briefe an Amnesty International oder asiatische Präsidenten. Und 1963 befindet sie, kurz und knapp: »Die Männer sind nicht feminin genug.«

Ob sie sich Zugang zu einer psychiatrischen Anstalt verschafft und dort mit einer Seelenkranken spricht oder ob sie sich, flankiert vom Literaten-Outcast, homosexuellen Dramatiker und Drehbuchautorkollegen Jean Genet und anderen Intellektuellen, mit mittellosen Afrikanern solidarisiert, die dazu gezwungen sind, in Pariser Vororten in verrotteten, leer stehenden Gebäuden zu hausen, fast jedes Mal kollidieren ihre Einfälle und Aktionen mit der spießigen, von Verzagtheit und Kleingeistigkeit bestimmten Mehrheitsmeinung der De-Gaulle-, Pompidou- und Giscard-d'Estaing-Ära.

Für ein Fernsehinterview entlockt sie der Stripteasetänzerin Lolo Pigalle erstaunlich offenherzige Berichte über ihr Metier. Der von ihr sehr geschätzten Jeanne Moreau hingegen rollt sie den roten Teppich aus – sie darf sagen, was sie will, braucht mit keinem Widerspruch zu rechnen und bekennt während des Gesprächs, dass sie, Inkarnation der ewig Schmollenden, der Aufbegehrenden und der Rebellin, als Filmschauspielerin eigentlich ganz gerne »gehorche« und sich den Weisungen eines »Meisters« sogar mit Wonne unterwerfe.

In einem anderen Interview bringt die Duras eine strenge Gefängnisdirektorin mit der Frage aus der Fassung, ob sie nicht manchmal Lust verspüre, jegliche Kontrolle aufzugeben, alle Türen und Tore aufzusperren und die Insassen freizulassen. Oder sie stellt dieselbe Frage einem Raubtierwärter vor den Gitterstäben eines Käfigs. Sie bringt ihre Gesprächspartner dazu, für fünf Minuten auch einmal die Position der Gegenseite einzunehmen, sich in ihre »Opfer« oder Schutzbefohlenen hineinzuversetzen. In ihren Interviews stellt sie meist nur ganz kurze Fragen, die es allerdings in sich haben; ihr Geschick und ihre Strategien verbirgt sie. Auch bemüht sie sich nie um Political Correctness, sondern verlässt sich auf ihre subjektive, individuelle oder auch polemische Grundeinstellung; sie gesteht ihre Voreingenommenheit ein, sie bleibt gelassen, zeigt keine übertriebene Neugier und nimmt den in die Enge Getriebenen, auf deren Gesicht die Kamera unablässig ruht (Marguerite ist dagegen nur sehr selten zu sehen), auch nie ihre Würde: eine zu beherzigende Lektion für viele Journalisten und Reporter in unseren Tagen.

Ihre Taktik kommt nicht bei allen gleichermaßen an. Manche sind entsetzt oder einfach nur von ihr und ihrem stets gleichbleibenden, liebenswürdig-boshaften Ton genervt. Eher selten sitzt ihr ein ebenbürtiger, gleichermaßen schlagfertiger Interviewgast gegenüber. Legendär ist etwa das höflich-ironische TV-Duell, das sie sich 1987 mit dem Nouvelle-Vague-Altmeister Jean-Luc Godard liefert: Zwei heilige Monster mit ganz eigener, grundverschiedener Ästhetik, zwei Kultfilmer und ausgesprochene Antipoden umkreisen sich hier, so argwöhnisch wie arglistig, mit zynischen Bemerkungen, plaudern nur zum Schein, zeigen fast nie die Zähne und sind natürlich dauernd voreinander auf der Hut. In die Annalen des Duras-Journalismus sollte ebenso das zweiteilige Interview mit dem Fußballstar und Ausnahmestürmer Michel Platini eingehen, das sie im selben Jahr in *Libération* veröffentlicht. Hier wird man den Eindruck nicht los, dass sich beide, beim Gespräch über die Bedeutung, die Popularität, die Symbolik und den tieferen Sinn dieses Massensports, auf völlig gegensätzlichen Terrains begegnen. Duras, geschützt von ihrer Ahnungslosigkeit, auf dem der Metaphorik, der Reflexion und der Politik; Platini, der soeben seinen Rückzug als aktiver Spieler bekannt gegeben und seine Memoiren verfasst hat und der von der Rhetorik Marguerites spürbar überfordert ist, auf dem des »echten« Spiels. Während die Duras sich nicht von ihrem abstrakten, literarischen Diskurs lösen kann, bleibt Platini dem platten, handgreiflichen Fußballvokabular verhaftet. Am Ende dieser Unterredung, die eher ein Aneinandervorbeireden ist, bleiben zwei Debattanten zurück, die kein bisschen klüger sind als zuvor: ein Spieler, der sich des Gefühls nicht erwehren kann, dass diese Duras noch nie einem Match beigewohnt oder dessen Dynamik wirklich verstanden hat, und eine Schriftstellerin, die keine befriedigenden, adäquaten Antworten auf ihre Fragen erhält, weil sie sie auf einer Metaebene angesiedelt hat, die der Sportler nicht versteht, die sich aber auch keine gesteigerte Mühe gibt, ihm und seiner Rolle gerecht zu werden oder sich in seine »reale« Situation auf dem Spielfeld hineinzudenken.

»Ich habe immer gedacht, man hat eher dann nicht vergebens gelebt, wenn man jemanden dazu gebracht hat, an der Stichhaltigkeit seiner Moral zu zweifeln«: Ein einziges Mal aber überspannt sie den Bogen, zieht die Entrüstung ihrer Leserschaft und den geballten Zorn der Öffentlichkeit auf sich. Ihr fast pathologisches Faible für die besonders makabren Vorfälle unter den »Vermischten Meldungen« bringt sie dabei zu Fall. Bereits 1949 hat sie mit *Les Viaducs de la Seine-et-Oise* (1960 zu *L'Amante anglaise* umgearbeitet und mehrfach von bedeutenden Regisseuren auf die Bühne gebracht) einen entsetzlichen Mordfall aufgegriffen: die wahre Geschichte einer Frau, die ihren Mann umbringt, seine Leiche in Stücke schneidet und diese Überreste von verschiedenen Eisenbahnbrücken in die Tiefe wirft. Im Oktober 1984 beschäftigt ein weiteres grauenhaftes, zudem bis heute (im Herbst 2017) noch immer nicht aufgeklärtes Tötungsdelikt die Gemüter in ganz Frankreich: die Affäre Grégory. Das ruft auch die Duras auf den Plan, die sich seit ihrem jüngsten Erfolg mit dem *Liebhaber* besonderer Beliebtheit erfreut und die mit ihren Äußerungen beinahe täglich die Medien beherrscht. Genau wie der Tod von Grégory Villemin. Die mysteriösen Umstände des Verschwindens dieses vierjährigen Jungen in der Vogesen-Region, dessen lebloser, gefesselter Körper wenige Stunden später im Flüsschen Vologne gefunden wird, halten die gesamte Nation in Atem. Aber auch die ständig wechselnden Verdächtigungen in den kommenden Wochen, das Auf und Ab der dilettantisch geführten Ermittlungen und der ergebnislosen Untersuchungen in den darauffolgenden Monaten, die Ermordung des potenziellen Täters durch den Vater des Opfers und insbesondere die ambivalente Rolle der Mutter, die zwar zunächst eine Vermisstenanzeige aufgegeben und die Suche nach ihrem Kind eingeleitet hat, der man jetzt aber den Mord an ihrem Sohn zutraut. Ein alter Familienzwist, anonyme Briefe und eine sich beharrlich ausschweigende, doch scheinbar ebenfalls in das Schicksal des Jungen verstrickte Verwandtschaft bilden den Hintergrund dieses schaurigen Verbrechens. Die Behörden tappen jahrzehntelang im Dunkeln, immerzu wird der triste Vorfall neu aufgerollt, erfolgen weitere Verhaftungen und Anklagen, kommen neue, überraschende Gesichtspunkte und Verdachtsmomente ins Spiel, bis sich zuletzt, dreiunddreißig Jahre nach dem Geschehen, der damalige Untersuchungsrichter das Leben nimmt, weil er mit der Komplexität des Mordfalls und seiner Rolle bei deren Aufklärung einfach nicht mehr fertigwird.

Im Juli 1985 nun, ein Dreivierteljahr nach der Tat und auf dem Höhepunkt des Medieninteresses, beauftragt die Redaktion von *Libération* Marguerite Duras mit der »literarischen« Berichterstattung über die jüngste Entwicklung in der Grégory-Affäre. Als Romancière-Reporterin in der Tradition des New Journalism von Truman Capote – er hatte zwanzig Jahre zuvor mit seinem Maßstäbe setzenden Buch *Kaltblütig* einen sogenannten Tatsachenroman über einen Vierfachmord in Kansas verfasst und vor Ort Recherchen angestellt, bis er selbst auf fast unlösbare Weise in die Geschichte verwickelt wurde – reist auch sie an die Schauplätze des unheilvollen Geschehens. Christine Villemin, die des Mordes verdächtigte, in Untersuchungshaft sitzende junge Mutter, kennt sie, wie die meisten Franzosen, nur von Pressefotos und aus den Fernsehnachrichten. Die Duras möchte sich jetzt selbst ein Bild von ihr machen, der Täterin oder Trauernden persönlich gegenübertreten, sie kennenlernen. Nicht einmal um jeden Preis mit ihr sprechen: Sie lediglich ansehen und mustern, das würde reichen. Sie wittert die große Tragödie, will sich auch mit den Schauplätzen des Verbrechens vertraut machen, sie auf ihre Faszinationskraft, ihr Gewaltpotenzial und ihre Literaturtauglichkeit hin überprüfen. Dass die Mutter, die bald mangels Beweisen wieder auf freien Fuß gesetzt werden wird, sich weigert, mit ihr zusammenzutreffen, irritiert und verstimmt sie.

Der hochbrisante Text, den sie aufgrund dieser Zurückweisung verfasst und der, Stunden nur nach der Publikation, einen Sturm der Empörung auslöst, beruht daher auf einer Vision. Die Duras entwirft ein fiktives Szenario, transformiert die Begebenheit in ein subjektiv erlebtes Drama, das sich auf einer inneren, nur für sie zugänglichen Bühne abspielt, und ignoriert die fatalen Konsequenzen für die realen Personen im Vogesen-Dörfchen. Aus der Atmosphäre des Ortes, aus Stimmungen und vagen Vermutungen konstruiert sie eine zweite Geschichte, lediglich für sie sichtbar und verständlich, und geht dabei das Risiko ein, dass die *Libération*-Leser ihre Version für bare Münze nehmen könnten. Sie überhöht Grégorys Mutter, indem sie deren Nachnamen zu einem »V.« verkürzt, als handle es sich um eine von ihr erfundene Romangestalt, zu einer Symbolfigur und sucht die Identifikation mit ihr. Nirgends spricht sie zwar die Vermutung offen aus, dass diese »Christine V.«, ihr zufolge ein Opfer ihrer Lebensumstände, patriarchalischer Strukturen und einer unerträglich gewordenen Familiensituation, den Mord an Grégory tatsächlich begangen hat, aber sie suggeriert diese monströse Anschuldigung, zeigt Verständnis für die Tat. »Christine V.« ist in ihrer Darstellung Märtyrerin und Racheengel zugleich. Eine Bewunderungswürdige. Eine passiv, unterbewusst Handelnde, ein Medium, dessen ferngesteuertes Agieren Ausdruck einer in der Gesellschaft vorhandenen ganz allgemeinen Gewaltbereitschaft ist. Für das Verbrechen, das sich *sie* »ausgesucht« hat, das ihr zugestoßen ist, sei sie folgerichtig weder verantwortlich noch haftbar zu machen. Diese vollkommen unschuldige und zugleich heroische Christine V. habe möglicherweise auf dieselbe Weise getötet, wie sie selbst, Duras, schreibe: ohne den vollen Umfang ihrer Schreibhandlung kontrollieren zu können. Mit dieser heiklen Verkürzung und problematischen Ineinssetzung schlägt Duras nun vollends die identifikatorische Volte. Am liebsten möchte sie wohl Christine V. gewesen sein, ihr ähneln, in ihr aufgehen. Dass sie in den laufenden Prozess eingreift, dass sie die juristische Unschuldsvermutung, die bis auf Weiteres für die reale Madame Villemin gilt, damit unterläuft, ist der Autorin, die endlich wieder einmal den Nervenkitzel des von ihr so geschätzten »wilden Schreibens« verspürt, entweder nicht bewusst oder gleichgültig. In den Augen der Betroffenen, der Familie und vieler Prozessbeobachter hat sie damit den Beteiligten und der Aufklärung des Mordfalles schweren Schaden zugefügt, hat völlig aus der Luft gegriffene Behauptungen mit Fakten vermengt, hat unbotmäßige Selbstdarstellung auf Kosten von Provinzlern betrieben, denen die Mittel fehlen, sich gegen sie zu wehren, hat spekulativ und mutwillig fahrlässig gehandelt. Um sich selbst in Szene zu setzen, um sich im »Glanz« der verklärten Mutter sonnen zu können?

Chefredakteur Serge July versucht in letzter Minute, die Situation zu retten, indem er Duras' Beitrag eine erläuternde Lesehilfe samt Rechtfertigungsversuch zur Seite stellt, die die Wucht des Originaltextes abschwächen soll und die ihrerseits große Empörung bei der Autorin hervorruft, aber es ist bereits zu spät. Prominente wie zum Beispiel Simone Signoret und auch Tausende entsetzter Leser äußern Abscheu und Unverständnis, bedeutende Kolleginnen der schreibenden Zunft wie Françoise Sagan greifen sie offen an, werfen ihr vor, vulgäre Hirngespinste zu verbreiten und sich im Unglück einfacher Leute zu suhlen, es für ihre Zwecke auszubeuten und zu einer fragwürdigen Art von Literatur umzudeuten. Selbst der zurückhaltende Mitterrand, inzwischen Staatspräsident mit grandseigneurhafter Aura und selbst Gesprächspartner in einer Reihe bemerkenswerter Duras-Interviews, spricht seine alte Résistance-Kameradin darauf an, wie weit sie diesmal gegangen ist. *Zu* weit? Auch Verteidiger ihres Textes melden sich zu Wort, doch sind sie deutlich in der Minderzahl. Sie verweisen auf eine lange Traditionslinie schuldlos schuldiger Frauenfiguren insbesondere in der französischen Kulturgeschichte, wie sie die Duras lediglich wieder aufgegriffen und aktiviert habe, Flauberts Emma Bovary etwa oder die berüchtigte Giftmörderin Violette Nozière, deren Mord an ihren eigenen Eltern bereits die Surrealisten zu einer heldenhaften, so unverzichtbaren wie literarisch »wertvollen« Tat verklärten. Es hilft nichts – das Villemin-Stigma wird Marguerite in ihrem letzten Lebensjahrzehnt nicht mehr loswerden. Sie fühlt sich in Gänze missverstanden, und Vorhaltungen, Beleidigungen und Hassbriefe, die sich wie ein erbarmungsloser Platzregen über ihr entladen, setzen ihr zu. Mit gut gemeinten Richtigstellungen würde sie alles nur noch schlimmer machen, also leckt sie ihre Wunden lieber im Verborgenen. Mit ihrem Artikel, den sie doch selbst als Ausdruck solidarischen Empfindens mit einer »Emanzipierten« ansieht, hat sie nicht nur die Rufschädigung einer ihr Unbekannten und Unglücklichen billigend in Kauf genommen, sie hat auch ihrer eigenen Reputation geschadet, es sich mit einem Teil der Öffentlichkeit für lange Zeit verscherzt.

Die Überschrift ihres Beitrags und Prämisse ihres Denkens – von ihr zuvor verworfen und durchgestrichen, doch von der Textredaktion der Zeitung offenbar gegen ihren Willen wieder hervorgeholt – ist hingegen in Frankreich seitdem zur Redewendung und zum geflügelten Wort geworden: Als »sublime, forcément sublime« bezeichnet Marguerite »ihre« Christine V. dort, als »zwangsläufig erhaben« also. Zumindest mit diesem Attribut hat die von ihr beabsichtigte Gleichsetzung von Schriftstellerin und »Mörderin/Opfer« auf lange Sicht funktioniert – seit Mitte der Achtziger wird die Duras selbst im kollektiven Bewusstsein als Phänomen einer notgedrungen bewunderungswürdigen Autorin wahrgenommen. Und was sie zu Papier oder auf die Leinwand bringt, ist im Verständnis ihrer Landsleute und Fans meistens zweierlei: unbequem und doch von einer zwangsläufigen Erhabenheit.

Die gefilmten Ozeane

Ich gehe mit den Algen.
Komm mit mir.

Erst als Regisseurin ihrer eigenen Filme ist die Duras, als eigenständige Künstlerin, in ihrem Element und bei sich selbst angekommen: Hinter der Kamera und als Chefin am Set braucht sie keine Kompromisse mehr einzugehen oder sich anderen Regieexperten oder Produzenten anzupassen; sie kann endlich entspannen und ihrer ureigenen Kunst frönen. Dass sie sich dabei so wohlfühlen darf, ist einer Handvoll Menschen geschuldet, die ihr Unterstützung zusichern und selbst in heikelsten Situationen nicht von ihrer Seite weichen. Innerhalb weniger Jahre hat sie für die konzentrierten Dreharbeiten, für die sie zumeist nur einige wenige Schauplätze und Drehtage benötigt, ein kleines, verlässliches und vor allem kompetentes Team um sich geschart: den jungen Kameramann Bruno Nuytten etwa, der später eine großartige Filmbiografie von Camille Claudel vorlegen würde, den noch jüngeren Regieassistenten Benoît Jacquot, der zu einem ihrer Vertrauten avanciert, das Scriptgirl Geneviève Dufour, das auch als Cutterin fungiert, und den argentinischen Komponisten Carlos d'Alessio, der mit seinen Walzern, Pasodobles und Tangos den richtigen Ton trifft zwischen Nostalgie und Verfremdung, zwischen Pathos, Wehmut und Sentimentalität, zwischen Sehnsucht und Ironie. Oft mit dabei sind auch Sohn Outa, Ex-Mann Dionys Mascolo, den sie manchmal als Darsteller einsetzt, und die sensible Cutterin Dominique Auvray, der wir auch ein wirklich berührendes Duras-Porträt aus dem Jahre 2002 verdanken. Unter dem Titel *Marguerite telle qu'en elle-même* collagiert die Schnittexpertin darin Archivmaterial und viele intime Gespräche. Und in Zukunft wird natürlich Yann mit von der Partie sein, der Kostbare, Fragile, Loyale und Unersetzliche; immer und überall Yann.

Was Marguerite besonders beglückt, ist das Privileg, als Cineastin rücksichtslos vorgehen zu können. Zwar hat sie anfangs tiefgestapelt und beteuert, sie filme nur, um die Zeit totzuschlagen. Doch von solchen Verlautbarungen darf man sich nicht täuschen lassen: Die Duras ist eine autoritäre, ausgesprochen radikale Filmemacherin, die mit geradezu quälender Präzision und Hartnäckigkeit zu Werke geht. Ihre experimentellen Streifen, denen wenig visuell Faszinierendes und erst recht nichts optisch Kulinarisches eignet, stehen für ein Kino des Verzichts und der Entsagung, der Strenge und der Austerität. Man könnte mit Fug und Recht auch behaupten: Sie praktizierte, mit einem Kunstwillen ohnegleichen, das Anti-Kino. Sie lässt nicht zu, dass man einfach nur Bilder konsumiert oder gar eingängige Geschichten. Für die Gourmands unter den Kinogängern, die sich bequem in ihren Sesseln zurücklehnen möchten, um einen Thriller, einen Schmachtfetzen oder eine Komödie zu genießen, stellt das Filmschaffen der Duras eine unerträgliche Herausforderung dar. Ihnen wird nichts geboten, nichts serviert und nichts geschenkt. Hier gibt es nichts zum Wiedererkennen, hier wird Identifikation unmöglich gemacht. Entertainment oder gar Amüsement sind strikt untersagt. Äußerste Konzentration ist stattdessen gefragt, Wachsamkeit und Neugierde, »Mitdenken« und ein literarisch geschultes Nachvollziehen komplexer narrativer Vorgänge.

Es nimmt also kaum wunder, wenn sich Marguerite in ihren letzten Lebensjahren über den Filmerfolg von Jean-Jacques Annauds so glatter wie smarter *L'Amant*-Umsetzung, die den ästhetischen Gegenpol zu allem, was für sie relevant ist, markiert, nicht im Geringsten freuen kann: Mit aller Macht sträubt sie sich auch hier wieder gegen jegliche Vereinfachung und gegen die bequeme Rezipierbarkeit, wehrt sich gegen die »Unwahrheit« des Eindeutigen, verachtet die schnellen Lösungen. Dass man ihren intimen Stoff in mundgerechte Happen teilt, ihn zu einer visuellen Delikatesse mit Allerweltsmoral aufbereitet und ihn den hungrigen, aber geistig faulen Kinogänger als »Literatur-Sushi« kredenzt, ist für sie inakzeptabel und unerträglich. Zu viel erklärt, zu viel gezeigt, zu viel ausgesprochen und viel zu wenig gedacht wird nach ihrem Dafürhalten im Mainstreamkino. Noch schlimmer ist für sie, dass dort alles »aufgeht«, wo doch unendlich viele Fragen offenbleiben und mehrere Schlusseinstellungen möglich sein müssten. Und dass man den Zuschauer willentlich entmündigt. Verzerrung, Verrätselung und Ambivalenz ersetzen in ihrem Schaffen den alle Fernsehserien und Unterhaltungsfilme dominierenden Naturalismus mit seinen kindlich-vereinfachenden Abziehbild-Schemata.

Es kümmert die Regisseurin Duras nicht, wenn man ihre zutiefst antirealistischen Filme als Zumutung abtut, wenn die Zuschauer kopfschüttelnd und zornig die Flucht ergreifen oder die Kritiker, zumal in Cannes, sich die Haare raufen. Eine Geduldsprobe sind sie allemal. Im *Nachtschiff* etwa, einem Bericht aus schwarzen Bildern, folgen wir nur mit Mühe einem stockenden Telefonat zwischen zwei Einsamen, denen die Möglichkeit zum Schreien abhandengekommen ist, denen die Artikulationsfähigkeit des Begehrens fehlt, wir bahnen uns einen Weg durch das Dickicht ihrer Irritationen und »Funkstörungen« – wahrlich keine leichte Kost. Zu Duras' Repertoire gehören ganz allgemein nachtschwarze Leinwände, gekoppelt mit Ereignislosigkeit und Diskontinuität, gehören unendlich lange Einstellungen, wie in Zeitlupe agierende Schauspieler, die selten sprechen und wie Marionetten gelenkt scheinen. Asynchronität zwischen Tonspur und Bilderfolge ist ebenso die Regel wie ein nur indirekter Spannungsaufbau, wie reichlich Pausen, wie der Unwille zum platten Illustrieren. Das vollständige Fehlen von Handlung, von Linearität oder selbst von einem noch so skizzenhaften Plot ist das hervorstechende Kennzeichen ihrer Filmkunst. Kurz gesagt: hochartifizielle, stilisierte Meisterwerke für die einen, abschreckend, enervierend für die anderen. Doch monoton und emotionslos nur auf den ersten Blick, nuanciert und subtil differenziert auf den zweiten und dritten. Ein Kino der Extreme und doch voller Zwischentöne, das durchdacht, das ertragen, das *ausgehalten* werden will.

In einem klugen, hintergründigen Essay, Teil ihrer Filmaphorismen-Sammlung *Die grünen Augen,* hat sich die Duras eingehend mit der unbekannten Person (oder Spezies) des Zuschauers auseinandergesetzt. Unumwunden räumt sie ein, dass sie, wie so viele Vertreter des Autorenkinos, für eine Minderheit produziere, dass sie sich auf maximal fünfzehn- bis vierzigtausend Zuschauer pro Film stützen könne und dass sie nichts dafür tun wolle, noch mehr Menschen für ihre Anliegen zu begeistern oder für einen Kinobesuch zu gewinnen. (Das Wort Elite nimmt sie allerdings nicht in den Mund.) Jeder Zuschauer – eine völlig abstrakte Größe – sei von uns, von ihr getrennt. »Ich weiß, dass ich ihn nie erreichen werde.« Seine Befindlichkeit, seine Vorgeschichte, seine Vorlieben, seine Seherfahrung bleiben für sie verborgen. Und dennoch: »Ich weiß, wer er ist. Ich weiß, dass nichts ihn verändern kann, dass er unerreichbar ist. Wir stehen einander in unwiderruflicher Getrenntheit gegenüber.«

Was aber erwartet diese distanzierten Menschen, wenn sie sich auf ein Duras'sches Filmabenteuer einlassen, was gibt sie ihnen zu sehen? Ihnen werden Gestalten oder namenlose Charaktere vorgesetzt, die durch leere Hotelhallen schreiten, sich auf Teppichen zu Boden gleiten lassen oder in abgedunkelten Salons sitzen, die ruhen, sich an Säulen lehnen, unschlüssig sind, in die Ferne schauen; Figuren ohne jegliche Interaktion also, Figuren, die gänzlich der Kontemplation hingegeben sind, lebensmüde. Denn was die Duras im Grunde erreichen will, ist, dass man den Monologen oder Dialogen aus dem Off genau und aktiv zuhört, während man das Bildgeschehen passiv wahrnimmt, nicht weiter analysiert oder an sich heranlässt. Die akustische Dimension ist die entscheidende, das gehörte Geschehen – mithin das »innere Auge« – besitzt Vorrang. Die schwach belebte und kaum bebilderte Leinwand dient somit als Konzentrationsfläche und ist letztlich austauschbar. Duras' Filme sind, wenn man so will, samt und sonders Hörspiele, zu denen man sich in einen Kinosaal begibt, um einer in parallel ablaufenden Gesprächen entfalteten Geschichte zu lauschen. Jede Illustration würde nur vom Kern dieser Geschichte ablenken, daher wird etwas Unwesentliches gezeigt – bestenfalls gefilmte Menschen, die ebenfalls lauschend in Untätigkeit verharren, so wie die Zuschauer/Zuhörer selbst. Duras zwingt die »Darsteller« wie das Publikum zu Lethargie und Stillstand, um den im Kopf abgespulten Episoden umso freieren Lauf zu lassen. Duras betreibt auch keine umständliche Drehortsuche. In die Jahre gekommene Steinstatuen in den Pariser Tuilerien kommen als Gleichnis für römische Ruinen in Palästina infrage; ein morbides, dem Zerfall preisgegebenes Schlösschen liefert die provisorische Kulisse für ein imaginäres Kalkutta, für eine verwahrloste und auch innerlich zersetzte Gesandtschaft in den Tropen, für den ruinierten Zustand ehemaliger kolonialistischer Ambitionen. »Es ist nicht nötig, nach Saigon, nach Melbourne oder nach Vancouver zu fahren. Alles ist überall.« Ortsveränderungen sind überflüssig, der Transfer muss stattdessen im Herzen, im Verstand, in der Seele des »lesenden« Zuschauers stattfinden. »Alles ist in Trouville.« Alles befindet sich vor ihrer maritimen Haustür.

Ein Extrembeispiel für die Unversöhnlichkeit von Bild, Ton und Verstand, die im herkömmlichen Kino als Einheit konstruiert werden, ist ihr Film *Der Lastwagen,* mit dem sie sich bei den Filmfestspielen von Cannes Ende der Siebziger dem Wettbewerb um die Goldene Palme stellte und es zuließ, dass sich die geballte Wut Andersdenkender gegen sie und ihre so spezielle Ästhetik entlud. Wenige ihrer Streifen nur haben dermaßen polarisiert, haben – mit ganz wenigen Ausnahmen – die Zunft der Rezensenten, Experten und Filmfans so unwiderruflich gegen sie aufgebracht. Und all dies, weil sie im *Camion* (so der französische Titel), den wir durch eine graue, stille Landschaft fahren sehen und aus dessen Führerhaus wir auf nächtliche oder neblige Landstraßen blicken, eine Filmkunst des Konjunktivs ausprobiert. Anstatt nämlich den Lastwagenfahrer und eine Frau zu zeigen, die vom Beifahrersitz aus eine lange Unterredung mit ihm führt, zeigt uns Duras paradoxerweise einen Esstisch in ihrem Landhaus von Neauphle, an dem die Urheberin selbst und ein junger Mann, verkörpert vom damals noch nicht international bekannten Gérard Depardieu, im Dämmerlicht sitzen, Manuskriptblätter in der Hand halten und die im Entstehen begriffene Geschichte des fahrenden Paares von ihnen ablesen. Ihr Dialog verdeutlicht uns Zuschauern, wie die Geschichte abgelaufen sein, wie ein anderer Film, der hier nicht gezeigt wird, ausgesehen haben *könnte*. Vom konkreten Lastwagen bekommen wir nur das Äußere zu sehen oder nehmen die Perspektive des Fahrenden und der Mitfahrenden ein, die sich notgedrungen auf die begrenzte Außenwelt vor der Windschutzscheibe beschränkt. Ständig fallen Sätze wie »Es wäre ein Film gewesen«, »Sie wäre zu ihm eingestiegen«, »Es hätte Musik erklingen können«. Die Lesenden spielen gleichzeitig die Varianten der Geschichte durch und erzählen sie auch, führen sie vor uns auf. In den nur vorgestellten Gesprächen geht es um Politik und das Proletariat, um die Zukunft und um Liebe, um Juden und Araber, um das Verrückt-Sein und zuletzt darum, dass die Welt, aus Sicht der Frau/Duras, ruhig vor die Hunde gehen könne.

Am Ende sind wir Dutzende von Kilometern mit einem unsichtbaren Paar durch die eintönigen Provinzlandschaften Frankreichs gefahren, haben einem sichtbaren Paar an einem Esstisch dabei gelauscht, was das Paar im Lastwagen einander zu sagen gehabt hätte, werden von musikalischen Unterbrechungen in Form von Beethovens Diabelli-Variationen immer wieder aus dem Konzept gebracht und sind doch, wenn wir uns die Mühe machen und wirklich genau hinhören, dem namenlosen Mann, der namenlosen Frau und der Ausnahmesituation, in der sie sich befinden – spontane Vertrautheit in der Fahrerkabine, Bekenntnisse, Austausch von Standpunkten, prekäre soziale Befindlichkeit –, ein Stück näher gekommen. Anders gesagt: Wir haben, da dazu verurteilt, zuzuhören, anstatt das Erzählte wirklich mitzuerleben, eine Weile in den Köpfen dieses ungleichen Gespanns verbracht und zugleich zwei Schauspielern bei der Inszenierung der Lastwagenfahrt zugesehen. Wir haben sozusagen der Entstehung von Literatur beigewohnt und dem merkwürdigen Vorgang, wie sie bereits im Zuge der Erfindung wieder außer Kraft gesetzt wird. Die Prämisse der »beiderseits akzeptierten« Künstlichkeit, die für jeden traditionellen Film die Voraussetzung bildet, wird hier ad absurdum geführt. Von selbst versteht sich auch, dass der Mann in dieser »Geschichte« auf einen schweigsamen Stichwortgeber reduziert wird, während die Frau die Tonangebende ist: Sie lässt sich über alle möglichen Sachverhalte aus, halluziniert, springt von einem Sujet zum nächsten. Eine richtige Diskussion oder gar Debatte findet nicht statt.

So gesehen ist der wortkarge Lastwagenfahrer eigentlich der Erste in einer Reihe von Zuhörern oder zum Zuhören Gezwungenen, an deren Ende wir, die Betrachter, stehen, wohingegen die Regisseurin eine Dreifachrolle einnimmt: Sie lenkt das Geschehen auf und hinter der Leinwand, dominiert die Unterredung in Neauphle und ist weitgehend mit der Frau in der Fahrerkabine identisch. Sie hält sämtliche Fäden in der Hand, verfügt über die Macht der Bildgestaltung, kontrolliert den Ablauf des Zwiegesprächs und liefert, im Besitz der Deutungshoheit, die Interpretation gleich mit. Vollständiger, grundsätzlicher, beklemmender und auch dreister ist Autorenkino kaum noch vorstellbar. Duras hat ihren individualistischen, sperrigen und auch komplizierten Ansatz, der auf einigen wenigen Überzeugungen – Reduktion, Kargheit, Auslöschung jeglicher Illusion, totaler Entschleunigung – beruht, hier und in vielen weiteren Filmen aber auf die Spitze getrieben. Man kann ihn entweder bestaunen, akzeptieren oder schier an ihm verzweifeln.

Duras' idealem Zuschauer bleibt nur, seine Konzentration auf einige wenige Leitmotive zu richten. »Man kann niemanden zwingen zu sehen, was er nicht selbst gesehen hat«, hält sie fest, niemanden zwingen »zu entdecken, was er nicht allein entdeckt hat, niemals, ohne dass man seinen Blick zerstört«. Eines dieser Leitmotive ist das allgegenwärtige Meer, mit seiner Gewalt, seiner hypnotischen Qualität und seinen unendlichen Erscheinungsformen. Im *Camion* ist davon ebenso wenig zu sehen wie von dem Paar im Innern des Lastwagens, aber es wird alle paar Sätze wieder erwähnt und ins Spiel

gebracht, als Geräusch, als Lärm, als »weit entferntes« oder sich nä-
herndes Meer – im Zickzackkurs bewegt sich das Gefährt, dessen
Fracht irgendwann auf ein Schiff verladen werden soll, von der Küste weg, um sich ihr gleich wieder anzunähern. Das Meer wirkt mag-
netisch auf die beiden Eingeschlossenen, lenkt und verhindert den
Transport. Es bringt die Pläne der Reisenden und des Lkw-Fahrers
durcheinander. »Wo würde sie hinwollen?«, wird von den Lesenden im »dunklen Zimmer« gefragt, und eine mögliche Antwort darauf wäre: »Sie würde ihm eine Richtung nennen. Richtung Meer,
so würde es scheinen.« Ein ums andere Mal konstatieren die Ein-
gesperrten: »Man hört das Meer. Weit weg. Laut« oder einfach nur
»Das Meer liegt da«, aber sie können sich offenbar nicht dazu durch-
ringen, den Wagen am Ufer abzustellen, ihr Gefängnis gemeinsam
zu verlassen, den maritimen Geräuschen und Signalen nachzuspüren und auf die Wellen zuzuschreiten.

Für *L'Itinéraire marin,* ein Filmprojekt von Jean Rollin aus den frühen Sechzigern, zu dem die Duras mit Gérard Jarlot das Drehbuch
bearbeitet und die Dialoge verfasst hat, ist sie bereits dem Traumpo-
tenzial des Meeres auf den Grund gegangen. Zwei in die Jahre gekommene Junggesellen machen darin in Gesellschaft eines jungen
Mädchens von Dieppe aus eine Spritztour ans Meer, tummeln sich
bei Ebbe unterhalb der Kreidefelsen der normannischen Küste und
stellen damit wenigstens ansatzweise die titelstiftende »Reiseroute
des Matrosen« nach, von der sie in ihrer Jugend fantasiert haben. Ein
Jahrzehnt später, in Duras' eigenen Filmen, dürfen die Ozeane endlich die Rolle und den Platz einnehmen, die ihnen gebühren. In *La
Femme du Gange,* bei dem uns, entgegen der Ankündigung im Titel
und gerade deshalb im Einklang mit den Duras-typischen Prinzipien, weder Indien, der Ganges noch irgendein anderer mächtiger
Strom präsentiert werden, machen wir ausgiebige visuelle Bekanntschaft mit dem Küstenstreifen vor den Roches Noires – das Meer
des Ärmelkanals beherrscht nahezu alle Szenen des Films; die Kamera fängt die gewaltigen Ausmaße der sandigen Ufer ein, je nach
Stand der Gezeiten, zeigt uns ausgiebig einen Holzplankenweg, der

Häuserzeile und Meeressaum verbindet, und vollzieht die Bewegungen einiger schemenhafter Figuren (darunter wieder Depardieu und Dionys Mascolo) nach, die wie bei der Rochade auf einem Schachbrett unablässig die Positionen wechseln, im Sand kauern, vor sich hin summen oder erschöpft in sich zusammensinken. Dazu hören wir auf der Tonspur wieder einen »vokalen Film«, den Dialog zweier Frauen, die nie den Weg ins Licht finden und die einfach nicht von einer lange zurückliegenden Begebenheit in einer diplomatischen Vertretung im asiatischen S. Thala loszukommen scheinen. Zwischen den beiden Welten, der maritimen und der akustischen, findet keinerlei Kommunikation statt. Während »draußen« der Ozean rauscht und die stummen Darsteller sich aufeinander zu- und wieder voneinander fortbewegen, sitzen die Sprechenden, der Vergangenheit Verhafteten in einer Blackbox.

Auch in ihrer von Musil inspirierten Inzestfantasie *Agatha et les lectures illimitées,* die sie mit Yann, ihrem neuen Geliebten, und der Theaterschauspielerin Bulle Ogier besetzt, richten sich alle Blicke auf die Meeresferne vor den Fensterfluchten in den Roches Noires – unwirklich schöne Ansichten, die eine fabelhafte, überdimensionierte Gedankenleinwand für eine imaginierte, gleichsam überhöhte Bruder-Schwester-Liebe abgeben. Und in ihrem noch eine Spur unerbittlicheren Schwarz-Weiß-Film *Aurélia Steiner Vancouver,* Teil der Aurélia-Steiner-Trilogie, existiert dann nur noch das Meer allein. Keine Hotelhallen, keine Silhouetten, keine Komparsen mehr. Siebenundvierzig Filmminuten lang sehen wir, in grandiosen Sequenzen und selten abwechslungsreichen Abstufungen oder Schattierungen, nichts als den Nordatlantik und sein Wellenspiel. Eine berückende Symphonie von Grautönen, eine visuelle maritime Ode. Dazu hören wir Marguerites Stimme, die uns in eigentümlich ausdruckslosem, gelassenem Tonfall von einer Frau erzählt und im selben Atemzug auch einer längst Verstorbenen Nachrichten zukommen lässt. Aurélia Steiner, das ist eine dieser überzeitlichen, nicht wirklich greifbaren Duras-Figuren, die, je nach Film oder Buch, entweder in Melbourne, Vancouver oder Paris lebt, die, je nach Version, eine Sieben- oder eine Achtzehnjährige sein kann. Zusätzlich bewahrt sie aber, wie in einem Gefäß, frühere Identitäten und Vorgeschichten auf, war zuvor entweder eine in der Gaskammer Umgekommene oder deren kleine Tochter, die jetzt mutterlos aufwachsen muss, war entweder ein Kind, das von einer alten Dame aufgezogen wird, da die Mutter verhaftet und deportiert worden ist, oder war gar die Duras selbst zu ganz verschiedenen Zeiten: jene Duras, der man ihren toten Säugling entreißt, die den Tod ihres kleinen Bruders beweint, die als Résistance-Kämpferin um die verschwundenen Freunde in den Todeslagern bangt. Marguerite präzisiert nichts, flaniert von Ich zu Ich, legt sich nie fest und schlüpft nacheinander in die Haut dieser vielen Aurélias.

Je länger die Hommage an den Ozean und seine stetige, unverdrossene und rhythmische »Arbeit« andauert, desto mehr lassen wir uns von dem Textvortrag fesseln, der ihn untergliedert und auch durchlöchert. Jeder einzelne Satz, jede neue, verwirrende Sinneinheit gleicht den an die Küste schwappenden Wellen, jede zusätzliche Information ihren Ausläufern, jede Unverständlichkeit ihrem enttäuschenden, resignierten Rückzug.

Erst ganz zum Schluss erfahren wir Zuhörenden und Meeresbetrachter, dass die Aurélia Steiner dieses Films eine junge Erwachsene sei, die mit ihren Eltern in Kanada lebe. »Ich schreibe«, lautet ihr Fazit. Diese Aussage muss genügen. Das ominöse »Vancouver«, das sie unvermittelt als ihren Wohnort angibt, haben wir freilich nie zu Gesicht bekommen; wir dürfen aber noch ein letztes Mal einen ausgiebigen Blick auf die Gischt zwischen Seine-Mündung und Kanalküste sowie auf die Brandung vor Trouville werfen, bevor der Horizont wieder in weite Ferne rückt und die Sprecherin verstummt. Das Panorama des offenen Meeres bedeutet uns, dass diese Geschichte hier noch lange nicht zum Abschluss gekommen ist, dass viele weitere Kapitel zu erzählen und anzuhören sind. Dazu passt, dass Gérard Depardieu, der bereits ganz am Anfang seiner Laufbahn immer wieder von der Duras engagiert wurde und ihr seitdem in großer Zuneigung verbunden war, einmal über Marguerites Beitrag zum Kino

sagen sollte: »Sie vermochte es, die Stille zum Sprechen zu bringen.«
Und es bewahrheitet sich eine frühere Aussage der Filmemacherin,
der zufolge nur die absolute Freiheit des Betrachtenden diesem Medium eine gewisse Zukunft sichern könne: Man müsse die Zuschauer, so glaube sie, »sich selbst überlassen«, wenn sie sich ändern sollen; man dürfe ihnen keine Vorschriften machen, sie nie bevormun-
den. Eines Tages vielleicht würden sie sich tatsächlich ändern, »wie
alle, plötzlich oder allmählich, ausgehend von einem Satz«, der auf
der Straße zu hören sei, »von einer Liebe, einer Lektüre, einer Begegnung«, von einem langen Spaziergang am Meer entlang.

* * *

Die Duras hatte stets ein Händchen für Schauspieler. Von Personen-
regie verstand sie etwas, vom Knüpfen von engen Freundschaften
mit Vertretern dieses recht speziellen Völkchens desgleichen, und sie
kommandierte auch hin und wieder ganz gern berühmte Menschen
auf der Theaterbühne und am Filmset herum. Von ihren »Leib-und-
Magen-Interpreten«, den Duras-Archetypen Delphine Seyrig, Michael Lonsdale und Gérard Depardieu, war bereits die Rede, aber die
Liste bedeutender Darsteller, die mit ihr zusammenarbeiten mochten und sich dabei sicher nicht in erster Linie von der Höhe der Gage,
einem Zuwachs an Ruhm, der Qualität der Ausstattung oder der
Aussicht auf einen durchschlagenden Publikumserfolg motivieren
ließen, ist beachtlich: darstellerisches Urgestein wie Robert Hossein,
junge Schönheiten wie Dominique Sanda, Sami Frey und Mathieu
Carrière, schon etwas ältere Legenden wie Lucia Bosé und Alida Valli, beide aparte Damen, vornehmlich in Frankreich populäre Komö-
dianten, Tragöden und Akteure wie Catherine Sellers, Bulle Ogier,
Pierre Arditi oder André Dussollier sowie Charaktere, die sich ansonsten gern rarmachten, wie Nicole Hiss oder Claudine Gabay.
Ganz zu schweigen von dem Aufgebot an Stars, das nicht in ihren
eigenen Filmen mitwirkte, dafür aber in Duras-Verfilmungen oder
-Adaptationen. Darunter waren nicht wenige Weltstars und Film-

ikonen: Jean-Paul Belmondo in *Moderato cantabile*, Romy Schneider, Michel Piccoli und Hans Christian Blech in *La Voleuse*, Emmanuelle Riva in *Hiroshima mon amour*, Silvana Mangano und Anthony Perkins in René Cléments *Barrage*-Verfilmung *This Angry Age*, Melina Mercouri, Peter Finch und wieder Romy Schneider in *Im Sommer abends um halb elf*, Vanessa Redgrave, John Hurt und Orson Welles im *Der Matrose von Gibraltar*, Isabelle Huppert in der Neuverfilmung des *Barrage*-Romans ... Kaum ein Besetzungszettel, der nicht durch den einen oder anderen prominenten Namen ins Auge fiel: Die Liste ließe sich fortsetzen.

Wenn es aber eine markante Interpretin gibt, die man für alle Zeit mit dem Kino und dem Frauenbild der Duras in Verbindung bringen wird, dann ist es Jeanne Moreau: Sie ist ihre ideale, weil souveräne und mokante Darstellerin. Die Bereitschaft zur Zärtlichkeit und zum Trotz bis zur Unvernunft, Sinnlichkeit und Unabhängigkeit, traditionelle und innovative Weiblichkeit weiß sie zu vereinen. Moreau gibt die der Trunkenheit verfallene, sich nach echter Leidenschaft sehnende Industriellengattin in Brooks Verfilmung von *Moderato cantabile* und ist ein Musterbeispiel an schauspielerischer Glaubwürdigkeit, wenn sie versucht, die Contenance zu wahren und sich dann doch bei jedem neuerlichen Treffen mit ihrem »Arbeiterfreund«, verkörpert von Belmondo, ein wenig weiter wagt in Richtung Lasterhaftigkeit. Sie mimt die boshafte, von Grund auf verdorbene alte Jungfer in Tony Richardsons *Mademoiselle* nach einer Vorlage von Jean Genet und Dialogen von Duras, eine Respektsperson, der zunächst niemand ihren Sadismus zutraut, den sie an den Einwohnern eines französischen Provinzdorfes auslebt, bevor sie sich, die Perfidie selbst, an einen italienischen Holzfäller heranmacht und ihm dann, nach der Verführung, die Schuld für ihre eigenen Missetaten und Verbrechen in die Schuhe schiebt. In Duras' elegischem Zwei-Frauen-Film *Nathalie Granger* wartet sie, jetzt zur modernen und emanzipierten Französin der frühen Siebziger gewandelt, gemeinsam mit Lucia Bosé in den Zimmerfluchten auf das allmähliche Vergehen der Zeit, auf die Ankunft eines Mannes, auf irgendein bemerkenswertes Ereignis, ganz im Einklang mit Duras' provokativer Definition der wartenden Frau: »Die eingeschlossenen Frauen reden nichts. Sie warten. Eine Frau allein redet nicht.« Und selbst in Jean-Jacques Annauds opulentem *Liebhaber*-Film, den die Autorin selbst ja verabscheute, hören wir Jeanne Moreaus rauchige und spöttische Stimme als Erzählerin aus dem Off: Sie leiht sie der sich erinnernden greisen Marguerite aus dem Roman, wird zum akustischen Alter Ego der nostalgisch zurückblickenden Schriftstellerin. Hat die gealterte Duras der alternden Moreau ihr »cineastisches Fremdgehen« übel genommen? Wenn ja, dann ist darüber nichts an die Ohren der Öffentlichkeit gelangt.

Duras hat Jeanne Moreau nicht nur fürs Fernsehen interviewt, sondern auch Mitte der Sechziger in der *Vogue* über sie geschrieben. Herausgekommen ist dabei eine einzige Eloge. Marguerite, die sich sonst mit Komplimenten und Lob über andere Frauen äußerst zurückhaltend zeigt, rühmt an Jeanne den einmaligen, faszinierenden Mund, der einem Orangenschnitz gleiche, die Schönheit und »seidige Sanftheit« ihrer goldbraunen Augen, die Intelligenz ihres Blickes, die wahrhaft grenzenlose Freiheit, die sie mit ihrer Persönlichkeit und ihrer Kunst verkörpere, und die nicht zu leugnende Präsenz von Liebe, wie sie in jeder ihrer Spielarten das Wesen, die Darstellungskunst und die Aura dieser Schauspielerin bestimme. Duras porträtiert eine Disziplinierte: »Ich stehe bei den Dreharbeiten jeden Morgen um sechs Uhr früh auf«, bekennt die Moreau. »Ich muss unbedingt eine Zeit lang mit mir allein sein. Ich habe stets große Angst, aber ich weiß, dass mich niemand beruhigen kann. Ich bin wie eine Frau, die sich auf eine Hochzeit vorbereitet.« Und sie zeigt uns in ihrem Essay eine Selbstbewusste und schonungslos Ehrliche, die tatsächlich ihr eigenes Leben in ihren Filmen wiederzuerkennen vermag: die Euphorie, das Scheitern, die Strafe für Versagen, das Verliebtsein, die Herabwürdigung. Ein Stück weit, es ist nicht zu übersehen, identifiziert sich die Autorin somit mit ihrer Gesprächspartnerin: In jeder der Moreau-Rollen steckt ein wenig von ihr selbst, und auch die Darstellerin findet den Gedanken, in mancherlei Hinsicht der Duras zu ähneln, keineswegs unsympathisch. Da ist es nur folgerichtig, dass die Mittsiebzigerin Moreau 2001 in der Verfilmung von Yann Andréas Erinnerungsbuch *Cet amour-là* das Wagnis eingeht, die inzwischen verstorbene Duras selbst auf der Leinwand zu verkörpern – und zwar nicht irgendeine der vielen Ausprägungen der Älteren, sondern die Duras von Trouville, die Duras als aus vollem Herzen »verrückt gewordene« Geliebte eines zartbesaiteten jungen Mannes – die Duras aus ihrer Harold-and-Maude-Phase. Wenn man sich diesen Film von Josée Dayan, der seiner traurigen und auch ein wenig sentimentalen Vorlage übrigens vollauf gerecht wird, heute noch einmal anschaut, meint man in der Tat, Yann Andréas verzweifelt glückliche Liebhaberin leibhaftig vor sich zu haben: nicht etwa, weil die Moreau der Versuchung erlegen ist, Marguerite zu imitieren, sondern durch die erstaunliche Intensität, verletzende Schroffheit, erschreckende Einsamkeit und ironisch gefärbte Klugheit, die sie mit ihrem Rollenvorbild gemein hat und die sie mit großer Unmittelbarkeit auch rüberzubringen versteht.

Die sicher schönste Duras-Rolle spielte die Moreau mehrere Jahrzehnte früher, als sie 1967 in Tony Richardsons zu Unrecht in Vergessenheit geratener Verfilmung des *Matrosen von Gibraltar* die Rolle der strahlend schönen Anna übernahm – eine wohlhabende Jachtbesitzerin, die auf der Suche nach ihrem einstigen Lover ist, einem flüchtigen Mörder, und dabei mit einer stattlichen Crew und einem ansehnlichen Schiff von Hafen zu Hafen reist – von Südfrankreich, Italien, Griechenland über Marokko nach Afrika. Auf einer dieser Stationen gabelt sie per Zufall Alan auf, einen Mann, der sich gerade im Streit von seiner Freundin getrennt hat, seine Arbeit hasst und dem nach einem Abenteuer zumute ist. Gemeinsam setzen die beiden die ganz und gar aussichtslose Suche nach dem Einmaligen und Unersetzlichen fort, einer Schimäre. Annas »neuer« und auch ein wenig farbloser Mann muss erkennen, dass er das zugegebenermaßen recht luxuriöse Dasein eines Lückenbüßers führt. Die meiste Zeit befindet sich das Müßiggänger-Paar – einander fremd, ohne Plan und ohne Ziel – auf See und lässt sich trotzdem verwöhnen.

Selten war die Moreau, als neuzeitliche Sirene und verführerische Blondine mit Seemannsmütze, hinreißender als hier, an Bord dieser Jacht. In einer berühmt gewordenen Szene singt sie das fröhlich-laszive Chanson *Jo le Rouge*, nachdem sie ihrem neuen Freund einen Drink serviert hat, ihre Haare im Meereswind flattern lässt und sich mit ihm an Deck zur Ruhe bettet. Die beiden, dabei eigentlich gar nicht aneinander interessiert, wirken dennoch wie der Inbegriff eines verliebten, glücklichen Paares. Der Moreau werden dabei von Duras und dem nicht minder talentierten Drehbuchautor Christopher Isherwood bedeutungsschwangere, nahezu philosophische Sätze wie dieser in den Mund gelegt: »Wenn man die Unschuld gekannt hat, wenn man sie neben sich schlafen gesehen hat, kann man sie nicht mehr völlig vergessen.« Doch die Kamera behält das Meer fest im Blick, die ruhige Wasseroberfläche, einen Höhenzug in der Ferne, Silhouetten im Dunst, und wir sehen zuletzt dabei zu, wie der Dreimaster erneut in See sticht und ein weiteres unbekanntes Ziel ansteuert. Die sinnlose Suche wird genossen und sie wird weitergehen, die sinnstiftende Liebe erst recht, und die beiden Turteltäubchen gehören für eine Weile nur sich selbst. Zurück bleiben, als Spiegel großer Gelassenheit, die unbewegten Weiten des Mittelmeeres und ein leerer, unbelebter und gerade deshalb wunderschöner Horizont.

Glaubt doch die Duras wie keine Zweite daran, »dass sich die Menschheit bis zu ihrem letzten Seufzer von Liebesgeschichten ernähren wird«.

Atlantik-Mann, Pazifik-Schwester

Am Meer entlang. An dir entlang.

Die letzten sechzehn Jahre im Leben der Duras machen sich Marguerite und Yann gegenseitig zum Geschenk. Der junge, hochgewachsene und feingliedrige Bretone mit dem Schnauzbärtchen und der Nickelbrille, dem welligen Haar, der unsicheren Gestik und der zurückhaltenden, hellen Stimme – »sanft, distanziert, königlich« – erinnert sie von fern an Marcel Proust. Von jenem »Meeres«-Sommer 1980 an, den sie in *Libération* kommentiert, ist dieser »Lange und Dünne« ihr Fixpunkt. Sie wird ihren jugendlichen Begleiter in ihrem Spätwerk feiern und androgynisieren wie keinen ihrer früheren Männer, keine ihrer einstigen Männerfiguren zuvor.

Anfangs infantilisiert sie Yann, macht ihn zum Ebenbild des kleinen Jungen am Strand, über den sie gerade schreibt und der ihr Herz erobert hat:

Ich mag dich lieber als das ganze Meer, sagte sie.
Und den Ozean?
Mehr als den Ozean. Mehr als alles, was es gibt.
Und alles, was es nicht gibt?
Auch mehr als alles, was es nicht gibt.

Gleich darauf instrumentalisiert sie Yann, indem sie ihn vom Balkon der Roches Noires aus das Meer betrachten, studieren und in Worte fassen lehrt, ihn als Fahrer, Haushaltsgehilfen, Faktotum, Darsteller und Sekretär einsetzt und sich bei Spaziergängen bei ihm einhakt und auf ihn stützt. Ohne Skrupel manipuliert sie ihn, indem sie ihm das Gefühl gibt, unersetzlich zu sein, unverzichtbar und auch kostbar. Indem sie Yann vor ihre Kamera setzt und ihm aufträgt, ihre Texte zu rezitieren, ihre Blicke zu blicken, ihre Stille mit Präsenz auszufüllen. Indem er ihre Wutausbrüche und Beleidigungen ertragen »darf«, ihr während ihrer Entzugsphasen und Klinikaufenthalte zur Seite steht, im Verlauf ihres »Horrorkomas« nicht von ihrem Krankenbett weicht, ihr Delirium aushält, sich ihre Texte diktieren und ihren Tagesrhythmus aufzwingen lässt. Indem sie ihn dazu bringt, sein früheres Leben hinter sich zu lassen und indem sie ihn daran hindert, seine Homosexualität auszuleben, ihm alle erotischen Beutezüge, an denen sie keinen Anteil hat, untersagt. Und von dort aus, von der emotionalen Ausbeutung, ist es bei M. D., wie er sie nennen darf, nur noch ein kurzer Schritt zur Fiktionalisierung: Sie entwendet ihm seinen echten Nachnamen, ersetzt ihn durch den Vornamen seiner Mutter und transformiert ihn zur Romangestalt: Yann Andréa Steiner heißt er fortan, und damit ist es ihr ernst. Er könnte ebensogut Stretter, Stein oder Kats heißen. Nur nicht mehr Lemée – seinen Geburtsnamen hat sie ausradiert.

Als sie in Gesellschaft Andréas einmal Mitterrand begegnet, woraufhin der Politiker Yann sofort auf seine bretonische Herkunft anspricht, bereitet es ihr Genugtuung, dass sie, die Schwester vom Pazifik, nun endlich ihren Atlantik-Mann gefunden hat. Atlantik-Mann: Womit schon ein weiterer Buchtitel vorliegt, einer weiteren Duras-Figur Leben eingehaucht wird. »Sie und das Meer, Sie sind ein und dasselbe für mich«, verkündet die Sprecherin in *L'Homme atlantique* und wendet sich damit direkt an Yann, ihren Mann auf der Leinwand und ihren Mann im Leben, »ein und derselbe Gegenstand, derjenige meiner Rolle in diesem Abenteuer. Auch ich betrachte es. Sie müssen es betrachten wie ich, wie ich es betrachte an Ihrer Stelle, mit all meinen Kräften.« Den Atlantik-Mann lieben heißt das Meer lieben, umarmen, seinem Blick standhalten, heißt eins werden mit ihm.

Fanpost hat sie in den zurückliegenden Jahren in rauen Mengen erhalten, aber niemand hat ihr so hartnäckig geschrieben, sie so kontinuierlich umworben wie dieser Jüngling aus der Bretagne. Geantwortet hat sie nie, aber alle Briefe aufgehoben und auch die mitgeschickten Gedichte. Erst etliche Monate nach der ersten kurzen Begegnung bei dem Filmabend in der Provinz, als Yann sie zum Parkplatz begleitet hatte, stellt sie den doch eigentlich naheliegenden Zusammenhang her. Sie liest die Briefe erneut, konstatiert, dass sie Rufen »aus einem unbewohnbaren, tödlichen Ort« gleichen, Rufen »aus einer Art Wüste«, und ergötzt sich an deren »unbestreitbarer Schönheit«. Bemerkt erst jetzt, dass Yanns schriftliche Anrufungen zu den schönsten, schmerzhaftesten Bekundungen von Zuneigung und echtem Interesse zählen, die sie bislang erhalten hat. Registriert die Einzigartigkeit dieses Yann. Vernimmt »die Stimme meines Lebens«. Nun rafft sie sich ihrerseits zur Antwort auf, vertraut ihm Details ihrer Einsamkeit und Melancholie an, ihrer Verzweiflung und auch ihrer Alkoholabhängigkeit – Details aus einer »bleiernen« Periode ihres Daseins. Woraufhin Yann erstmals verstummt.

Es dauert eine Weile, bis die Kommunikation wieder in Gang kommt. Die plötzliche epistolarische Nähe, die Aussicht auf »Realität« scheint beide zu verschrecken. Den Tag der ersten echten Begegnung zögern sie hinaus, schreiben, antworten, antworten nicht, schreiben nicht. Doch dann reicht ein einziger Anruf, damit alles ins Rollen kommt. Yanns Stimme am Telefon »war leicht verzerrt, wie aus Angst, verschüchtert. Ich erkannte sie nicht.« Sie identifiziert sie schließlich als »die Stimme Ihrer Briefe, die ich mir vorstellte, als Sie anriefen«. Yann kündigt seinen Besuch an, lässt keinen Einwand gelten und kein Zaudern, trifft um elf Uhr früh in Trouville ein, hat nur wenig Gepäck dabei, darunter auch – ziemlich extravagant, wie sie findet – einen chinesischen Schirm, und er setzt sich einfach dort fest, wo er sich seit Monaten und Jahren hingeträumt hat. Marguerite überlässt ihm Outas Zimmer, fordert ihn auf, ein Bad zu nehmen, schickt ihn zum Einkaufen, wo er Zutaten für eine kleine Mahlzeit und den unvermeidlichen Wein besorgen soll.

Kein Teufelspakt wird hier geschlossen – Yann ist sich seiner Sache sicher, weiß um die Wichtigkeit, ja Notwendigkeit seiner Mission: dem Werk der Duras zu dienen und sich, ohne unterwürfig zu werden, sich ihrer komplexen Persönlichkeitsstruktur zu unterwerfen.

Und noch an diesem Tag setzt die Geschichte zwischen dem sehr jungen Besucher ein und »dieser Frau, die Bücher schrieb und die alt war und allein wie er in diesem an sich schon europagroßen Sommer«. Zu Beginn, als er sich von ihrer schmächtigen, aber keineswegs hinfälligen Gestalt überraschen lässt und sich auf ein Spiel wechselseitiger Begierde einlässt, ist auch körperliche Liebe mit im Spiel; lange dauert diese Phase jedoch nicht an. Viel wichtiger ist: Yann befreit Marguerite aus einer selbst gewählten Isolation, deren Konsequenzen nur er auszuhalten imstande und berechtigt ist, und er begibt sich damit an einen Ort der Fiktion, der Seelenqualen, der unerfreulichen Ereignisse und des kurzzeitigen Glücks. Diesen Dauerzustand, diese wechselseitige Total-Abhängigkeit, dieses unheimliche Aufeinander-fixiert-Sein bezeichnen beide in ihren Schriften, nicht selten wider besseres Wissen, aber im vollen Brustton künstlerischer Überzeugung, als absolute Liebe. Einander »in irrem und stillem Glück anlächelnd«, miteinander kämpfend, jeder für sich um ein klein wenig Würde ringend.

* * *

Sobald Yann Tag für Tag und rund um die Uhr für sie da ist, wird die frühere Bruder-Schwester-Bruder-Geometrie außer Kraft gesetzt, die dritte Position bleibt schließlich endgültig unbesetzt: »Das Dreieck löst sich auf, wird aufgehoben. Nun *hat* es sich aufgelöst: Kein Zweifel, der Mann ist auf dem Weg, man sieht ihn, man hört ihn.«

Wer ist dieser Mann »auf dem Weg«, in dem die beiden einstigen Bruderfiguren verschmelzen können? Handelt es sich bei ihm um den »zukünftigen« Mann, dessen Eintreffen die Duras schon so oft angekündigt hat, mithin um die Erfüllung einer Prophezeiung? Folgt man dieser Hypothese, dann wird Yann Andréa, als universeller Homosexueller, zu einer Art Heilsgestalt verklärt – eine schwere Bürde für den realen Yann. Falls er diese Rolle annimmt, hat er einen hohen Preis zu zahlen, weil er auf die Konkretisierung gleichgeschlechtlichen Verlangens verzichten und sich damit begnügen muss, als Beweis für das Beziehungskonstrukt der Duras herzuhalten. Es funktioniert nur, wenn er mit der Alternden, für die sich Erotik in der Komplizenschaft mit ihm manifestiert, das Leiden am Ungenügen, das Vermissen eines »echten« männlichen Gegenübers teilt. Nur so kann er zum unerreichbaren »Yann Andréa Steiner« werden, einen Part übernehmen, um den ihn so mancher Duras-Fan beneidet. »Alle Männer sind potenzielle Homosexuelle«, konstatiert M. D. 1987 und variiert ihre kühne Hypothese in ihren letzten Schriften, wie um zu zeigen, dass ihre Vision des idealen männlichen Gefährten ein Mensch ist, der als »einer unter vielen Männern« den Männern und als einzelner Mann zugleich allen Frauen gegenübersteht.

Ganz konkret trägt diese neue Zweisamkeit, deren Realisierung und Ritualisierung beiden Akteuren unter den Nägeln zu brennen scheint, wenig glamouröse Züge. Sie äußert sich in endlosen Disputen, wenn Yann dann doch einmal für ein paar Tage oder Stunden verschwunden ist, um nach anonymen Sexualpartnern Ausschau zu halten, oder einfach, um vor der Omnipräsenz seiner autoritären, besitzergreifenden Geliebten zu flüchten. Sie äußert sich in den Hasstiraden seiner eifersüchtigen Gebieterin gegen die Homosexuellen im Allgemeinen, obwohl sie bislang auf die Begleitung und Gesellschaft von Schwulen großen Wert legte und sie anregend und vergnüglich fand. (Jetzt fühlt sie sich von ihnen gestört, weil sie jene Facetten von Yann hervorbringen, die sich ihrer Kontrolle entziehen.) Sie äußert sich im unkontrollierten Konsum von Fusel bis tief in die Nacht, in Yanns morgendlichem Wannenbad, in stundenlangen gemeinsamen Meditationen am Meer und über das Meer und in kurzen Ausflügen ins Stadtzentrum.

Die Passanten von Trouville begegnen einem grotesken Paar, das an der Strandpromenade Camparis schlürft oder im Supermarkt seinen Einkaufswagen mit Weinkartons volllädt. Einem Riesen und einer Zwergin. Einem Endzwanziger und einer Endsechzigerin. Einer Schimäre und einer Schamanin. Und während Yann sich noch um eine gepflegte äußere Erscheinung bemüht, lässt sich Marguerite längst gehen und hat sich in eine Clocharde verwandelt. Es amüsiert sie über die Maßen, wenn man sie für eine heruntergekommene Sozialhilfeempfängerin hält oder ihr, als vermeintlicher Pennerin, naserümpfend und tuschelnd aus dem Weg geht. Was die Leute nicht mitbekommen, ist die künstlerische Kehrseite – intensive kreative Arbeit im Innern der Wohnung, nächtelange Diskussionen über neue Projekte, das Entstehen neuer Drehbücher und Buchmanuskripte, endlose Diktate, wertvolle Streitgespräche. Yann, der in der normannischen Schreibwerkstatt folgsam tippt, was Marguerite durch den Kopf geht. Und M. D., die sich, von Andréas Gegenwart beflügelt, alle paar Monate ein neues Projekt vornimmt, noch bevor das vorangegangene bei ihren Verlegern und Filmproduzenten eingetroffen ist. Es ist eine rauschhafte, produktive Phase, ganz im Einklang mit ihrer »amour fou«.

Die Begeisterung für Yann bewährt sich auch und gerade im Alltag. »Für die Liebe«, so hält sie es in einem ihrer früheren, unbekannteren und erstaunlich erfrischenden Romane fest, »gibt es keine Ferien. So etwas gibt es nicht.« Man müsse, so heißt es weiter in *Die Pferdchen von Tarquinia,* sie ganz leben, müsse sie aushalten mit allem Drum und Dran, »samt ihrer Langeweile«. Und genauso praktizieren sie diesen Alltag auch. Die Stabilität ihrer Beziehung indessen bewährt sich während gleich zweier schlimmer Entziehungskuren zu Beginn und zum Ende der Achtziger, in deren Verlauf beide durch die Hölle gehen, die Duras bereits mit einem Bein im Grab steht, von den Ärzten beinahe aufgegeben wird und sich dennoch wieder ins (Über-)Leben zurückkämpft. Noch aufopfernder und einfühlsamer als Yann kann wohl kein Mann seine Frau pflegen, kann wohl kein Sohn ihr ihre Ausfälle und Gemeinheiten nachsehen, kann wohl kein Bruder ihre Hirngespinste verscheuchen. Mit einer Engelsgeduld, mit einer Hingabe sondergleichen bewältigt er noch die unangenehmsten Aufgaben, existiert selbst nur noch am Rande.

Und ihre intellektuelle Verbundenheit, die fast zur geistigen Fusionierung führt, bewährt sich im »vierhändigen« Schreibakt. Selbstverständlich ist es überwiegend Marguerite, die, bildlich gesprochen, zur Feder greift, indem sie ihre Einfälle entwickelt, ausspricht und diktiert – Yann setzt sie lediglich um. Aber er gewöhnt sich dabei auch ihre Diktion an, die fragmentarischen Sätze, das Raunen, die Ellipsen, die Andeutungen und das Unausgesprochene. Die Duras schreibt durch ihn hindurch; er hingegen greift ihre Redeweise auf und auch ihre Denkweise, ihren Stil, ihre Manierismen; aus Vertrautheit und Routine wird im Laufe der Jahre Einstimmigkeit. Bemerkbar macht sich diese Anverwandlung erstmals, als er in seinem ersten eigenen Buch *M. D.*, das sich ausschließlich um die Höllenfahrten der Schwerkranken dreht und um seine persönlichen Beobachtungen und Erlebnisse mit ihr, eine ergreifende Chronik verfasst, die über weite Strecken so klingt, als habe seine Geliebte selbst sie geschrieben, mit Yann in der ersten und sich selbst in der dritten Person.

Ist hier bloße Imitation am Werk, handelt es sich bei diesem Unisono um künstlerische Mimikry? Oder hat Andréa bei der Niederschrift seiner Notate die Unmöglichkeit erkannt, auch einzelnen Episoden aus dem Leben der Duras mit herkömmlichen Techniken der Biografie nachzuspüren? Ist ihm gleich zu Beginn seines Protokollierens klar geworden, dass seinem Unterfangen, aufgrund von erzählerischer Unbedarftheit oder mangelnder Schreiberfahrung, die Gefahr der Distanzlosigkeit zugrunde liegen, dass ihm eine eigene Artikulationsmöglichkeit fehlen könnte, wenn er sich über M. D. äußert, noch bevor er überhaupt zum Stift greift? Fürchtete er, seinen Bericht mit einer selbstbewussten, eigenständigen Erzählperspektive zu überfrachten, damit zu sehr auf sich selbst zu verweisen und von Marguerite, die doch im Zentrum seines Tagebuches stehen sollte und die das unkontrollierbare Herumstöbern Dritter in ihrer Vita zutiefst verabscheute, abzulenken? Womöglich hat er auch einfach nur einen ihrer fundamentalen Wünsche respektiert: »Ich hätte gern, dass man so über mich schreibt, wie ich selbst schreibe. Das wäre ein Buch, in dem es alles zugleich gäbe«, hat die Duras im Jahre 1990 postuliert. Ein solches Buch birgt zugleich das Risiko der stilistischen Verdoppelung sowie der potenzierten Mystifizierung. Nun, *M. D.* ist genau so ein »durassiertes« Buch geworden, in dem sich alles, worauf es für sie ankommt, zugleich wiederfindet. Was sich einzig *nicht* wiederfindet, ist die Stimme seines Autors – oder auch nur die Anstrengung, wenigstens für ein Kapitel einen Schritt vom Geschehen zurückzutreten und eine kritische, unbeteiligte Perspektive einzunehmen.

An dem Versuch, ein möglichst neutrales, emotional unbeteiligtes Porträt der schillernden Duras hervorzubringen oder im Gegenteil mit Emphase an ihrer Legende weiterzustricken, haben sich zu Lebzeiten der Autorin bereits eine ganze Reihe von Literaturenthusiasten die Zähne ausgebissen. Ihr Leben zu archivieren, ihren Parcours treffend auf den Punkt zu bringen, so musste so mancher Verfasser enttäuscht zur Kenntnis nehmen, das gesteht sie nur sich selbst zu – jedenfalls, solange sie auf der Welt ist und das Sagen hat. Nach ihr die Sintflut. Hinter dieser vermeintlich autoritären Haltung steckt immer auch ihre Furcht, dass sich ein Außenstehender in die Niederungen trivialer Alltäglichkeit begeben könnte, woraufhin sie, mitsamt ihrem in langen Jahren geschaffenen Duras-Universum, an Faszinationskraft einbüßen könnte. »Im wirklichen, gelebten Leben ist man ein Niemand«, weiß sie nur zu gut. »Nur in den Büchern ist man jemand, existiert man überhaupt.« Einzig und allein Yann spricht sie das Recht des Fremd-Erzählens über sie zu, nur ihn autorisiert sie zur Preisgabe der schrecklichen Details ihrer Entziehungskuren. Hat sie mit ihm doch einen vorzüglichen Kenner ihres Gesamtwerks und einen ergebenen Diener ihrer Schaffensweise vor sich, noch dazu einen talentierten Studenten, jemanden, der in ihrem Œuvre spazieren geht wie auf seinem Lieblingsterrain und der noch die diskreteste Anspielung augenblicklich versteht und einzuordnen vermag.

Ihm muss sie nichts erläutern; er hat die literarische Topografie seiner Lebensgefährtin bereits vermessen und sich mit ihr vertraut gemacht. So bewegt er sich mit ihr in ihrer geistigen Heimat, in Cochinchina, an den Pazifikstränden, auf der überschwemmten Parzelle und auf der Mekong-Fähre, als wäre er dabei gewesen. Yann weiß nur zu gut, wie sehr Marguerite unter der Bevorzugung und den Launen des großen Bruders gelitten hat und wie sehr sie sich nach dem unwiederbringlichen Paulo sehnt. Bereitwillig nimmt er den Platz beider Brüder ein: den des sanften, weiblichen (»Andréa«) und den des grausamen, rücksichtslosen (»Steiner«: Pierre bezeichnet im Französischen den Stein). Er begreift außerdem, dass sie allen Ernstes vorhat, sich in seine Schwester zu verwandeln. Nur wenn auch er diese nachträgliche Eingliederung in ihre Urfamilie akzeptiert, sieht sie sich imstande, die ihm gemäße Form Buch für Buch und Film für Film durchzudeklinieren: in *Agatha* als Bruder, mit dem sie sich über das Inzesttabu hinweggesetzt hat, als mythischer *Atlantik-Mann,* an dessen Ideal niemand jemals heranreichen wird, als schwuler Bewunderer abwesender Männer in *Blaue Augen schwarzes Haar,* als Trinker und Kompagnon einer gealterten Erzählerin in *Emily L.* – beide Wiedergänger der Bootsfahrenden aus dem *Matrosen von Gibraltar –,* der sich mit seiner Gefährtin zwischen Seine-Mündung und Ärmelkanal die Zeit vertreibt und virtuell in die Schicksale anderer, lebendigerer Paare vertieft.

Deutlicher als in *Emily L.* können die Parallelen zu ihrem eigenen Schicksal nun wirklich nicht mehr werden: Yann und Marguerite erzählen in den frühen Jahren ihrer Beziehung Werk für Werk – sie schreibend, er ausführend, begleitend, gehorchend – »die Geschichte einer Liebe, die größte und erschreckendste Liebe, die ich jemals schreiben konnte«. Sie tasten sich an »eine Liebe« heran, »die in den Romanen nicht benannt wird, auch nicht von denen, die sie leben«, bemühen sich um die Definition eines »Gefühls, das noch kein Vokabular hat, keine festgelegten Sitten und Riten«. Was Andréa und Duras anstreben, ist die Verwirklichung einer »unrettbaren« Liebe, »unrettbar im Verderben«. Ein ehrgeiziges literarisches und filmisches Großprojekt, für das ihr reales, »kleines« Leben und die gegenseitige emotionale Verstrickung die Blaupause liefern.

Immer öfter und schneller publiziert die Duras jetzt, und ihre Büchlein, oft eher literarische Pamphlete und Fragmente, werden zugleich immer eindringlicher und drastischer. »Wenn ich schreibe, sterbe ich nicht.« Immer kürzer werden diese skizzenhaften Elaborate auch: so als stünde sie unter gewaltigem Druck. Die Intensität der Emotionen und das extreme Tempo innerhalb ihres Liebesgefängnisses wachsen sich zu einer Raserei aus, der man nur durch ständiges Schaffen, durch atemlose und üppige Publikation entkommen kann. Ihre aphoristische Schrift *Die Hure von der normannischen Küste,* in der Marguerite im Titel eine Beleidigung Yanns aufgreift, die er ihr im Streit entgegengeschleudert hat, und mit der sie sich nunmehr schmückt, als sei sie eine Ehrenbezeichnung, umfasst nur wenige, großzügig bedruckte Seiten. Ähnlich verhält es sich mit dem ultrakurzen, so brutalen wie zärtlichen Kammerspiel *Der Mann im Flur,* einem Geschlechterkampf mit sadomasochistischen Zügen, in dem mit großem Genuss und in gegenseitigem Einvernehmen geprügelt, uriniert, geweint und ejakuliert wird und in dem zwei Namenlose, ein Mann und eine Frau, sich in einer Art obszöner Ursituation gegenüberstehen. Ohrfeigen und Fellatio wechseln einander unvermittelt ab. Nur der eigentliche, der »echte« Liebesakt findet nicht statt.

Auf die detailverliebte, indessen nur selten pornografische Beschreibung der Schläge und Körperflüssigkeiten, die auf die gierige, nie ganz zu befriedigende Frau niedergehen, folgt die ausführliche Schilderung des Erschöpfungszustandes, von dem der Mann schließlich ergriffen wird. Mit dem Stilmittel zynischer Nüchternheit vermittelt die Duras ihren Lesern den Anschein, als sei er, der sich mit seiner Gewalt, seinem Samen und Urin verausgabt und an ihr ausgetobt hat, in Wahrheit der Leidende und zu Bemitleidende, während die Frau zu seinen Füßen, befleckt und herumgeschubst sowie zum Objekt seiner Gewalt und seines Begehrens degradiert, noch in der Demütigung die größere Lust empfindet und, obschon »Opfer«, die Situation vollständig kontrolliert. Der Mann, der ihr physische Schmerzen und sexuelle Qualen zufügt, ist eindeutig der Schwächere, der Ausgelaugte. Unruhige, sich wälzende Körper, Eruptionen, Fußtritte, Tränenausbrüche und gestammelte Liebeserklärungen rhythmisieren diesen schwer erträglichen Text, in dem ständig die Perspektive wechselt: Erzähler, Genitalien, voyeuristische Blicke »berichten«. Und wie so oft bei der Duras werden abrupt Naturmetaphern und Verweise auf Fließendes und Maritimes eingewoben: »Die Nackheit der Ebene, die Richtung des Regens dürfte die des Meeres sein. Und diese so starke Liebe.« Die heranbrandende Flut wird zur Chiffre für »notwendige« Strapazen. Und der Körper der Frau versinnbildlicht, ebenso wie ihr Geschlecht, mit seiner gleichmäßigen, repetitiven »Atmung« die Gezeiten: Beide öffnen und schließen sich, empfangen und verweigern sich.

Erinnert die für Duras ungewöhnlich explizite, ja überzeichnete Darstellung physischer Vorgänge thematisch – nicht aber stilistisch – an Vorgängerwerke des Marquis de Sade oder von Georges Bataille, mit dem sie auch eine persönliche Bekanntschaft verband, so kreist ihr Theaterstück *Die Krankheit Tod,* das sie ebenfalls unter dem starken Eindruck ihrer Verbindung mit Yann konzipiert, um das Nichtlieben-Können. Um die Unfähigkeit eines Mannes, mit einer Frau den Geschlechtsakt zu vollziehen. Und um eine ganz allgemeine Unfähigkeit, Begehren und Zuneigung zu empfinden. Die Rede ist von einer »Wollust unter Tränen«. »Er« bezahlt »sie« dafür, dass sie mit ihm ein Zimmer teilt – selbstverständlich ein Zimmer am Meer –, versucht sich ihr zu nähern, sie zu berühren, sie kennenzulernen, sie auf eine unglückliche Weise zu lieben. Vergeblich. »Das dunkle Meer ist ein Kraftfeld.« Sie erkennt ihrerseits, dass er von einer »Todeskrankheit« befallen ist, befragt den Todtraurigen, zwingt ihn in einen quälenden Dialog und gewinnt allmählich die Kontrolle über die beklemmende Situation, während er in Passivität und Selbstmitleid versinkt. »Sie gehen zurück auf die Terrasse zum Meer«, lässt sich die Erzählstimme vernehmen. »Es fällt ein feiner Regen, das Meer unter dem ausgebleichten Himmel ist noch dunkel. Sie hören das Brausen.« Am Ende verlässt die Fragende, Ungeliebte den ungewollt Lieblosen. »Sie wachen auf, und sie ist nicht mehr da.

Sie ist in der Nacht gegangen. Es ist nichts mehr in dem Zimmer außer Ihnen. Der Frauenkörper ist verschwunden.« Der Mann bleibt mit seinem Unvermögen wie betäubt zurück, hat lediglich noch die Wahl, gar nicht mehr zu lieben – oder, wie schon zuvor, andere Männer zu begehren.

Man hat *Die Krankheit Tod* in die Nähe der Krankheit *zum* Tode im Sinne Kierkegaards rücken wollen, man hat diesen düsteren, streckenweise auch sehr traurigen Text als eine Abrechnung mit den »in die Homosexualität selbst« verliebten Homosexuellen auffassen oder in ihm eine Allegorie für die unheilvolle Kraft der seinerzeit gerade erst im Entstehen begriffenen Aids-Epidemie sehen wollen. Dabei liegt nichts näher, als ihn als eine komprimierte, poetisch verbrämte Zustandsbeschreibung ihres neuen Lebens mit Yann zu lesen. Mit allen seinen Höhen und Tiefen. Mit allen unbeantworteten Fragen, enttäuschten Hoffnungen, möglichen Fährten und noch auszuprobierenden Strategien. Mit all den zu zweit verbrachten Stunden auf dem Balkon von Trouville. »Das irre Geschrei der ausgehungerten Möwen im Finstern: Sie glauben auf einmal, es noch nie gehört zu haben.« Als dumpfe Protestrufe gegen die Ausweglosigkeit. Und als einen mehrstimmigen Abgesang auf das Alleinsein zu zweit.

* * *

Ozeanische Titel, so weit das Auge reicht, haben von jeher ihren Werkkatalog durchzogen, den die Duras dann in einem einzigartigen Schaffensrausch Jahr um Jahr anwachsen ließ: *Heiße Küste, Ein Staudamm gegen den Pazifik, Atlantik-Mann, Die Strände des Atlantik, Savannah Bay, Der Matrose von Gibraltar, Le Navire night* (ein lyrisches »Nacht-Schiff«), *Véra Baxter oder Die Atlantikstrände, Die Hure von der normannischen Küste* – mit Letzterer bezeichnete sie sich selbst. Und war auch noch stolz darauf. Das gleichmäßige Sich-Verströmen der Wogen gleicht dabei dem Atem ihrer Filme, ähnelt der organischen Gesetzmäßigkeit ihrer Bücher. Schreiben hieß und heißt bei ihr im-

mer auch: überfluten. Um sich rasch wieder zurückzuziehen, abzu-
ebben. Ein ewiger Kreislauf. Eine fast meditative Gewissheit.

Gleich in den Anfangsjahren mit Yann, noch vor dem *Liebhaber,*
aber nach der ersten schweren Entgiftungskur, gelingt der Duras
mit *Savannah Bay,* einem Stück für zwei Frauen und eine Tote, ein
kleines Meisterwerk. Ein kurzes Drama, in dem keine Männer mehr
vorkommen. Sie hat es der über achtzigjährigen Jahrhundertschau-
spielerin Madeleine Renaud, die gemeinsam mit ihrem Mann Jean-
Louis Barrault viele Klassiker der Moderne aus der Taufe hob, Be-
ckett-Dramen uraufführte und auch in Paraderollen von Jean Genet
auf der Bühne stand, auf den Leib geschrieben. Und sie inszeniert
es diesmal höchstpersönlich in Paris. Die fragile, zarte Madeleine
Renaud, die zuvor schon in anderen Theaterwerken der Duras zu
sehen war, spielt hier sich selbst: eine alternde, gefeierte Darstellerin am Ende ihres Daseins und ihrer Laufbahn, genau wie sie Madeleine mit Namen, eine greise Diva, beinahe schon wieder zum
Kind geworden, mit großen Erinnerungslücken und Gedächtnis-
problemen. Wie von einem Satelliten wird sie in einem von langen Pausen durchsetzten Dialog von einer jungen, namenlosen und
fürsorglichen Frau umkreist (in der Premieren-Einstudierung von
Duras' Favoritin Bulle Ogier verkörpert), und gemeinsam versuchen die beiden, ein lange zurückliegendes Ereignis zu evozieren,
das ihrer beider Lebenswege fundamental verändert hat: der Selbst-
mord eines blutjungen Mädchens an einem geografisch unbestimm-
ten Ort namens Savannah Bay, das erst am Vortag selbst ein Kind
zur Welt gebracht hat. »Tot vor Liebe« ist sie und schenkt doch neues
Leben.

Nach und nach setzen Madeleine und die Jüngere, die ihre Enke-
lin sein könnte und damit auch die inzwischen erwachsene Tochter
derjenigen, die sich umgebracht hat, die Bruchstücke des einstigen
Geschehens wieder zusammen. Aus ihnen ergibt sich die amouröse
Begegnung des Mädchens mit einem jungen Mann auf einem weißen Felsen mitten im Meer, in der »heißen See«. Es ist ein mühsames
Unterfangen und eine obsessive Spurensuche, dieses immer erneut

ins Stocken geratende Spiel mit den ans Ufer schwappenden Reminiszenzen und mit der verweigerten Erinnerung; es wird zu einem unmöglichen Herantasten an die Wahrheit, zu einer angestrengten Heraufbeschwörung. Denn »du weißt nicht mehr, wer du bist, wer du gewesen bist, du weißt, dass du gespielt hast, du weißt nicht mehr, was du gespielt hast«. Ist Madeleine am Ende die Mutter der unglücklichen Selbstmörderin? Hat sie sich ins Vergessen geflüchtet, ist Schauspielerin geworden, um die Tragödie auszulöschen? »Vom Meer hat er den Schliff, den Schliff des Wassers«, heißt es von jenem Felsen des Zusammentreffens, einem großen, flachen Gebilde, an dem sich die Wellen brechen. Dort, weit draußen und fern vom Land, werden die beiden Heranwachsenden zum Liebespaar, doch der Liebesakt selbst trägt bereits den Keim des Todes in sich – Eros und Thanatos sind gleichzeitig anwesend. Schon immer hat das Mädchen in sich »den komischen Wunsch zu sterben verspürt«.

Der Jüngling habe das Mädchen aus dem Meer geholt, sie auf den Felsen gelegt und lange angesehen, heißt es, und die von ihm Begehrte habe sich vom Schwimmen erholt, »sie lässt sich vom Auf und Ab der Dünung überspülen, sie schließt die Augen«. Sie ist zur Hingabe bereit, der unbekannte Liebhaber entledigt sie ihres schwarzen Badeanzugs. »Sie lieben sich mit einer vollkommenen, tödlichen Liebe, im Gleichmaß der Zeit.« Das Schicksal nimmt seinen Lauf, die Vereinigung vollzieht sich, und die beiden Frauen im Theatersaal wandern unterdessen minutenlang in die entlegensten Winkel der weiten Bühne, von den seitlichen Vorhängen bis in die Tiefe des Gebäudes.

Dabei blicken sie gedankenverloren abwechselnd in die Ferne und in den Zuschauerraum, mit einer Entrücktheit, als betrachteten sie den Ozean. »Die Bühne ist nahezu leer, der Boden ist nackt. Nach einer Zone fast schwarzen Lichts – das Meer. Es wird wechselnd beleuchtet – ›kalt‹ oder ›glühend‹ oder ›düster‹. Das Meer ist eingefasst wie *das Gesetz*.« Während der Geliebte seine Sehnsuchtsschreie nach »Savannah« (der inzwischen also nicht mehr namenlosen Selbstmörderin) über die Meeresoberfläche aussendet, erklin-

gen Auszüge aus Schuberts überirdisch schönem Streichquintett. »Du hast alles vergessen außer Savannah, Savannah Bay. Savannah Bay, das bist du«, so lauten die Schlussworte im Prolog. Und mit diesem apodiktischen Fazit, mit dieser Anrede können im vielschichtigen, spröden Textgebilde des Dialog-Dramas gleich mehrere Figuren, mehrere »Du« gemeint sein.

Duras' sich ganz bewusst im Vagen verlierende Reflexion gerät zu einem unerwarteten Publikumserfolg und läuft monatelang vor ausverkauftem Haus; Madeleine Renaud wird in einem Maße gefeiert, dass die ebenso triumphierende Autorin sich gelegentlich vorkommen muss, als habe man ihr die Show gestohlen; und die Pariser Theatergänger können sich an der auskomponierten Ereignislosigkeit vor imaginärer Meereskulisse offenbar nicht sattsehen, können sich an den mäandernden Zwiegesprächen der ratlosen Alten und der orientierungslosen Jungen nicht satthören. Sie verstehen das Stück richtig: als Parabel auf eine Suche nach der Bedeutung lebensentscheidender Ereignisse insgesamt – Lust, Verschmelzung, Trennung, Geburt, Tod. Eine Suche, die »in allen Städten der Welt, die am Meer liegen, stattfinden könnte« und natürlich auch wieder stattfinden wird. Und sie fassen den weißen Felsen als Schauplatz richtungsweisender Entscheidungen auf. »Vielleicht war das Kind zu viel Glück auf einmal«, mutmaßen die beiden Frauengestalten als Vertreterinnen zweier weit auseinanderliegender Generationen, und sie deuten jene Freiheit, die auch den Entschluss zur Selbsttötung miteinschließt, als Gegenentwurf zu lebenslangen Gefängnissen der Zweisamkeit.

Am Ende steht, als typischer Duras-Refrain, wieder einmal die sinnstiftende Frage nach der »richtigen« Bezeichnung eines geliebten Menschen. Das Neugeborene sei ohne Namen geblieben, beklagt die junge Frau, und Madeleine gibt zur Antwort, dass das Kind sich später selbst einen gegeben habe. Was die Jüngere, die ja dieses Mädchen gewesen sein könnte, bestätigt: Savannah wird bei dieser Eigenbenennung zu einem weiteren Synonym – Savannah steht auch für den Namen der Ozeane. Die wiederum zum Symbol der

Unbeherrschbarkeit werden. Die letzten Worte gehören der Alten, die, nach langem Schweigen, diese Selbsttaufe bekräftigt und präzisiert: »Sie hat sich den Namen Savannah gegeben. Den des Meeres.«

Die Frau im Flur

Ich werde versuchen, nicht zu früh zu sterben.
Das ist alles, was ich zu tun habe.

War die alternde Duras sexy? Das hat jedenfalls der einflussreiche
Geschäftsmann, Kulturmanager und Mäzen Pierre Bergé, Lebens-
gefährte des Modezaren Yves Saint Laurent, im Brustton der Überzeugung behauptet, nachdem er die von ihm hochverehrte Mittsiebzigerin interviewte. Wer möchte, kann sich auch heute noch ein
Bild von dieser Einschätzung machen – beim Betrachten eines berühmt gewordenen, mitleidlosen Ganzkörperporträts, das der ame-
rikanische Meisterfotograf Richard Avedon im Mai 1993 von ihr an-
gefertigt hat. Eine Profilansicht. Streichholzdürre nackte Beinchen,
die in viel zu weiten dunklen Schaftstiefeln stecken, darüber ein heller Rock und eine karierte Jacke, ein schmächtiger Mädchenkörper
ohne Hals, und ganz oben ihr kleines, unverändert expressives Gesicht. »Asiatischer« denn je. Sie ist unfrisiert und hat die Schultern
hochgezogen, als wolle sie sich in einem imaginären Schildkröten-
panzer verkriechen. Marguerite schaut nicht in die Kamera, sondern
verschmitzt und auch ein wenig verlegen in die Ferne. Aber ihr Lächeln ist selbstbewusst, ihr Blick wach, ihr Geist präsent.

Ihre außergewöhnliche Intelligenz habe sie, so Bergé, stets gerettet. Auch wenn sie dem Alkohol erneut Tür und Tor geöffnet und es
sehenden Auges zugelassen habe, dass der Tod nach ihr greift. Auch
wenn sie, so muss man hinzufügen, sich abermals wie ein Phönix
aus der Asche erhoben hat, sich auch von der zweiten langen Höllen-

fahrt während ihres Entzugs, bei dem man sie in ein künstliches Koma versetzt hatte, nicht hat kleinkriegen lassen und unbeirrt wieder ins Reich der Lebenden zurückgekehrt ist. Noch gewährt ihr das Schicksal einen Aufschub. Noch ertrotzt sie sich ein weiteres Jahrzehnt. Und füllt es an mit vielen Momenten der Schwäche, Verzagtheit und Verzweiflung, mit vereinzelten, enigmatischen Publikationen auch und vor allem mit öffentlichen Verlautbarungen, die vor Unberechenbarkeit, Eitelkeit, ungehemmtem Narzissmus und Hybris nur so strotzen.

Dass sie zu den ganz Großen der Literatur und des Kinos zählt, ist für sie inzwischen unbestreitbar. Eine Gewissheit, die man gar nicht oft genug hinausposaunen kann. Genial sei sie, verkündet sie ein ums andere Mal, einfach genial. Wenn man sich die zehn bedeutendsten Autorinnen auf diesem Planeten in Erinnerung rufe, sei sie eine davon. »Ich bin die wilde und unverhoffte Schriftstellerin«, proklamiert sie mit Selbstbewusstsein – und ohne einen Anflug von Selbstironie. Ganz verrückt sei man nach ihr, insbesondere *les jeunes*. Gern erzählt sie, dass junge Männer, denen sie auf Empfängen oder in Cafés begegnet, in ihrer Nähe kaum noch an sich halten, spontane Erektionen nicht mehr unterdrücken könnten. Heutzutage sei man eben »geil auf Duras«. Dass sie mit solchen Äußerungen oft ziemlichen Unsinn von sich gibt, ficht sie nicht an. Einer Duras ist mit Ratio nicht beizukommen. Sie tut so, als würde sie gar nicht merken, wie viel ungefiltertes Eigenlob in diesen Selbstzuschreibungen steckt. Ungerührt lässt sie es auch geschehen, dass man Parodien über sie veröffentlicht, darunter herrlich despektierliche Persiflagen wie *Mururoa mon amour* (als Gegenpart zu *Hiroshima*) oder komische Plagiate wie *Virginie Q.*, eine Replik auf *Emily L.*, und sich, etwa im Verlauf eines gefaketen *Romeo und Julia*-Drehbuchs »à la Duras«, mit Wonne über ihren Stil mokiert. Mit der drohenden Rückkehr einer gewissen »Marguerite Duraille« malt man gar ein Schreckgespenst an die Wand – so als sei sie eine Horrorgestalt des Kulturbetriebs, vor deren neuerlicher Heimsuchung man sich hüten müsse.

Sie macht indessen unverdrossen weiter und betreibt – neben dem Aufblähen ihres realen Egos – die Tilgung ihres künstlerischen Egos, bereitet schriftstellernd ihren baldigen Tod als Autorin vor: »Ich schreibe, um mein Ich ins Buch zu verlagern. Um meine Bedeutung zu verringern. Damit das Buch an meine Stelle trete. Um mich bei der Geburt des Buches zu massakrieren, zu vergeuden, zu ruinieren.« Sie, die auf über fünfzig Buchveröffentlichungen zurückblicken kann, aber noch immer nicht die Flinte ins Korn werfen mag, führt sich in Geschmacksfragen, in politischen Debatten und als Literaturinstanz auf wie eine Päpstin – herrisch, autokratisch und ohne einen Funken Ironie. Kein Etikett lässt sich ihr verpassen, keine Rubrizierung wird ihr wirklich gerecht. »Am Ende«, bekennt der Literaturkritiker François Nourissier im *Figaro Magazine*, »wusste man nicht mehr, ob sie eher Derrick, der chinesischen Kaiserin Ts'euhi oder einer Literaturprofessorin aus dem Quartier Latin glich. Sie war einsam, rechthaberisch, glorreich, abrupt, oft schweigsam.« Und sie zählt vierundzwanzig Stunden am Tag auf die bedingungslose Loyalität Yanns. Ohne ihn, der sie bewacht, der ihr unablässig Trost spendet, wäre sie längst ein Wrack; ohne ihn würde kein auch noch so kümmerliches Textgebilde mehr zustande kommen, keine einzige Druckfahne mehr zu ihren Verlegern gelangen. »*Sie* liebe ich am meisten auf der Welt.« Sätze wie dieser sind sein Lohn.

Durch *Savannah Bay* zieht sich wie ein akustischer Handlungsstrang ein altersweises, gelassenes Chanson von Édith Piaf – *Les Mots d'amour,* die »Worte der Liebe«. »Nicht deine Worte waren es / und auch nicht meine Worte / deine Stimme, meine Stimme / oder die Stimme eines anderen, / immer ist es die Stimme der Liebe / die diese Worte spricht.« Dieser Songlyrik zufolge ist es bedeutunglos, wer in der Paarbeziehung spricht und für welchen Wortlaut er oder sie sich entscheidet; es kommt nur darauf an, ob man von der Emotion als Medium gewählt wird, ob die Zuneigung oder die Zärtlichkeit »durch einen hindurch« glaubhaft zum geliebten Gegenüber spricht. Als Liebende oder Liebender »funktioniert« man und artikuliert nur unbewusst, gesteht sich aber das größte aller Gefühle ein, indem man sich bereit erklärt, zum Sprachrohr für etwas Höheres zu werden. Ein schöner, berührender Gedanke.

In ihren letzten Jahren mit Yann, mit dem sie solche amourösen Unterredungen genauestens erprobt, sich aber zuweilen auch bis aufs Blut gestritten hat, zeigt sie starke Ähnlichkeiten mit der Piaf. Genau wie die einzigartige Sängerin, die ein Jahr nach ihr geboren, aber nicht einmal fünfzig wurde, ist sie kleinwüchsig, kaum noch ansehnlich, stark alkoholabhängig und sterbenskrank, muss mit den Ausfallerscheinungen eines geschundenen Körpers fertigwerden, hat ständig einen maskulinen Harem um sich, lässt sich von einem jungen Schwulen umsorgen, den sie als »ihren Mann« bezeichnet, meidet, bis auf wenige Ausnahmen, Frauenfreundschaften, wird bewundert und gefürchtet. Allein die staunenswerte Popularität der Piaf hat sie nicht erlangt – die Duras ist keine Frau aus dem Volk und schreibt auch nicht für das Volk. Aber wie die Piaf besitzt sie durchaus eine Stimme, die zählt. In Frankreich, in Europa, weltweit. Sie ist am Lebensende eine ernst zu nehmende Autorität. Sehr genau weiß sie, dass ihre Tage gezählt sind, spürt, dass die Bedeutung jeder Stunde, die Kostbarkeit jeder Minute zunimmt. Mit jeder neu verfassten Zeile schrumpft sie; mit jedem ihrer *famous last words* schreitet ihre Selbstverzehrung fort, wird ihre Anwesenheit auf Erden entbehrlicher. »In dem Maße, wie ich schreibe, existiere ich weniger.« Das klingt, als freue sie sich auf das Ende.

Mit ihrer Mutter hat sie, darauf deutet eine lange, von Freundlichkeit und Verständnis gekennzeichnete Eloge in einem Gespräch mit Leopoldina Pallotta della Torre hin, posthum endlich ihren Frieden gemacht. Dem Chinesen hat sie Denkmäler errichtet, eines imposanter als das andere, die Brüder durch Yann ersetzt, ihre »Ehemänner« in guter Erinnerung behalten und ihren Sohn Outa, der sich als Standfotograf verdingte, ihr regelmäßig bei ihren Filmen assistierte und später sogar ein recht fragwürdiges Kochbuch mit Rezepten seiner Mutter zusammenstellen wollte, nie gänzlich aus den Augen verloren. Eigentlich ist alles gesagt und getan. Wenn sie dennoch einmal auf andere Gedanken kommen will und ihre Kräfte dafür ausreichen, lässt sie sich von Yann, der anfangs gar keinen Führerschein besaß, von Trouville aus ans Meer kutschieren: ans Meer als »Metapher für den Krieg zwischen Licht und Schatten«, für den ewigen Konflikt zwischen Leben und Zerstörung. Doch weiter als fünfzig Kilometer bewegt sie sich auch bei diesen Ausflügen von den Roches Noires nicht mehr fort. An die Soldatenfriedhöfe unweit des Omaha Beach begeben sich die beiden, an die Sumpflandschaften, dort, wo die Seine in den Ärmelkanal übergeht, an bestimmte Stellen am Strand, wo sie vor abgestorbenen Bäumen, verwaisten Zelten von Sommerferienlagern, Rinderweiden, Kruzifixen und Kränen haltmachen und wo Marguerite ihre Reflexionen neu sortiert, Haiku-artige Zeilen formuliert und von Yann aufschreiben lässt. Stets mit dem Rücken zum Land und die Augen auf das mysteriöse, nie in den Griff zu bekommende ewige Blau gerichtet. »Das Meer als Kraft in jedwedem Sinn: die lebendige, brutale, sanfte, schöne und tödliche Kraft, alles steckt darin.« Ihm fühlt sie sich, was seine Unersättlichkeit betrifft, seine Maßlosigkeit und sein Insistieren, wesensverwandt: »Mehr als alles« fordert es von ihr ein. Auf dieselbe unbarmherzige Weise, wie Marguerite den Menschen in ihrem Dasein und den Texten, die sie sich abgerungen hat, viel – womöglich zu viel – abverlangte. »Mehr als alles, was ich gesehen habe. Mehr als alles, was ich gelesen habe. Mehr als alles, was ich habe. Mehr als alles.« Nur der Ozean ist ihr ebenbürtig.

Die junge Fotografin Hélène Bamberger schaut ihr bei diesen solitären Meditationen zu, nimmt aber eher selten die ins Ungewisse blickende Marguerite selbst auf, sondern fängt mit der Kamera ein, was die sinnierende Autorin ins Visier genommen haben *könnte*. Diese kleinen Rechtecke, Miniaturen und Vignetten künden vom herbeigeschriebenen, weggeschriebenen, umgeschriebenen Meer, vom erzählten, vernachlässigten, vergessenen und wiederentdeckten Meer. Perfekte Pendants zu den kurzen literarischen Stimmungsbildern der Duras in ihrem schmalen Bändchen *La Mer écrite*, karge, vereinzelte Sätze nur; mehr bringt sie nicht zu Papier. So wie auch ihre Notate in den späten Aphorismensammlungen *C'est tout*

und *Écrire* Momentaufnahmen darstellen für jene unter ihren Lesern, die zwischen den Zeilen auf Spurensuche zu gehen vermögen. Jahrzehntelang hat sich die Duras aufs Vortrefflichste der Melancholie der Verweigerung verschrieben, also wird sie auch zu guter Letzt ihre intimsten Gedanken nicht preisgeben – weder verbal noch visuell.

Mit erst posthum vorgelegten Publikationen wie *La Mer écrite* (*Das geschriebene Meer* und eben nicht *Das beschriebene Meer*) schließt sich der Vorhang hinter ihrem Schaffen: kurze Absätze, menschenleere Fotos, Aphorismen der Altersweisheit, schriftstellerisches Strandgut. Zusammengenommen eine einzige Hommage an den Ozean.

Alle Meere sind fortan *ihre* Meere. Und das kontemplativ-meditative Verhältnis zum Ozean, das aktiv betriebene Studieren dieser mal fremden, dann wieder vertrauten Macht entpuppt sich in den letzten, bangen Jahren als Kontinuum, ja als einziges Leitmotiv ihres Schreibens, Filmens und Handelns.

»Das Meer betrachten heißt *alles* sehen.« Das anarchische, das unverwüstliche Meer zu schildern erklärt sie zu ihrer eigentlichen Lebensaufgabe.

* * *

In den letzten Wochen ihres Daseins verliert sie die Balance, flackert zeitweilig die Angst auf. »Um es direkt zu sagen, das Meer ist schrecklich«, vertraut sie dem deutschen Filmwissenschaftler Karsten Witte in einem Gespräch über ihre einst so geliebte, unverzichtbare »Hauptstadt der Möwen« an. »Das Meer ist seine eigene Transfiguration.« Es kommt der Tag, wo Trouville und die Normandie keine Option zum Wohnen mehr sind, wo die prächtige, zeitlose maritime Umgebung und die ungebändigte Kraft der rauen Landschaft vor ihren Augen nicht mehr mit ihrer körperlichen Agonie, mit ihrem nicht länger zu leugnenden kreativen Stillstand und mit ihrem Unwillen, weiterzuerzählen, in Einklang zu bringen sind. Ihre Kindheit als Annamitin ist in weite Ferne gerückt; die Fähre, der Dschungel, die Reisfelder sind zu bloßen Schemen geworden, die Aromen von Cholon, Prey Nop und Sadec unwiderruflich verflogen. Und auch im einst so gemütlichen Neauphle fühlt sie sich nicht mehr geborgen. Paris ist das ultimative Refugium: Mit Yann schließt sie sich mitten in Saint-Germain von der Außenwelt ab, verbarrikadiert sich in der so heruntergekommenen wie vertrauten Wohnung der Rue Saint-Benoît, fühlt sich trotz der fürsorglichen Anwesenheit Andréas alleingelassen, beklagt ihre Einsamkeit, will Schluss machen mit der Durassie, diesem *bonheur,* diesem Wahnsinn. *C'est tout.* Das wäre, das *ist* alles. Als es in den ersten Monaten des Jahres 1996, einem strengen, in die Länge gezogenen Winter, mit ihr zu Ende geht, lässt sie, wenige Wochen bevor sie zweiundachtzig geworden wäre, dem Freund und Résistance-Kameraden Mitterrand beim Sterben den Vortritt. Damit ist auch diese Zeitspanne begraben; sie folgt Robert und François, ihren Männern aus dem Krieg, in den Tod. Nur Dionys ist noch auf der Welt und natürlich Outa und Yann.

»Passt« es nun aber zur Duras, dass sie ausgerechnet an einem Sonntag das Zeitliche segnet? Und ist eine kirchliche Zeremonie, kurz vor ihrem Begräbnis in Montparnasse, wirklich die angemessene Form, ihrer zu gedenken? Hunderte haben sich durch den Schneematsch auf den Weg gemacht ins Herz der Rive Gauche, darunter Prominente, Schaulustige, Konkurrenten, Gefährten sowie der Autor dieser Zeilen, und sind erschienen in der Kirche von Saint-Germain an diesem stürmischen, schaurig verregneten Märznachmittag, tragen sich ins Trauerregister ein, nehmen den schlichten Sarg im Altarraum wahr, erblicken einen gefasst, wenngleich apathisch wirkenden Yann, ignorieren die abgedroschenen Formeln der Kirchenmänner, aber lauschen umso intensiver der wehmütigen Melodie und den stockenden Synkopen des *India Song.* Damit sind sie gleich wieder ein Stück dichter an die asiatischen Anfänge Marguerites herangerückt, fühlen sich nunmehr imstande, Abschied von ihr und ihren Figuren zu nehmen.

Jetzt endlich ist es eine Gewissheit: Ihr Ozean hat von Anfang an die weltumspannende Projektionsfläche ihrer experimentellen Filme dargestellt, das noch unbeschriebene, aber sich rasch füllende Blatt Papier vor ihr, die noch leeren, aber bald bevölkerten Theaterbühnen von Montparnasse. Ihr Ozean hat vom Mekong-Delta bis zur Seine-Mündung gereicht, von Vinh Long bis nach Le Havre, von Sadec bis nach Honfleur. Dazwischen liegt ihr monumentales wie vielgestaltiges Œuvre, dessen einzelne Bestandteile – Erzählungen, Dramen, Essays, kineastische Poeme, Zumutungen und Provokationen – sich stetig vom Festland konventioneller Gewissheit abgelöst haben und bereits wieder auf die Gestade der Ungezwungenheit zugetrieben sind. Die beständige Meeresnähe ermöglichte der Autorin Duras erst die für ihr Schaffen zwingend notwendige, ideologieferne und somit absolute Freiheit.

⋆ ⋆ ⋆

In ihrem Roman vom *Ruhigen Leben* berichtet die Ich-Erzählerin, dass sie einmal, nach einem Bad im Fluss, von großer Müdigkeit ergriffen wurde. Sie habe diesen Zustand als Erleichterung empfunden, konnte sich ihr Denken doch endlich frei entfalten. Sie habe ans Meer gedacht, das sie nicht kannte. Ihre Augen seien geschlossen gewesen, aber sie habe nicht geschlafen. »Ich habe mir das Meer vorgestellt, die verschiedenen Arten und Weisen, in denen es, so hatte man mir gesagt, kein Ende hatte.« Dann ist sie schließlich doch eingeschlafen.

Und im *Liebhaber* heißt es von Marguerite selbst, einer Frau im Flur, die sich zeit ihres Lebens außerstande sieht, um Einlass zu bitten oder anzuklopfen:

> Ich habe nie geschrieben, wenn ich zu schreiben glaubte,
> ich habe nie geliebt, wenn ich zu lieben glaubte,
> ich habe nie etwas anderes getan,
> als zu warten
> vor der verschlossenen Tür.

Durassic Park

Ich weiß nichts mehr,
seit ich am Meer angekommen bin.

Was Liebe ausmacht, wo eine Liebesgeschichte anfängt oder endet, wo sie so sinnlich und greifbar wird, dass man ihr mit einem Buch oder einem Film Konturen verleihen kann, wo Literatur aus ihr erwächst, zuweilen bloß eine belanglose Begebenheit, wo sie schließlich zu etwas Unbeschreiblichem wird, zu etwas Schmerzhaftem, einem Schrei, einer tödlichen Krankheit – davon hat die Duras unzählige Male berichtet, Dutzende von Definitionen geliefert, Beschwörungsformeln gefunden, Gewissheiten verkündet, Wahrheiten präsentiert, nur, um sie selbst sofort wieder anzuzweifeln.

Um die Liebe und das Sprechen darüber, um die Sinnlichkeit und das Schweigen darüber immer aufs Neue einzukreisen, hat sie in ihrem realen Leben experimentellen, manchmal auch chaotischen Formen des Zusammenseins den Vorzug gegeben und das beständige Glück, diese ohnehin trügerische Utopie, hinter eine verschlossene Tür verbannt. »In der Heterosexualität gibt es keine Lösung. Mann und Frau sind unversöhnlich, und dieser unmögliche und mit jeder Liebe neu unternommene Versuch ist es, der ihre Größe ausmacht.« Und, es sei hinzugefügt, auch ihre Tragik. Der aberwitzigen Vorstellung, dass ein einziger Mensch einem anderen kurzzeitige Befriedigung und dauerhafte Zufriedenheit zugleich verschaffen könnte – ein Traum, auf dem in unseren westlichen Gesellschaften die Idee von Liebe mit großer Hartnäckigkeit fußt –, hat sie konsequent misstraut. »Man muss die Männer sehr lieben. Sehr, sehr«, entschied sie. »Sehr lieben, um sie lieben zu können. Sonst ist es nicht möglich, sonst kann man sie nicht ertragen.« Einen aber liebte und ertrug die Duras dann doch, wurde damit ihrer eben zitierten Überzeugung also untreu – und sorgte, indem sie sich ihm für die Dauer von anderthalb Jahrzehnten verschrieb, auch dafür, dass er sie ertragen und zurücklieben mochte: Yann.

Nur hat sie es offenbar versäumt, ihn mit einer überzeugenden Handlungsanweisung auszustatten, wie er, der erst Dreiundvierzigjährige, die unendlich lange Zeit nach ihrem Ableben ohne sie meistern sollte. Ihr musste klar gewesen sein, dass in den zurückliegenden Monaten ihrer Agonie alles, was ihn betraf, in den Hintergrund getreten war, weil einzig und allein ihre Befindlichkeit zählte, jeder Atemzug, jedes Wort. Nur noch auf sie kam es an, auf jeden der Krankheit und dem Verfall abgerungenen weiteren Tag. Ihr unscheinbarer Begleiter und verlässlicher Assistent war unterdessen zu einer transparenten Hülle geworden, seine persönlichen Bedürfnisse waren versiegt.

Und sie konnte sich auch keineswegs der Illusion hingegeben haben, dass er gleich nach ihrem Tod zur Tagesordnung übergehen würde. Vor Yann lag eine unstrukturierte, undefinierte Zeitspanne wie Brachland. Es war unendlich schwer für ihn gewesen, es mit ihr auszuhalten, doch es würde noch ungleich schwieriger sein, ohne sie auszukommen. Nicht die geringste Initiative ergriff er, um sich einen neuen sinnvollen Lebensinhalt zu suchen, Perspektiven zu entwickeln und der Lethargie ein Ende zu setzen. Nichts unternahm er, um wieder eine eigenständige Existenz zu führen.

Um es gleich vorwegzunehmen: Er sollte es nicht schaffen. »Sie starb, und er fuhr zur Hölle.« Anfangs versuchte er noch, die Zeit totzuschlagen, zu ihrem Grab zu pilgern und »in alter Tradition« Trübsal zu blasen, indem er sich in edlen Pariser Lokalen wie dem Bedford oder dem Café de Flore herumtrieb und sich dort einen teuren Whiskey nach dem anderen genehmigte oder seinen maßlosen Kummer im fortgesetzten Rotweinkonsum ertränkte. Allein das

Gegenüber fehlte ihm, die heftigen Auseinandersetzungen, die literarischen Pläne, das erhebende Gefühl des Auserwähltseins. Gleich gegenüber der Wohnung in der Rue Saint-Benoît, die er mit Argusaugen bewachte und zu der er bald doch keinen Zutritt mehr bekam, hatte er ein Zimmer bezogen, das Marguerite ihm in weiser Voraussicht besorgt hatte, damit er nach ihrem Tod nicht mittellos auf der Straße stand. Hierhin verzog er sich wochen-, ja monatelang, ohne aus dem Haus zu gehen, vegetierte wie in einer Höhle vor sich hin und ließ es zu, dass er allmählich verwahrloste. »Seit Wochen wasche ich mich nicht mehr, weder den Körper noch die Haare, ich putze mir nicht mehr die Zähne, ich rasiere mich nicht mehr, ich muss übel riechen, es muss auffallen, der ganze Dreck, die schmutzigen Hemden, die schmutzigen Laken.« Der Trauernde war zu einer lebenden Mülltonne geworden. Er überzog sein Konto, nahm beträchtlich zu und verwandelte sich somit in ein unförmiges Monster. Wie ein Wiedergänger des todgeweihten Oscar Wilde zog er als Dandy-Clochard manchmal nächtens durch die leeren Pariser Straßen und strich nur noch an den Außenmauern des Friedhofs von Montparnasse entlang, um keinen direkten Blick mehr auf das »Loch« werfen zu müssen, in dem seine Geliebte verschwunden war und sich ihm entzogen hatte. Dieses Loch erschien ihm wie eine unheilvolle, makabre Fortsetzung der klaustrophobisch »schwarzen Kammer«, als die er das Appartement in Trouville oft empfunden hatte. Auch die Küste lag nun außerhalb seiner Reichweite, und selbst das Meer, das die Duras zuweilen ihm gegenüber als »the Thing« bezeichnete, hatte sich von ihm zurückgezogen.

Er flüchtete sich in Erinnerungen. Daran, wie er sich stets außerstande sah, sie zu duzen. An den Schock, den ihm die Lektüre der gewaltbejahenden, erotomanischen Schrift *Der Mann im Flur* versetzt hatte. An seine von ihr betriebene Taufe: »Wir haben beide Leihnamen, *noms de plume*, falsche Namen, die wahr werden, weil sie von ihr ausgewählt und geschrieben werden. Sie ist es nämlich, die sie schreibt und [die] so die geistige Herkunft verordnet.« Daran, dass die Schriftstellerin ihren »Blumenvornamen« eigentlich nie gemocht hatte, und an die nahezu göttlichen, fünf selbst gewählten Buchstaben »Duras«. An den unzerstörbar schönen Anfang ihrer Liebesgeschichte in jenem mythischen Sommer: »Alles kann beginnen, denn sie hat mir einen Namen gegeben.« An etwas Erregendes also, das nicht mit Schönheit zusammenhing, sondern mit Wahrheit. An den Übermut, der den Beginn ihrer Zweisamkeit ausgezeichnet hatte: »Was für ein Ereignis. Was für eine Geschichte. Was für eine Liebe.« An die Kapriolen. An den wiederholten Rausschmiss, wenn sie die Nase von ihm voll gehabt, seinen Koffer und selbst ihre gemeinsamen Lieblingsplatten aus dem Fenster geworfen hatte und er dennoch stets wie ein gedemütigter, aber treuer Hund zu ihr zurückgekehrt war und sie sich wieder hatte erweichen lassen. Würdelos: alle beide. An die fortgesetzten Beleidigungen – eine glatte Null sei er, eine Niete erster Ordnung. Als einen unglaublichen Typen hatte sie ihn beschimpft und doch wieder bereitwillig bei sich aufgenommen. An den nüchternen Befund, sie seien beide im Grunde »invivable(s)«, zum Zusammenleben völlig ungeeignet. An groteske Versöhnungsszenen wie diese: »Wir verabreden uns in einer Bar am Bahnhof. [...] Sie kommt. Sie ist geschminkt. Eine dicke Schicht Make-up, knallroter Lippenstift. Eine Nutte. Sie lächelt. Sie ist hundert Jahre alt. Tausend Jahre alt« und zugleich die Fünfzehnjährige, dazu bereit, ihren Körper jeden Moment dem Chinesen zu schenken. Andréa hatte sie durchschaut und stets gewusst: »Wir sind zusammen eingesperrt und schreiben.« Nun sperrte er sich selbst ein, allein, wie er war, und begann erneut zu schreiben. Diesmal aber ohne ihre Hilfe, ohne ihr Zutun.

Ein einziges Thema nur gab es für ihn, an dem er sich abarbeiten konnte: jene Liebe, von der er schon früh ahnte, dass sie die singuläre, entsetzliche und unersetzliche in seinem Dasein bleiben würde. Also setzte er ihr ein Denkmal, indem er ihr ein Buch widmete, das ziemliches Aufsehen erregte und auch verfilmt werden sollte, gefolgt von einem zweiten, das schon weit weniger Käufer fand, und einem dritten, düsteren, das kaum noch jemand lesen oder auch nur in die Hand nehmen mochte. Sein Denken und Räsonieren kreiste,

worum auch sonst, unaufhörlich um »M. D.«. Neue Episoden hinzu-
zuerfinden, alte zu variieren oder gar Deutungen vorzunehmen lag
dabei nicht in seiner Absicht. Er gab die alten Geschichten von der
Duras und sich selbst einfach noch einmal wieder, einem literarischen Sisyphos gleich. So wie sie einst von der *Heißen Küste* über den
India Song-Zyklus und den *Liebhaber* bis zum *Liebhaber aus Nordchina*
Immergleiches entworfen und mit neuen Versionen überschrieben
hatte, hatte er vor, sein altes Büchlein von 1983 über sie mit seiner
Trilogie aus den Jahren der Jahrtausendwende zu ersetzen. Nur dass
er eben kein Erzähler von ihrem Rang war, nur dass vieles an den
wohlbekannten Anekdoten abgedroschen und entbehrlich wirkte –
und dass seine vollständige Abhängigkeit von ihrer Persönlichkeit
und vor allem von ihrem Urteil auf immer erschreckendere, scho-
nungslosere Weise zutage trat. »Ich habe Angst. Ich will nicht leben.
Ich weiß nicht, wie ich es anstellen soll, mich umzubringen.« Gefolgt
von der fatalistischen Erkenntnis: »Ich kann nicht entkommen.« Und
von dem Gedenken an Marguerites Prophezeiung, als sie einst zu
ihm gesagt hatte: »Für mich bedeutet es nichts zu sterben, aber für
Sie ist es sehr schlimm, Sie werden sehen, wie schwierig es sein wird
ohne mich, das Leben ohne mich. Es ist fast unmöglich.«

Vereinzelte Lichtblicke und Zwischenhochs gab es doch noch,
den Erfolg von *Cet amour-là* etwa, ein ausführliches Interview mit
der Schriftstellerin Michèle Manceaux, Auftritte in Talkshows, eine
Reise auf die griechische Insel Patmos und einen Japanaufenthalt,
wohin er als Duras-Experte eingeladen worden war. Es kam zu einem Rettungsversuch seitens seiner Mutter, die ihn für eine Weile
in die Provinz entführte, um aus ihm wieder einen halbwegs le-
benszugewandten Menschen zu machen. Er konnte sich außerdem
der kostbaren, liebevollen Freundschaft der deutschfranzösischen
Autorin und Verlegerin Maren Sell erfreuen, eine fürsorgliche Literatin, die ihn förderte, ihn zum Schreiben ermunterte, ihn gelegentlich aus seinem Verlies befreite, mit wichtigen Leuten im Kultur-
betrieb zusammenbrachte und für seine Schulden aufkam. Für sie
ließ er in den Bars, die er noch immer frequentierte, mit Vorliebe

kleine, geheimnisvolle Nachrichten zurück – Botschaften der Zuneigung.

Mit Sell, die er irgendwann nicht länger Maren, sondern mit wortspielerischer Zärtlichkeit *»ma reine«*, »meine Königin«, nannte, durchlebte er aber auch einen Moment der Todesangst, als er beim gemeinsamen Bad in einer kleinen Felsbucht am Mittelmeer von den Wellen auf die Felsen geschmettert wurde und um ein Haar ertrunken wäre. Jenes Element, dem Marguerite sich immer so nahe und verbunden gefühlt hatte, verunsicherte ihn nunmehr wie nie zuvor. Ihn ergriff eine große Müdigkeit, eine Lebens-Müdigkeit. Längst hatte er sich in einen zerbrochenen Mann verwandelt, längst war er dabei, sich systematisch zugrunde zu richten. *Zerstören, sagt er.*

* * *

»Ich werde diese Welt verlassen, in der ich ohne Sie bin«, kündigte Yann Andréa 1999, am Ende seines ersten Duras-Erinnerungsbuches, an. Noch einmal anderthalb Jahrzehnte sollten allerdings ins Land gehen, bevor Yanns Lebensgeister endgültig erloschen. Diese nicht enden wollende Wartezeit brachte er als Gefangener seiner Liebe und als Zeuge seiner einzigartigen, jedoch nicht zukunftsfähigen Geschichte zu: dazu verurteilt, im Käfig seiner Memoiren und im Gehege der von seinem Lebensmenschen Marguerite ersonnenen Figuren spazieren zu gehen. Auf und ab tigerte er dabei und stieß schnell an die Grenzen der Vorstellungskraft, die mit den Wänden seines heruntergekommenen Zimmers von Saint-Germain identisch waren. Als man es im Juli 2014 gewaltsam öffnete, war schon lange kein Laut mehr daraus hervorgedrungen. Man fand Yanns leblosen Körper vor, und mit dem Abtransport seines Leichnams kamen nicht nur die vielen verschiedenen Pariser Episoden der Duras, sondern auch *cet amour-là*, diese unvergleichbare, so glückstrunkene wie destruktive Leidenschaft zwischen ihm und ihr, zu ihrem Abschluss. Ja, auch Yann, gerade mal einundsechzig, war nun Bestandteil des faszinierenden, labyrinthischen Durassic Park geworden, in den man sich gern begibt, auf dessen Haupt- und Nebenwegen noch heute zahllose Leser lustwandeln oder sich, inmitten der Relikte und Fossilien vergangener Begebenheiten, genießerisch der gezielten Verirrung hingeben.

»Weiß man, dass ich eines nahen Tages sterben werde?«, hatte Andréa in *Diese Liebe* noch rhetorisch gefragt und gleich die Antwort vorweggenommen: »Ja, man weiß es.« Hätte er seine Trauer nicht überwinden können, indem er sich ihr stellte? Dann hätte er, um dieser Fatalität zu entgehen, allerdings über die gleiche, kolossale Kraft verfügen müssen wie sein Vorbild Duras. Denn Marguerite, anders als Yann, scheute tödliche Konfrontationen nicht. Hat sie doch ihr ganzes Leben hindurch den symbolischen Kampf mit der Urgewalt Meer aufgenommen, sich vom Schaum der See berühren lassen und entschlossen den Wellen ausgeliefert. Wieder und wieder ist sie das Risiko eingegangen, von den Brechern gepackt, niedergeschmettert und verschluckt zu werden, die Welt der Furcht zu betreten.

Nie aber hat sie sich von den Wogen vernichten lassen. Die Schläge ins Gesicht hat sie ausgehalten, die Dunkelheit wie die Panik. Dem brüllenden Verlangen der See hat sie nicht nachgegeben, sondern Widerstand geleistet, ihm stolz die Wucht des Denkens entgegengesetzt und es schließlich gebändigt. Als Siegerin ist sie hervorgegangen aus diesem Gefecht der Elemente mit dem Intellekt.

* * *

Als ich vor Kurzem auf dem Cimetière du Montparnasse dem Grab von Marguerite Duras einen neuerlichen Besuch abstattete, sah ich, dass Yann Andréa ihr dort inzwischen Gesellschaft leistet. Die beiden sind friedlich vereint, und sein Name ist, gleich unterhalb von ihrem und in derselben Schriftgröße, auf der Steinplatte eingraviert.

»Ins Hotel zurückgekehrt«, besehen sie es sich »vom Fenster aus, das Meer: den Tod. Nun ist er ein Käfig.« Sie lächeln ihm zu.

Was bleibt nach dem Tod?
Nichts.
Nur die Lebenden,
die sich zulächeln,
die sich erinnern.

Werkverzeichnis

Anmerkungen: Verlagsort der Duras-Originalpublikationen ist in den allermeisten Fällen Paris, daher wurde diese stets wiederkehrende Angabe hier bewusst weggelassen: In den nachstehenden Verzeichnissen werden lediglich die französischen Verlagsnamen genannt. – In Deutschland ist in den zurückliegenden Jahrzehnten der überwiegende Teil von Duras' Œuvre bei Suhrkamp bzw. Insel (damals noch angesiedelt in Frankfurt am Main) erschienen. Nur davon abweichende Angaben werden hier verzeichnet. Dasselbe gilt für die Duras-Publikationen von Yann Andréa. – Im Deutschen gleichlautende Werktitel der Duras werden nicht noch einmal genannt, ansonsten stehen die deutschen Titel in eckigen Klammern hinter den Originalausgaben. – Auf die Angaben der Übersetzernamen wurde, abgesehen von einigen prominenten Autoren, verzichtet.

Werke von Marguerite Duras (chronologisch)

Romane, Erzählungen, Drehbücher, Filmtexte, Interviews, Gespräche, Sammlungen, Theaterstücke

Als Marguerite Donnadieu:
L'Empire français. Gemeinsam mit Philippe Roques. 1939/40. Gallimard.

Als Marguerite Duras:
Les Impudents. 1943. Plon. [*Die Schamlosen*] Ursprünglicher Titel: *La Famille Taneran.*
La Vie tranquille. 1944. Gallimard. [*Ein ruhiges Leben*]
Un barrage contre le Pacifique. 1950. Gallimard. [*Heiße Küste*]
Le Marin de Gibraltar. 1952. Gallimard. [*Der Matrose von Gibraltar*]
Les petits chevaux de Tarquinia. 1953. Gallimard. [*Die Pferdchen von Tarquinia*]
Des journées entières dans les arbres / Le Boa / Madame Dodin / Les Chantiers. 1954.
   Gallimard. [*Ganze Tage in den Bäumen*]
Le Square. Gallimard. 1955. [*Im Park*]
Moderato cantabile. 1958. Minuit.
Les Viaducs de la Seine-et-Oise. 1959. Gallimard. [*Die Viadukte*]
Dix heures et demie du soir en été. 1960. Gallimard. [*Im Sommer abends um halb elf*]

Hiroshima mon amour. 1960. Gallimard.

Une aussi longue absence. Gemeinsam mit Gérard Jarlot. 1961. Gallimard.

L'Après-midi de Monsieur Andesmas. 1962. Gallimard. [*Der Nachmittag des Herrn Andesmas*]

Le Ravissement de Lol V. Stein. 1964. Gallimard. [*Die Verzückung der Lol V. Stein*]

Théâtre I: *Les Eaux et Forêts / Le Square / La Musica.* 1965. Gallimard. [*Seen und Schlösser / Gespräch im Park / La Musica*]

Le Vice-consul. 1965. Gallimard. [*Der Vize-Konsul*]

L'Amante anglaise. [Roman.] 1967. Gallimard. [*Die Englische Geliebte.* Basel / Frankfurt am Main: Stroemfeld / Roter Stern 1984, dann München: dtv 1987]

L'Amante anglaise. [Theaterstück.] 1968. Cahiers du Théâtre National Populaire. [*Die englische Geliebte*]

Théâtre II: *Suzanna Andler / Des journées entières dans les arbres / Yes, peut-être / Le Shaga / Un homme est venu me voir.* 1968. Gallimard. [*Suzanna Andler / Ganze Tage in den Bäumen / Yes, vielleicht / Shaga*]

Détruire, dit-elle. 1969. Minuit. [*Zerstören, sagt sie.* Neuwied/Berlin: Luchterhand 1970]

Abahn Sabana David. 1970. Gallimard.

L'Amour. 1971. Gallimard. [*Liebe*]

Ah! Ernesto. 1971. Thierry Magnier. [*Ach, Ernesto!*]

India Song. 1973. Gallimard.

Nathalie Granger / La Femme du Gange. 1973. Gallimard.

Les Parleuses. Gespräche mit Xavière Gauthier. 1974. Minuit. [*Gespräche.* Basel / Frankfurt am Main: Stroemfeld / Roter Stern 1986]

Le Camion. 1977. Minuit. [*Der Lastwagen.* Übersetzung von Jürg Laederach]

Les Lieux de Marguerite Duras. Gemeinsam mit Michelle Porte. 1977. Minuit. [*Die Orte der Marguerite Duras*]

L'Éden Cinéma. 1977. Mercure de France. [*Eden Cinéma*]

Le Navire night / Césarée / Les Mains négatives / Aurélia Steiner, Aurélia Steiner, Aurélia Steiner. 1979. Mercure de France. [*Das Nachtschiff / Caesarea / Die negativen Hände / Aurelia Steiner, Aurelia Steiner, Aurelia Steiner*]

Véra Baxter ou Les Plages de l'Atlantique. 1980. Albatros. [*Véra Baxter oder Die Atlantikstrände*]

L'Homme assis dans le couloir. 1980. Minuit. [*Der Mann im Flur.* Übersetzung von Elmar Tophoven. Berlin: Brinkmann & Bose 1982]

L'Été 80. 1980. Minuit. [*Sommer 1980*]

Les Yeux verts. 1980. Cahiers du cinéma. [*Die grünen Augen.* Texte zum Kino. München: Hanser 1987; dann München: dtv 1990]

Agatha. 1981. Minuit. [Basel / Frankfurt am Main: Stroemfeld / Roter Stern 1982]

Outside. Papiers d'un jour. 1981. Albin Michel.

L'Homme atlantique. 1982. Minuit. [*Atlantik-Mann.* Basel / Frankfurt am Main: Stroemfeld / Roter Stern 1985]

Savannah Bay. 1982. Minuit. [Frankfurt am Main: Fischer 1985]

La Maladie de la mort. 1982. Minuit. [*Die Krankheit Tod.* Übersetzung von Peter Handke. Frankfurt am Main: Fischer 1985]

Théâtre III [Bearbeitungen]: *La Bête dans la jungle,* d'après Henry James / *Les Papiers d'Aspern,* d'après Henry James [gemeinsam mit Robert Antelme] / *La Danse de mort,* d'après August Strindberg [*Totentanz*]. 1984. Gallimard.

L'Amant. 1984. Minuit. [*Der Liebhaber*]

La Douleur. 1985. P. O. L. [*Der Schmerz.* Übersetzung von Eugen Helmlé. München: Hanser 1986]

La Musica deuxième. 1985. Gallimard. [*La Musica Zwei*]

La Mouette de Tchekov. 1985. Gallimard.

»Sublime, forcément sublime Christine V.«. In: *Libération,* 17. Juli 1985

Les Yeux bleus cheveux noirs. 1986. Minuit. [*Blaue Augen schwarzes Haar*]

La Pute de la côte normande. 1986. Minuit.

Emily L. 1987. Minuit.

La Vie matérielle. 1987. P. O. L. [*Das tägliche Leben*]

»Qu'est-ce que c'est que ce jeu-là? Démoniaque et divin«. In: *Libération,* 14. Dezember 1987

»Le Stade de l'ange.« In: *Libération,* 15. Dezember 1987

La Pluie d'été. 1990. P. O. L. [*Sommerregen*]

L'Amant de la Chine du Nord. 1991. Gallimard. [*Der Liebhaber aus Nordchina*]

Le Théâtre de l'amante anglaise. 1991. Gallimard.

Yann Andréa Steiner. 1992. P. O. L.

Écrire / La Mort du jeune aviateur anglais / Rome / Le Nombre pur / L'Exposition de la peinture. 1993. Gallimard. [*Schreiben / Der Tod des jungen englischen Fliegers*]

Le Monde extérieur – Outside 2. 1993. P. O. L.

C'est tout. 1995. P. O. L. [*Das ist alles*]

Posthum erschienen:

La Mer écrite. Mit Fotografien von Hélène Bamberger. 1996. Marval.

Duras – Romans, cinéma, théâtre. Cinquante ans d'écriture – un parcours: 1943–1993. [Gesammelte Werke; Auswahl.] Collection Quarto. 1997. Gallimard.

Marguerite Duras. [Fotoband.] Collection Portraits d'auteurs. 1997. Marval.

Théâtre IV: *Véra Baxter / L'Éden Cinéma / Le Théâtre de l'amante anglaise / Home,* de David Storey / *La Mouette,* d'Anton Tchekov [*Die Möwe*]. 1999. Gallimard.

Dits à la télévision. Gemeinsam mit Pierre Dumayet. 1999. Epel.

Duras, la cuisine de Marguerite. 1999. Benoît Jacob / P. O. L. [entworfen von Jean »Outa« Mascolo, dann auf Betreiben Yann Andréas vom Markt zurückgezogen]

La Couleur des mots. Gemeinsam mit Dominique Noguez. 2001. Benoît Jacob.

Cahiers de la guerre et autres textes. 2006. P. O. L. / Imec. [*Hefte aus Kriegszeiten – Autobiografische Aufzeichnungen und frühe Erzählungen.* 2007]

Duras, l'œuvre matérielle. 2006. Imec.

Le Bureau de poste de la rue Dupin et autres entretiens. Gemeinsam mit François Mitterrand. 2006. Gallimard.

Œuvres complètes, Bibliothèque de la Pléiade: vol. I. 1943–1960. 2011. Gallimard.
Œuvres complètes, Bibliothèque de la Pléiade: vol. II. 1960–1973. 2011. Gallimard.
Œuvres complètes, Bibliothèque de la Pléiade: vol. III. 1974–1984. 2014. Gallimard.
Œuvres complètes, Bibliothèque de la Pléiade: vol. IV. 1985–1995. 2014. Gallimard.
On ne peut pas avoir écrit Lol V. Stein et désirer être encore à l'écrire. Gemeinsam mit Jean Pierre Ceton. 2012. François Bourin.
La Passion suspendue. Gemeinsam mit Leopoldina Pallotta della Torre. 2013. Seuil.
Deauville la mort. 2014. L'Herne.
Dialogues. Gemeinsam mit Jean-Luc Godard. 2014. Post-Éditions / Centre Pompidou.
Le Livre dit. 2014. Gallimard.
Le dernier des métiers – Entretiens 1962–1991. Hrsg. von Sophie Bogaert. 2016. Seuil.

Parodien

Marguerite Duraille alias Patrick Rambaud, *Virginie Q.* 1988. Balland.
Marguerite Duraille alias Patrick Rambaud, *Mururoa mon amour.* 1996. Lattès.

Werke von Yann Andréa

M. D. 1983. Minuit.
Cet amour-là. 1999. Pauvert. [*Diese Liebe*]
Ainsi. 2000. Pauvert.
Dieu commence chaque matin. 2001. Bayard.
Je voudrais parler de Duras. Gemeinsam mit Michèle Manceaux. 2016. Pauvert. [posthum]
L'Histoire. Gemeinsam mit Maren Sell. 2016. Pauvert. [posthum]

Filme von und nach Marguerite Duras (chronologisch)

Beteiligungen:
Hiroshima mon amour. 1959. Regie: Alain Resnais. Mit Emmanuelle Riva und Eiji Okada. M. D.: Dialoge, Drehbuch.
Moderato cantabile. 1960. Regie: Peter Brook. Mit Jeanne Moreau und Jean-Paul Belmondo. M. D. und Gérard Jarlot: Drehbuch (nach ihrem eigenen Roman) und Dialoge.

Une aussi longue absence. 1960. Regie: Henri Colpi. Musik: Georges Delerue. Mit Alida Valli und Georges Wilson. M. D. und Gérard Jarlot: Dialoge, Drehbuch.

L'Itinéraire marin. 1962/63. [Fragment; unvollendet.] Regie: Jean Rollin. M. D.: Dialoge.

Nuit noire, Calcutta. 1964. Regie: Marin Karmitz. M. D.: Drehbuch.

Sans merveille. 1964. Regie: Michel Mitrani. M. D.: Drehbuch.

Les Rideaux blancs. 1965. Regie: Georges Franju. M. D.: Drehbuch und Dialoge.

La Voleuse. 1966. Regie: Jean Chapot. Musik: Antoine Duhamel. Mit Romy Schneider, Michel Piccoli und Hans Christian Blech. M. D.: Dialoge.

Mademoiselle. 1966. Regie: Tony Richardson. Musik: Antoine Duhamel. Mit Jeanne Moreau. M. D.: Drehbuch, gemeinsam mit Jean Genet.

La Mort du jeune aviateur anglais. 1993. Regie: Benoît Jacquot. M. D.: Drehbuch und Dialoge.

Eigene Filme – unter der Regie von M. D.:

La Musica. 1966/67. s/w. Co-Regisseur: Paul Seban. Mit Delphine Seyrig und Robert Hossein.

Détruire, dit-elle. 1969. s/w. Mit Catherine Sellers und Michael Lonsdale.

Jaune le soleil. 1971. s/w. Mit Catherine Sellers, Sami Frey, Michael Lonsdale und Dionys Mascolo.

Nathalie Granger. 1972. s/w. Mit Lucia Bosé, Jeanne Moreau, Dionys Mascolo und Gérard Depardieu.

Von nun an fast ausschließlich in Farbe:

La Femme du Gange. [Teil I des Indien-Zyklus.] 1972–74. Kamera: Bruno Nuytten. Musik: Carlos d'Alessio. Mit Catherine Sellers, Gérard Depardieu, Christian Baltauss, Nicole Hiss und Dionys Mascolo.

India Song. [Teil II des Indien-Zyklus.] 1974/75. Kamera: Bruno Nuytten. Musik: Carlos d'Alessio. Mit Delphine Seyrig, Michael Lonsdale, Mathieu Carrière, Claude Mann und Vernon Dobtcheff.

Son nom de Venise dans Calcutta désert. [Teil III des Indien-Zyklus.] 1976. Kamera: Bruno Nuytten. Musik: Carlos d'Alessio. Mit Delphine Seyrig, Nicole Hiss, Michael Lonsdale und Sylvie Nuytten.

Des journées entières dans les arbres. 1976. Kamera: Nestor Almendros. Musik: Carlos d'Alessio. Mit Madeleine Renaud und Bulle Ogier.

Le Camion. 1977. Kamera: Bruno Nuytten. Musik: Pascal Rogé spielt einige Diabelli-Variationen von Beethoven. Mit M. D. und Gérard Depardieu.

Baxter, Véra Baxter. 1977. Musik: Carlos d'Alessio. Mit Claudine Gabay, Delphine Seyrig und Gérard Depardieu.

Césarée. 1978. Kurzfilm. Stimme aus dem Off: M. D.

Les Mains négatives. 1978. Kurzfilm. Stimme aus dem Off: M. D.

Le Navire night. 1979. Produzent: Pierre Bergé. Mit Dominique Sanda, Bulle Ogier und Mathieu Carrière.

Aurélia Steiner, dit Aurélia Vancouver. 1979. s/w. Kurzfilm. Kamera: Pierre Lhomme. Stimme aus dem Off: M. D.

Aurélia Steiner, dit Aurélia Melbourne. 1979. Kurzfilm. Kamera: Pierre Lhomme. Stimme aus dem Off: M. D.

Agatha et [ou] les lectures illimitées. 1981. Mit Bulle Ogier und Yann Andréa. Musik: Brahms-Walzer. Stimmen aus dem Off: M. D. und Yann Andréa.

L'Homme atlantique. 1981. Farbe, s/w und durchgängig schwarze Leinwand. Mit Yann Andréa und M. D. (Stimme).

[Il] Dialogo di Roma. 1982/83. Italienisch-französische Koproduktion. Stimmen aus dem Off in der französischen Fassung: M. D. und Yann Andréa.

Les Enfants. 1984/85. Co-Regisseure: Jean (Outa) Mascolo und Jean-Marc Turine. Kamera: Bruno Nuytten. Musik: Carlos d'Alessio. Mit Axel Bogousslavsky, André Dussollier und Pierre Arditi.

Verfilmungen von Duras-Werken:

This Angry Age / Barrage contre le Pacifique / La diga sul Pacifico. 1958. Regie: René Clément. Musik von Nino Rota. Mit Silvana Mangano, Anthony Perkins und Alida Valli.

Moderato cantabile. 1960. Regie: Peter Brook. Mit Jeanne Moreau und Jean-Paul Belmondo.

Dix heures et demie du soir en été / 10:30 P.M. Summer. 1966. Regie: Jules Dassin. Drehbuch von Dassin und M. D. Musik von Cristóbal Halffter. Mit Romy Schneider, Melina Mercouri und Peter Finch.

The Sailor from Gibraltar. 1967. Regie: Tony Richardson. Drehbuch u. a. von Christopher Isherwood. Musik von Antoine Duhamel. Mit Jeanne Moreau, Ina Bannen, Vanessa Redgrave, John Hurt und Orson Welles.

Die Krankheit Tod. [Das Mal des Todes.] 1985. [Fernsehfilm für den ORF.] Unter Einschluss von Gedichtversen aus *Le Nu perdu* von René Char. Regie und Übersetzung des Originaltextes von Peter Handke. Kamera: Xaver Schwarzenberger. Mit Peter Handke und Marie Colbin.

L'Amant / Der Liebhaber. 1992. Regie: Jean-Jacques Annaud. Musik: Gabriel Yared. Mit Jane March und Tony Leung Ka-fai. Stimme aus dem Off / Erzählerin / Duras-Part: Jeanne Moreau.

H Story. 2001. Regie: Nobuhiro Suwa. Mit Béatrice Dalle.

Un barrage contre le Pacifique. 2008. Regie: Rithy Panh. Mit Isabelle Huppert und Gaspard Ulliel.

Orage. 2015. Regie: Fabrice Camoin. Mit Marina Foïs und Sami Bouajila.

Und außerdem:

Cet amour-là. 2001. Regie: Josée Dayan. Drehbuch von Yann Andréa nach seiner eigenen Buchvorlage. Mit Jeanne Moreau und Aymeric Demarigny.

Quellen

Ausgewählte Literatur

Laure Adler, *Marguerite Duras*. [Biografie.] 1998. Gallimard. [Dt.: *Marguerite Duras – Eine Biographie*. Frankfurt am Main: Suhrkamp 2000]

Laure Adler, *Marguerite Duras*. [Bildband mit vielen bis dahin unveröffentlichten Dokumenten.] 2013. Flammarion.

Mohammed Aissaoui, »Marguerite Duras, ces petites phrases qui lui collent à la peau«. In: *Le Figaro*, 25. Februar 2014

Jürg Altwegg, »Warum haben Sie Angst vor den Deutschen, Madame Duras?« [Interview mit M. D.] In: *Frankfurter Allgemeine Magazin*, Nr. 315, 14. März 1986, S. 78 f.

Jürg Altwegg, »Mitterrands Zwillingsschwester – Marguerite Duras und die Deutschen«. In: *Frankfurter Allgemeine Zeitung*, 18. März 1996, Nr. 66, S. 38

Jürg Altwegg, »Die Nacht senkt sich herab«. In: *Frankfurter Allgemeine Zeitung*, 21. Januar 1998

L'Amant. [Dokumentation und Bildband des Filmes von Jean-Jacques Annaud, mit Fotos von Benoît Barbier.] 1992. Grasset.

Monique Antelme, »Jorge Semprun ne dit pas la vérité«. In: *Le Monde*, 8. Juli 1998

Robert Antelme, *L'Espèce humaine*. 1947. La Cité universelle. [Dt.: *Das Menschengeschlecht*. Übersetzung von Eugen Helmlé. München: Hanser 1987]

Aliette Armel, *Marguerite Duras, les trois lieux de l'écrit*. 1998. Pirot.

Hélène Bamberger, *Marguerite Duras de Trouville*. [Postkartensammlung mit Normandie-Motiven und Porträts.] 2004. Minuit.

Leslie Barnes, *Vietnam and the Colonial Condition of French Literature*. Lincoln/NE: University of Nebraska Press 2014

Iman Bassalah, *La Vie sexuelle des écrivains. Dans l'intimité de Hugo, La Fayette, Proust, Sand, La Fontaine, Duras, Simenon, Colette*. 2016. Nouveau Monde.

Christoph W. Bauer, »Duras und Vittorini – Die Leere in der Rue Saint-Benoît«. In: *Der Standard*, 16. Juli 2015

Pierre Bergé, »Duras est sexy!« In: *Globe*, no. 30. Juli / August 1988, S. 78–83

Pierre Bergé, »Marguerite Duras«. In: *Les Jours s'en vont, je demeure*. Gallimard. 2003. S. 131–135

Jürgen Berger, »Die Liebhaberin«. In: *taz*, 3. April 2004

Madeleine Bernstorff, »Eine Leinwand aus Wörtern«. [Zur Duras-Werkschau im Berliner Arsenal-Kino.] In: *taz*, 26. April 2004

Bruno Blanckeman & Aline Mura-Brunel & Marc Dambre (Hrsg.), *Le Roman français au tournant du XXIe siècle*. 2004. Presses Sorbonne Nouvelle.

Susanne Blazejewski, *Bild und Text – Photographie in autobiographischer Literatur. Marguerite Duras' »L'Amant« und Michael Ondaatjes »Running in the Family«*. Würzburg: Königshausen & Neumann 2002

Christiane Blot-Labarrère, *Marguerite Duras*. 1992. Seuil.

Christiane Blot-Labarrère (Hrsg.), *Album Marguerite Duras*. Bibliothèque de la Pléiade. 2014. Gallimard.

Madeleine Borgomano, *L'Écriture filmique de Marguerite Duras*. 1985. Albatros.

Catherine Bouthors-Paillart, *Duras la métisse – Métissage fantasmatique et linguistique dans l'œuvre de Marguerite Duras*. Genf: Droz 2002

Volker Breidecker, »Trautes Heim, Schmock allein – Marguerite Duras macht Szenen«. In: *Frankfurter Allgemeine Zeitung*, 2. November 1999

Richard Brody, »Marguerite Duras on page and screen«. In: *The New Yorker*, 21. Oktober 2011

Claude Burgelin & Pierre de Gaulmyn (Hrsg.), *Lire Duras. Écriture – théâtre – cinéma*. 2000. Presses universitaires de Lyon.

Cahiers Renaud-Barrault, no. 52: Marguerite Duras – La Provinciale de Tourgueniev. 1965. Gallimard; no. 89: *Marguerite Duras – Nathalie Sarraute – Hélène Cixous*. 1975. Gallimard; no. 106: *Marguerite Duras – Samuel Beckett*. 1983. Gallimard.

Mireille Calle-Gruber, *Marguerite Duras – La Noblesse de la banalité*. 2014. De l'incidence.

Alexander Cammann, »Ins Laken gehaucht – *Der Liebhaber* von Marguerite Duras«. [Rezension der gleichnamigen Hörspiel-Bearbeitung von Kai Grehn.] In: *Die Zeit*, 23. Februar 2017

Truman Capote, *Kaltblütig*. [*In Cold Blood*; 1965/66.] Zürich (Kein & Aber) 2013

Olivier Cariguel, »Les Masques de Duras«. In: *Revue des deux mondes*, März 2010, S. 169 ff.

Sophie Carquain, *Trois filles et leurs mères – Duras, Beauvoir, Colette*. 2014. Charleston.

Pascale Cassagnau, *Intempestif, indépendant, fragile – Marguerite Duras et le cinéma d'art contemporain*. 2012. Presses du réel.

Jean Pierre Ceton, *Rauque la ville*. 1980. Minuit. Vorwort von M. D.

Jean Pierre Ceton, *La Fiction d'Emmedée*. 1997. Rocher.

Chloé Chouen-Ollier, *L'Écriture de la prostitution dans l'œuvre de Marguerite Duras – Écrire l'écart*. [Diss., Université de Paris 3] 2015. Classiques Garnier, no. 47.

Benjamin Cieslak & Yve Beigel, *Marguerite Duras – L'Existence passionnée*. [Kongressbericht Universität Potsdam, April 2005.] Universitätsverlag Potsdam 2006

Susan D. Cohen, *Women and Discourse in the Fiction of Marguerite Duras – Love, Legends, Language*. Basingstoke/London: Macmillan 1993

Anne Cousseau, *Poétique de l'enfance chez Marguerite Duras*. Genf: Droz 1999

Martin Crowley, *Duras, Writing, and the Ethical – Making the Broken Whole*.
Oxford University Press 2000

Michaela Dahm, *Marguerite Duras und der Raum des Unmöglichen – Eine Werk-geschichte*. Würzburg: Königshausen & Neumann 2000

Michel David, *Marguerite Duras – Une écriture de la jouissance. Psychanalyse de l'écriture*. 1996. Desclée de Brouwer.

Philippe Delaroche, »Marguerite Duras – l'amour plus facile à faire qu'à vivre«.
In: *L'Express*, 20. Januar 2014

Annette de la Motte, *Au-delà du mot. Une »écriture du silence« dans la littérature française au vingtième siècle*. [Diss., Univ. Kiel, 2004.] Münster: Lit 2004

Alice Delmotte-Hatler, *Duras – D'une écriture de la violence au travail de l'obscène*.
2010. L'Harmattan.

Claire Devarrieux, »Le dernier encensement de Marguerite Duras. Ultime hommage des Durassiens hier à l'Église Saint-Germain-des-Près«.
In: *Libération*, 8. März 1996

Hans-Jürgen Döpp, »Erotische Phantasmagorien des einsamen Auges.
Zu Marguerite Duras' *Der Mann im Flur*«. In: *Konkursbuch*, 13, 1986, S. 131–134

Roland Dorgelès, *Sur la route mandarine*. 1925. Albin Michel.

Duras – le centenaire. [Sonderheft.] 2014. Télérama.

Duras. [Sammelband mit Aufsätzen, Dokumenten, Stellungnahmen von Zeitzeu-gen.] Cahiers de l'Herne, no. 86. Oktober 2005

Rike Felka, *Der India-Song-Komplex*. Berlin: Brinkmann & Bose 1996

Dominique Fernandez, *Ramon*. 2008. Grasset.

Filmer, dit-elle. Le Cinéma de Marguerite Duras. [Sammelband zum Filmschaffen mit Aufsätzen, Gesprächen, Dokumenten.] 2014. Capricci.

Jochen Förster, »Zu Gast bei der Duras«. In: *Die Welt*, 19. August 2006

Lars Henrik Gass, *Das ortlose Kino. Über Marguerite Duras*. [Diss., Freie Universität Berlin 1996.] Bochum: Schnitt 2001

Marie-Paule Ha, *French Women & the Empire – The Case of Indochina*. Oxford:
Oxford University Press 2014

Peter Hamm, »Ich war die Zweideutigkeit in Person. Die erstmals veröffentlich-ten ›Hefte aus Kriegszeiten‹ von Marguerite Duras zeigen die große französi-sche Autorin in ihrer ganzen Radikalität«. In: *Die Zeit*, 17. November 2007

Robert Harvey & Bernard Alazet & Hélène Volat, *Les Écrits de Marguerite Duras – Bibliographie des œuvres et de la critique, 1940–2006*. 2009. Imec.

Stella Harvey & Kate Ince (Hrsg.), *Duras – femme du siècle*. [Kongressbericht der Société Marguerite Duras, London, Institut Français, Februar 1999.] Amster-dam / New York Rodopi 2001

Björn Hayer, »Die Eisheilige der Liebenden«. In: *Neue Zürcher Zeitung*, 29. März 2014

Gerhard Heller & Jean Grand, *In einem besetzten Land – NS-Kulturpolitik in Frank-reich. Erinnerungen 1940–44*. Köln: Kiepenheuer & Witsch 1982

Leah D. Hewitt, *Autobiographical Tightropes – Simone de Beauvoir, Nathalie Sarraute, Marguerite Duras, Monique Wittig and Maryse Condé*. Lincoln/London: University of Nebraska Press 1990

Leslie Hill, *Marguerite Duras – Apocalyptic Desires*. London / New York: Routledge 1993

Marie-Christine Janniot, *Marguerite Duras à 20 ans – L'Amante*. 2010/11. Au Diable Vauvert.

Leslie Kaplan, *L'Excès-l'usine*. 1982. P. O. L.

Marianne Kesting, »Ganze Tage in den Bäumen – Die verrätselte Alltagswelt der Marguerite Duras«. In: *Die Zeit*, 9. September 1966

Alexander Kluy, »Aufs Äußerste dekonzentriert«. [Zum 100. Geburtstag von M. D.] In: *Wiener Zeitung*, 22. März 2014

Andrea Köhler, »Die Courths-Mahler des vagen Begehrens – Es reicht! Nichts Neues mehr von Marguerite Duras«. In: *Die Zeit*, 3. September 1993

Ursula Krechel, »Mit einem Rasiermesser von der Welt abgeschnitten – Marguerite Duras' Buch *Der Schmerz*«. In: *Lesezeichen*, Frühjahr 1986, S. 5 f.

Susanne Lackner, *Zwischen Muttermord und Muttersehnsucht. Die literarische Präsentation der Mutter-Tochter-Problematik im Lichte der »écriture féminine«*. Würzburg: Königshausen & Neumann 2003

Danielle Laurin, »À Sadec, qui se souvient?« In: *L'Express*, 1. Juni 1998

Frédérique Lebelley, *Duras ou le poids d'une plume*. 1994. Grasset. [Dt.: *Marguerite Duras – Ein Leben*. Frankfurt am Main: Suhrkamp 1996]

Hans E. Lex, »Liebe unter der Sonne Stalins«. In: *Die Welt*, 15. August 1998

Sylvie Loignon, *Le Regard dans l'œuvre de Marguerite Duras – circulez y'a rien à voir*. 2001. L'Harmattan.

Simone Mahrenholz, »Die Frau und ihr Jüngling«. [Zu Josée Dayans Verfilmung von Yann Andréas *Cet amour-là*.] In: *Die Welt*, 2. Januar 2003

Michèle Manceaux, *L'Amie*. 1997. Albin Michel.

Heinrich Mann, *Die Jagd nach Liebe*. Berlin/Weimar: Aufbau 1988

Marguerite Duras. [Aufsatz- und Dokumentensammlung.] 1979. Albatros / Collection Ça / Cinéma.

Marguerite Duras. [Aufsatz- und Dokumentensammlung.] 1985 / Neuausgabe 1990. L'Arc, no. 98: Cahiers méditerranéens. L'Arc/Duponchelle.

Marguerite Duras – La Fiancée du Cinéma. [Hommage, Aufsätze, Gespräche, Dokumente.] April 1996. Cahiers du Cinéma.

Marguerite Duras. [Sonderheft der *Nouvelle Revue Française*, Nr. 542.] März 1998. nrf.

»Marguerite Duras's The Lover – But, but, but … did it really happen?« In/Auf: *The Book Haven, Cynthia Haven's blog for the written world*, Stanford University, 4. Mai 2014, zuletzt abgerufen am 18. Oktober 2017

Barbara Marx, »Triptychon der unmöglichen Rückkehr«. In: *Erinnerte Shoah – Die Literatur der Überlebenden*. Dresden: Thelem 2003, S. 281–302

Ursula März, »1985 – Der Schmerz. Marguerite Duras erzählt ohne Scham und

Gnade von der Heimkehr ihres Mannes, der das KZ überlebte«. In: *Die Zeit*, 9. August 2012

Dionys Mascolo, *Le Communisme. Révolution et communication ou la dialectique des valeurs et des besoins*. 1953. Gallimard.

Dionys Mascolo, *Autour d'un effort de mémoire – Sur une lettre de Robert Antelme*. 1987. Maurice Nadeau.

Yves Moraud, »La Dramaturgie de l'absence dans les théâtres de M. Duras et J. Genet«. In: *Travaux de linguistique et de littérature*, 19, no. 2/1981, S. 201–217

N. N. (ksi), »Hier betrunken, dort ertrunken«. In: *Frankfurter Allgemeine Zeitung*, 21. Mai 2008

Sabine Neubert, »Schreiben, um nicht zu sterben – Erinnerung an Marguerite Duras.« In: *Neues Deutschland*, 7. März 2001

Dominique Noguez, *Duras, Marguerite*. 2001. Flammarion; ders., *Duras, toujours*. 2009. Actes Sud.

Paris est un roman. [Sonderheft der Zweimonatsschrift der Vidéothèque de Paris.] März/April 1994. Mairie de Paris.

Jacqueline Patouet, »Duras encore? La douleur propre du sujet«. In: *L'En-je lacanien*, 1/2009, S. 149–161

Pierre Péan, *Une jeunesse française – François Mitterrand, 1934–1947*. 1994. Fayard.

Georges Perec, »Robert Antelme ou la vérité de la littérature«. In: *Partisans*, no. 8, Dezember 1962, S. 131–134

Michel Platini, *Ma vie comme un match*. 1987. Robert Laffont.

P. Pollacchi, *Atlas Colonial Français. Colonies, protectorats et pays sous mandat*. 1931. L'Illustration.

Ilma Rakusa (Hrsg.), *Marguerite Duras*. [Materialienband.] Frankfurt am Main: Suhrkamp 1988

Le Ravissement de M. D. [Titelseite, Beitrag und Nachruf.] *Libération*, 4. März 1996, S. 1, 31–35

Alan Riding, *And the Show Went On. Cultural Life in Nazi-Occupied Paris*. New York (Knopf) 2010

Rosa Rigendinger, *Aufruhr im Selben. Unbeschriebene Genealogien in drei späten Texten von Marguerite Duras*. Wien: Passagen 1993

Jens Rosteck, »Verführung im Schatten der Düne – In einem Haus am Strand schrieb die Schriftstellerin Marguerite Duras das Protokoll einer ungeheuren Liebe«. In: *mare*, Nr. 14, Juni/Juli 1999, S. 106–109

Jens Rosteck, »Gruppenbild mit Schwester. Marguerite Duras – Robert Antelme – Dionys Mascolo«. In: *Im Dreieck. Liebesbeziehungen von Nietzsche bis Duras*. Hrsg. von Unda Hörner. Frankfurt am Main: Suhrkamp 1999, S. 245–274

Alexandra Saemmer, *Duras et Musil – Drôle de couple? Drôle d'inceste?* Amsterdam / New York: Rodopi 2002

Jacques de Saint-Victor, »Les ›Aspects positifs‹ de la colonisation selon Duras«. In: *Le Figaro*, 20. April 2006 & 15. Oktober 2007

Savannah Bay. Programmheft der Staatlichen Schauspielbühnen Berlin. Schiller-Theater, Spielzeit 1985/86. Darin u. a.: M. D., »Über die Liebe, das Theater und ihr Erzählen« (S. 8 f.), sowie M. D., »Alles hängt davon ab, was hinter der Bühne ist, und hinter der Bühne, da bin *ich*« (S. 16 f.).

Bernhard Schmid, »Zerstören, sagt sie – Zwei Jahre nach Marguerite Duras' Tod erforscht eine Biographie die unbekannten Seiten im Leben der Schrift-stellerin«. In: *Jungle World,* 16. September 1998

Julian Schütt, »Verruchte Heiligenlegende – Muss eine Schriftstellerin ein guter Mensch sein, um gute Bücher zu schreiben? Marguerite Duras liefert in ihren *Heften aus Kriegszeiten,* die nun erstmals in deutscher Sprache herauskommen, den Gegenbeweis«. In: *Die Weltwoche,* 14. August 2007

Christoph Graf Schwerin, »Wer die Unschuld gesehen hat – Zum Tode der französischen Schriftstellerin Marguerite Duras«. In: *Die Welt,* 5. März 1996

Maren Sell, *Der letzte Liebhaber.* Claassen: Hildesheim 1996

Jorge Semprún, »Je n'ai pas dénoncé Marguerite Duras«. In: *Le Monde,* 26. Juni 1998

Anne Steinlein & Alain Vircondelet, *Sur les pas de Marguerite Duras.* 2006. Renais-sance.

Marcus Steinweg & Rosemarie Trockel, *Duras.* Berlin: Merve 2008

Annette Stiekele, »Für Liebhaber des Liebhabers. Eine Reise durch den Süden Vietnams auf den Spuren von Marguerite Duras«. In: *Hamburger Abendblatt,* 30. Mai 2014

Ronald Tiersky, *François Mitterrand – A Very French President.* Lanham: Rowman & Littlefield 2003

Jean-Marc Turine, *5, rue Saint-Benoît, 3ᵉ étage gauche.* 2006. Métropolis.

Raynalle Udris, *Welcome Unreason. A Study of »Madness« in the Novels of Marguerite Duras.* Amsterdam/Atlanta: Rodopi 1993

Un barrage contre le Pacifique. [Programmheft.] März/April 1999. Théâtre Inter-national de Langue Française, Paris-La Villette.

Jean Vallier, *C'était Marguerite Duras.* Bd. I: 1914–1945. 2006. Fayard; Bd. II: 1946–1996. 2010. Fayard.

Alain Vircondelet, *Duras – Biographie.* 1991. François Bourin. [Dt.: *Marguerite Duras – Biographie.* Freiburg: Beck & Glückler 1992]

Alain Vircondelet, *Marguerite Duras – Rencontres de Cerisy.* 1994. Écriture.

Alain Vircondelet, *Marguerite Duras – Vérité et légendes.* 1996. Chêne. [Dt.: *Mar-guerite Duras – Mythos und Wahrheit.* München: Knesebeck 1997]

Alain Vircondelet, *Marguerite à Duras.* 1998. Édition°1.

Alain Vircondelet, *Le Paris de Duras.* 2015. Alexandrines.

Peter von Matt, »Wenn Glück und Unglück zusammenschießen – Marguerite Duras«. In: ders., *Sieben Küsse. Glück und Unglück in der Literatur.* München: Hanser 2017, S. 205–239

Ingeborg Waldinger, »Unteilbare Menschlichkeit – Zum 100. Geburtstag von Robert Antelme«. In: *Neue Zürcher Zeitung,* 5. Januar 2017

Beate Weghofer, *Cinéma Indochina – Eine (post-)koloniale Filmgeschichte Frankreichs*. Bielefeld: transcript 2010

Johannes Wetzel, »Sex, Lügen und Verrat. Spezialistin für ungenaue Geständnisse – Die Autorin Marguerite Duras in einer neuen Biographie«. In: *Die Zeit*, 3. September 1998

Edmund White, »In Love with Duras«. In: *The New York Review of Books*, 26. Juni 2008

James S. Williams, *The Erotics of Passage – Pleasure, Politics and Form in the Later Work of Marguerite Duras*. New York: St. Martin's Press / Palgrave Macmillan 1997

Michel Winock, *François Mitterrand*. 2015. Gallimard.

Yingying Yang, *Marguerite Duras et Eileen Chang – l'enfance, le roman familial, l'écriture féminine*. Diss., Paris III (Sorbonne Nouvelle), 2012

Hörbücher / Audiobooks auf CD

Jens Rosteck, »Protokoll eines Sommers – Marguerite Duras' letzte Liebe. Wenn das Leben zur Literatur wird: Die Dichterin und der junge Mann.« Auf: *Verführung im Schatten der Dünen*. mare Hörbuch / HörbuchHamburg / hr2. Gelesen von Christian Brückner. Hamburg 2000

Marguerite Duras, *La Musica*. Bearbeitung und Regie: Kai Grehn. Musik von alva noto. Gelesen von Birgit Minichmayr, Brigitte Grothum, Christoph Letkowski u. a. SR / rbb. 2013 [(noch) nicht als Audio-CD erschienen]

Marguerite Duras, *Das ist alles / C'est tout*. Bearbeitung und Regie: Kai Grehn. Musik: Mariahilff / Lars Rudolph. Gelesen von Mechthild Großmann, Alexander Fehling, Jeanne Moreau. HörbuchHamburg / rbb Kulturradio. 2012/14

Marguerite Duras, *Der Liebhaber*. Bearbeitung und Regie: Kai Grehn. Musik: Song Yuzhe. Gelesen von Nina Kunzendorf, Alexander Fehling, Paula Beer, Dagmar Manzel. HörbuchHamburg / SWR2. 2016/17

Zitatnachweise

Seite 9: Aus: Marguerite Duras, *Das tägliche Leben*. (Marguerite Duras im Gespräch mit Jérôme Beaujour.) Aus dem Französischen von Ilma Rakusa. © Suhrkamp Verlag Frankfurt am Main 1988. S. 11

Seite 11: Aus: Marguerite Duras, *Sommer 1980*. Aus dem Französischen von Ilma Rakusa. © Suhrkamp Verlag Frankfurt am Main 1984. S. 14 f., S. 93

Seite 16: Aus: Marguerite Duras, *Liebe*. Aus dem Französischen von Barbara Henninges. © Suhrkamp Verlag Frankfurt am Main 1996. S. 11

Seite 23: Aus: Marguerite Duras, *Der Liebhaber*. Aus dem Französischen von Ilma Rakusa. © Suhrkamp Verlag Frankfurt am Main 1985. S. 14

Seite 45: Aus: Marguerite Duras, *C'est tout. Das ist alles*. Aus dem Französischen von Andrea Spingler. © Suhrkamp Verlag Frankfurt am Main 1996. S. 19 f.

Seite 63: Aus: Marguerite Duras, *Das tägliche Leben*, S. 30

Seite 80: Aus: Marguerite Duras, *Das tägliche Leben*, S. 71

Seite 95: Aus: Marguerite Duras, *Das tägliche Leben*, S. 63

Seite 106: Aus: Programmheft *Savannah Bay*, Berlin 1985/86, S. 8

Seite 137: Aus: Marguerite Duras, *Der Liebhaber*, S. 15

Seite 157: Aus: Marguerite Duras, *Der Tod des jungen englischen Fliegers*. Aus dem Französischen von Andrea Spingler. © Suhrkamp Verlag Frankfurt am Main 1995. S. 52

Seite 176: Aus: Marguerite Duras, *C'est tout. Das ist alles*, S. 43

Seite 191 oben: Aus: Marguerite Duras, *C'est tout. Das ist alles*, S. 46

Seite 208: Aus: Marguerite Duras, *C'est tout. Das ist alles*, S. 26

Seite 217: Aus: Marguerite Duras, *C'est tout. Das ist alles*, S. 8

Seite 225: Aus: Marguerite Duras, *C'est tout. Das ist alles*, S. 9

Bildnachweise

Seite 8 © Hélène Bamberger/Cosmos/Agentur Focus
Seite 17, 213 © Dominique Issermann
Seite 27, 55, 67, 93, 131 © Collection of Jean Mascolo
Seite 161 © ullstein bild
Seite 205 © ullstein bild – Roger Viollet